学前儿童科学教育课程建设

孙钠 著

时代文艺出版社

图书在版编目（CIP）数据

学前儿童科学教育课程建设 / 孙钠著. -- 长春：时代文艺出版社, 2023.11
ISBN 978-7-5387-7386-6

Ⅰ.①学… Ⅱ.①孙… Ⅲ.①学前儿童—科学教育学 Ⅳ.①G613

中国国家版本馆CIP数据核字(2024)第015612号

学前儿童科学教育课程建设
XUEQIAN ERTONG KEXUE JIAOYU KECHENG JIANSHE
孙　钠　著

出 品 人：吴　刚
责任编辑：初昆阳
助理编辑：张雨薇
装帧设计：钱金华
排版制作：钱金华

出版发行：时代文艺出版社
地　　址：长春市福祉大路5788号　龙腾国际大厦A座15层（130118）
电　　话：0431-81629751（总编办）　　0431-81629755（发行部）
网　　址：weibo.com/tdapress（官方微博）
开　　本：787mm×1092mm　1/16
字　　数：226千字
印　　张：13.75
印　　刷：廊坊市海涛印刷有限公司
版　　次：2023年11月第1版
印　　次：2023年11月第1次印刷
定　　价：76.00元

图书如有印装错误　请寄回印厂调换

作者简介

孙钠(1974.12—),女,汉族,河北人,博士研究生,研究方向为学前教育、学前儿童健康教育、学前儿童科学教育。成都大学师范学院教授,美国新罕布什尔大学访问学者。主持厅局级及以上科研项目5项,出版学术专著5部,编写学前教育专业用书2本,在核心及以上期刊发表论文8篇,共发表学术论文30余篇。国家实用新型专利2项,成都市第十三次社会科学优秀成果三等奖。

前 言

学前教育是国民教育体系的重要组成部分,是终身教育的开端,也是为人的一生发展打基础的时期。随着脑科学研究的不断推进,婴幼儿早期教育越来越受到社会的广泛关注。人类已经进入21世纪,面对新的挑战,学前教育如何面向现代化、面向世界、面向未来,这是我们必须认真思考和探索的重大课题。

教育是一种创造性的活动。时代在前进,事业在发展,教育在变革,科学教育的价值取向,不再是注重向幼儿传递静态的科学知识,而是注重发展幼儿的情感态度和探究、解决问题的能力,以及如何与他人、与环境积极交流并和谐相处。这是一种与传统的注入式教育完全不同的教育观和教育实践。幼儿期是思维异常活跃、求知欲最旺盛的时期。坚持对幼儿进行科学教育,可以引导幼儿在适应周围生活环境的同时去发现、去探索,激发幼儿对科学的兴趣,培养幼儿的科学思维,提高幼儿的科学素养和能力。当前,幼儿科学教育不仅已经成为幼儿园课程结构的重要组成部分,而且成为影响幼儿发展的重要且不可或缺的因素。幼儿教育工作者必须认识到幼儿科学教育的价值,认识到幼儿科学教育由科学知识传授向科学精神和能力培养这一转型的必要性和重要性。

幼儿的心智还没有发育成熟,他们只有在成人的支持帮助下,才能顺利地达到上述理想的发展目标。如何遵循幼儿身心发展的特点实施科学教育,如何培养幼儿的科学探索精神,如何构建幼儿科学教育的新目标体系,如何选择积极有效的施教方法和手段,如何评价幼儿在科学探究活动中的表现,如何通过科学教育促进幼儿个性和社会性的发展,是幼教工作者必须思考和研究的问题。

　　康德曾指出,没有理论的历史是盲目的,没有历史的理论则又是空洞的。在进行学前教育的研究过程中,我们总是要不断地借鉴前人的研究成果。本书根据学前儿童认知发展理论和教育的实践经验,比较全面地探讨了幼儿科学教育理论与实践操作,体现了当今幼儿科学教育改革的成果,并且与当前幼儿园科学教育改革的实践密切结合,全面具体地介绍了幼儿科学教育的知识以及操作方法,对于促进学前儿童科学教育水平的提升与发展具有重要意义。

目 录

第一章　学前儿童科学教育的内涵 ……………………………………001

　　第一节　学前儿童科学教育的本质 ……………………………001

　　第二节　学前儿童科学教育的价值 ……………………………021

第二章　学前儿童科学教育的历史 ……………………………………027

　　第一节　古代学前儿童科学教育的开始 ………………………027

　　第二节　近代学前儿童科学教育的发展 ………………………028

　　第三节　现代学前儿童科学教育的改革 ………………………029

第三章　学前儿童科学教育的理论基础 ………………………………035

　　第一节　心理学基础 ……………………………………………035

　　第二节　生理学基础 ……………………………………………046

　　第三节　教育学基础 ……………………………………………056

第四章　学前儿童科学教育的目标 ……………………………………066

　　第一节　学前儿童科学教育目标设定的依据 …………………066

　　第二节　学前儿童科学教育目标制定的原则 …………………072

　　第三节　学前儿童科学教育的目标 ……………………………076

第五章　学前儿童科学教育的内容 ……………………………………086

　　第一节　学前儿童科学教育的内容构成 ………………………086

第二节　学前儿童科学教育内容选择的依据 …………………………093

第三节　学前儿童科学教育课程的内容安排 …………………………095

第四节　学前儿童科学教育活动的设计 …………………………………101

第六章　学前儿童科学教育的指导与评价 …………………………………133

第一节　学前儿童科学教育的指导 ………………………………………133

第二节　学前儿童科学教育的评价 ………………………………………143

第七章　实践性教育法在学前儿童科学教育中的应用 ………………161

第一节　学前儿童科学教育中常见问题的分类与概述 ………………161

第二节　学前儿童科学教育的课程演练和案例分析 …………………167

第八章　学前儿童科学教育的规范 …………………………………………194

第一节　学前儿童科学教育过程中对教师的能力要求 ………………194

第二节　学前儿童科学教育过程中教师的行为准则 …………………203

参考文献 …………………………………………………………………………209

第一章　学前儿童科学教育的内涵

第一节　学前儿童科学教育的本质

学前儿童科学教育是对过去幼儿园教授数学、常识课程的改革和发展。20世纪70年代末到20世纪90年代中期,幼儿园教育一直沿用20世纪50年代的教材、教法,实行的是分科教育,主要包括六科,即语言、常识、计算、体育、美术、音乐,无论是在内容上还是在方法上都已过时,无法满足学前儿童身心发展的需求,也跟不上社会发展的步伐。2001年,在教育部颁布的《幼儿园教育指导纲要(试行)》中,科学第一次被正式列入幼儿园教育内容。科学被除去了神秘的外衣,并成为学前儿童学习的内容,是教学层面的进步。具体比较"科学教育"与"常识教育",我们发现前者在教育目标、内容和方法上都有了根本性的变化,如在目标上更注重发展儿童的好奇心和求知欲;在方法上更强调学前儿童自己探索与发现;在内容上考虑到数学是科学的本质,是科学的工具,两者是有联系的,能够互相渗透,因而将数学并入科学领域,统称为科学教育。

一、科学教育

科学教育既包括科学精神的教育,又包括科学思维的开启、科学知识的传授和科学技能的训练。中国古代的教育主要是"唯德"教育,到了近代,随着西学东渐,开始引入科学(自然科学和社会科学)的内容。19世纪末20世纪初是西方现代科学"激动人心的年代",也是我国科学启蒙思潮高涨的年代。这场科学启蒙运动,为中国日后的现代化腾飞奠定了坚实的思想理论基础。就人的觉醒来说,科学教育的意义在于从愚昧的束缚中解放出来。科学是愚昧的天敌,19世纪法国伟大的人道主义者爱米尔·左拉说得好:"愚昧有益于人类的神话,可以说是一种长期的社会罪行。贫困、肮脏、迷信、邪恶、谎言、专制、对妇女的蔑视、对男子的奴役、一切肉体上和精神上的创伤,都是由于这种愚昧而产生的,而这种愚昧已经成为政府和教会的统治工具。只有知识才能摧毁这些骗人的教义,消灭那些靠散布谎言为生的人们,才能构成巨大的财富的源泉,既使土地获得丰收,又使文化繁荣昌盛。"

对学生进行科学教育是最重要的启蒙,即使在人类已经进入高科技的信息时代,这种科学的启蒙仍然需要,因为愚昧与科学的较量是没有终点的。虽然不能简单地说,只要科学知识丰富就绝对不会上愚昧的当!但是成功的科学教育能够使尽可能多的人真正成为自己的主人,进而更能够主宰自己的精神,这已经被历史所证明。

二、学前儿童科学教育

作为科学范畴的科学教育是一种通过现代科学知识及其社会价值的教学,让学生掌握科学概念,学会科学方法,培养科学态度,并且懂得如何在面对现实中的科学与社会有关问题时做出明智的选择,以培养科学技术人才,提高全民族科学素养为目的的教育活动。简言之,科学教育是以培养科学技术人才和提高全民族科学素质为目的的教育。

然而,有一种特殊的科学教育,那就是儿童科学教育。在儿童学习科学之前,他们已经对周围的世界有了最初的解释与认识,并获得了一些科学经验。这些经验与解释或许在成人看来是幼稚的甚至是错误的,但它们却是儿童探究世界的结果,我们称之为儿童的科学。儿童科学教育由此衍生,即教师引发支持和引导学前儿童对周围物质世界进行主动探究,以帮助他们形成科学感情和态度,掌握科学方法,获得有关周围物质世界及其关系的科学经验的活动。因此,对于儿童的教育也要是科学的,要以科学作为内容。

学前儿童科学教育是学前儿童思维的"实验室",能够促进学前儿童的全面发展,会给学前儿童的一生带来深刻的影响,有助于发现具有科学潜能的学前儿童并促进其早期发展。但是,很多人会走进这样的误区:使科学的知识过早地占据学前儿童的思想,却未能使科学的精神真正进入学前儿童的心灵。为了使科学的精神真正进入学前儿童的心灵,教师要承认、尊重、理解与正视学前儿童已有的经验与认识,并以此作为科学教学的出发点,不仅要了解学前儿童已有的日常经验,还要在教学中着眼于丰富学前儿童的经验,将科学教学的内容和学前儿童的生活经验结合起来,让学前儿童在现实的解决问题的情境中获取知识,还要通过精心的教学设计来使学前儿童的日常概念不断地转化为科学概念[①]。

在实际操作的时候,我们应该怎么做呢?很简单的例子,如夏天雨过天晴,有时小朋友会高兴地叫起来:"快看,天上有座彩色的桥。"按传统的教学方式,"上课"才是学习的时间,以前教师会忽略幼儿在偶发事件中提出的问题和想法,现在教师能及时抓住偶发事件的契机,不嫌麻烦,立足幼儿的日常生活,重视随机引导,及时果断地处理偶发事件,告诉小朋友"那不是桥,是彩虹。因为太阳光是由红、橙、黄、绿、青、蓝、紫七色光组成的,而小水滴会把太阳的这七种颜色的光折射出来。下雨后,空气中有无数细小的水滴,太阳光照到这些小水滴上,就出现了彩虹。"并且当场做实验,使学前儿童能越来越多地提出问题,为学前儿童提供了主动学习与发展的机会。学前儿童潜力很大,把握时机教得适时,会比课堂上言语教授效果好得多。无论是正规科学活动,还是非正规科学活动或者偶发性科学活动,三者的教育目的是相同的,教师的指导平衡点都要落到学前儿童身上,都是为了学前儿童科学素质的培养和身心的健康发展。所以,教师应引发学前儿童对周围世界进行主动探究;呵护与发展学前儿童与生俱来的好奇心,培养学前儿童的科学情感与科学态度;引导学前儿童在探究的过程中体验科学的过程与方法,积累有关周围世界的科学感性经验,发展智力。

总之,幼儿园中的科学教育活动是以幼儿为中心开展的活动,要求为幼儿提供可变化的情境,以激发他们的探索精神。在探索时,教师要及时鼓励幼儿对事物进行细致耐心的观察。对未来情况做出预见,帮助幼儿验证预见并提出问题彼此交流。同时,还应让幼儿回过头来反复比较、思考、研究他们已经完成的活动。正是在这一系列的活动中,幼儿接受了科学教育的训练,丰富了自身的社会常识。

[①] 罗竞. 学前儿童科学教育[M]. 武汉:华中科学技术大学出版社,2021:5-7.

科学教育不应等同于以往的常识教育,也不应该只是加上一些新内容和动手操作的教育。科学教育应成为引发、支持和引导幼儿主动探究,并获得有关周围物质世界及其关系的经验的过程。

具体地说,学前儿童科学教育的本质就是:进入小学之前的儿童,即0—6岁的儿童在教师的指导(包括直接指导、间接影响)下,通过自身的活动,对周围自然界(包括人工自然)进行感知、观察,发现问题并寻找答案的探索过程。

三、学前儿童科学教育的内涵

学前儿童指的是进入小学之前的儿童,即0—6岁的儿童。具体地说,学前儿童科学教育就是指教师引发、支持和引导学前儿童对周围物质世界进行主动探究,以帮助他们形成科学情感和态度,掌握科学方法,获得有关周围物质世界及其关系的科学经验的活动。学前儿童科学教育体现在以下四个方面。

第一,学前儿童科学教育的核心是激发幼儿探究兴趣,体验探究过程,发展初步的探究能力。

第二,学前儿童科学教育确立了学前儿童的学习主体地位,强调通过儿童自己的探索活动学习科学。

第三,学前儿童科学教育明确学前儿童的学习形式、方法与内容。要求成人充分利用自然和实际生活机会,引导幼儿通过观察、比较、操作、实验等方法,学习发现问题、分析问题和解决问题。

第四,学前儿童科学教育确定教师的指导地位,强调教师的作用在于为儿童创设良好的心理环境、自然环境和丰富的科学环境。

总之,学前儿童科学教育是整个科学教育体系的起始阶段、基础环节。学前儿童处于人生的最初阶段,身心发展远未成熟、完善。因而,学前儿童科学教育是一种科学启蒙教育。通过这种科学启蒙教育,使学前儿童萌发科学情感,培养科学态度,掌握一些初步的科学方法,积累科学经验,为学前儿童的终身学习打下良好的基础。

四、学前儿童科学教育的基本特征

(一)目标的长远性

追求有益于幼儿终身发展的大目标,是幼儿园科学教育的价值取向。当今,社会的迅速发展已经引起了教育的巨大变革。终身教育的指导和实施,使幼儿的学习已经走出以往的狭小范畴,开始成为贯穿一生的完整过程。这意味着两个重要变化:①一个人仅仅依靠十几年的学校教育无法适应一生的社会生活,他必须终身不断学习;②作为人生起始阶段的幼儿教育,要为一个人终身的学习和发展做准备。为了幼儿终身的学习和发展,幼儿园科学教育应注重幼儿乐学和会学的教育目标和价值,强调培养幼儿内在的学习动机和兴趣,发展幼儿不断学习的能力。如果通过科学教育培养起幼儿对学习的兴趣,幼儿就有了终身学习的动力机制。孩子们如果通过学习科学,获得了探究解决问题的方法,就能不断运用这些方法去获得知识,解决各种问题。当我们预想的教育内容与幼儿的兴趣和需求发生矛盾时,我们绝不能以牺牲幼儿对学习的兴趣为代价来求取知识的传递。

(二)教育内容要生活化并具有生成性

1.教育内容生活化的目的

教育内容生活化的目的是让幼儿理解和体验到教育目标和内容对于幼儿当前学习的意义。只有当幼儿真正感到所要学的内容对于自己当前有意义,是他当前想要知道的东西或想要解决的问题时,他才能积极主动地去学习和理解事物及其关系,才有真正产生探究科学的动机。同时,要适时地将教育目标融入幼儿感兴趣的活动,使幼儿在感兴趣的活动当中实现有意义的教育。例如,在吃西瓜的季节,可以引导孩子发现是科学使我们能吃到无籽西瓜;在白雪飘舞的季节,可以引导幼儿感受到雪、冰、水的物态变化,从而增强儿童对科学的兴趣。

2.内容的兴趣性和生成性

心理学告诉我们,幼儿对感兴趣的东西的学习会表现得更加积极主动,学习效果也会更好。兴趣使幼儿主动地从事某种活动,从中获得经验和乐趣。兴趣使幼儿产生自觉学习和发展的动机。兴趣使幼儿产生探究事物的欲望,并使这种探究性的活动得以维持。幼儿没有兴趣,就缺乏学习的内在动力,科学教育活动就难以开展。过去,在教育实践中,教师常常从自己的经验出发选择教育内容,也常常因为许多幼儿不感兴趣而懊恼。为了使幼儿园科学教育活动更富有实效性,作为教师,应当改变自己的教育出发点,要花时间寻求幼儿感兴趣的事物和内容,生成科学教育活动,使幼儿园科学教育活动成为幼儿感兴趣的活动是引导幼儿主动探究的前提。教师要发现、支持、扩展和利用幼儿感兴趣的活动,发现、保护和培植幼儿可贵的好奇心和探究兴趣。幼儿园科学教育活动的这一特性是培养幼儿的探究兴趣和好奇心,使幼儿理解科学的实际意义,获得终身学习的动力机制的根本保证,也是幼儿获得真正内化的科学经验的根本保证。

(三)教育过程能引导幼儿主动探究

真正的主动探究和学习,应是幼儿积极主动地与客观事物相互作用,并通过相互作用,不断强化或调整幼儿对客观事物原有的认识的过程。它应该包括以下必要环节和要素。

1.幼儿产生疑问或疑惑

幼儿真正地主动探究和学习是从意识到有问题开始的。当幼儿有了疑问和问题,并产生想寻求答案的愿望时,主动探究才进入真正的准备状态。教师预想的问题如果不成为幼儿自己的问题,接下来的操作就不是幼儿的主动探究。

2.幼儿用已有的经验对现象或问题进行猜想和解释

幼儿运用已有的知识经验,对所遇到的问题和产生的疑问进行解释、猜想和判断,这是幼儿调动原有的经验和认识的过程,为幼儿认识的主动建构,即主观原有认识与客观物体和事实相互作用,提供了可能。

3.幼儿按自己的想法作用于物体,作用的结果和事实调节幼儿的认识,验证幼儿的解释是否适宜

这是客观现实与幼儿的主观认识相互作用的过程。客观现实或实验的结果如果与幼儿预先的猜想和解释一致,将强化幼儿原有的认识,提高幼儿原有经验的概括程度。如果客观现实或实验的结果与幼儿预先的解释相矛盾,将促使幼儿调整自己的原有认识,形成新的解释,再去与现实相互作用。这种过程不断循环往复,构成了儿童对客观事物探究的不断演

进的过程。

然而,在实践中,教师往往很难做到这一点,总是在幼儿没有猜想和尝试之前就急于把答案告诉幼儿,或在幼儿还没有经历足够的探究,获得足够的经验之前就急于替孩子概括和总结。这种教育方式实际上不是真正的主动学习和探究,致使幼儿的操作往往是在验证老师的想法而不是幼儿自己的想法,幼儿获得的认识不是自己经验的概括而是教师告诉的事实。这里应当强调的是,幼儿园科学教育的过程,必须成为幼儿的探索性过程,成为幼儿猜想、尝试和发现的过程。这是幼儿教育工作者应当注意的问题。

(四)教育活动的结果是使幼儿获得广泛的科学经验

幼儿的思维发展水平决定了他们不可能获得真正的科学知识和科学概念。幼儿园科学教育活动的目的,在于引导幼儿经过探究活动获得广泛的科学经验。

皮亚杰的早期研究工作和我国有些学者的实验研究早就证实了幼儿认识客观事物的主观性和表面性特点。而且,在实际观察中我们还会发现幼儿认识事物具有很强的直接经验性。幼儿对事物的认识不能抓住本质特征,对事物及其关系的认识和解释只依据具体接触到的表面现象来进行。例如,当幼儿探索接亮小电珠的方法时,两节电池横着放在桌面上接亮了小电珠,幼儿会惊喜地报告自己的发现;当他把两节横放的电池竖起来,与刚才线路的连接方式没有任何不同时,幼儿却会把它作为一种新方法,以同样的惊喜向别人报告。而事实上,幼儿眼里的新方法在成人看来没有质的区别。

幼儿对事物的认识直接受到其原有经验的影响。幼儿在探索和认识事物过程中所表现出的不合乎成人逻辑的想法和做法,在幼儿已有经验和认知结构上却是极其合理的,合乎他"自身的逻辑"。例如,幼儿有种子泡在水里能发芽、长大的经验,会形成"小花瓣泡在水里能长大"这样的假设和解释。幼儿的原有经验是树能产生氧气,当教师问到菊花对人有什么好处时,幼儿的解释和推论是"菊花能产生氧气"。老师常常教育幼儿喝开水长得好,有的幼儿会给菊花浇开水。幼儿认识事物的这一特点是由他们思维的具体形象性派生出来的。幼儿在认知发展上的这种局限性决定了他们无法获得客观的认识。孩子的认识有时在成人看来甚至是错误的。也就是说,幼儿能理解的科学知识具有一定程度的"非科学性"。我们再次强调:幼儿认识事物的特点决定了幼儿不能像中小学生那样学习真正的科学概念,只能获得一些有关周围物质世界的经验,学习一些粗浅的科学知识。因此,作为教师要以"幼儿化的思维"方式努力去理解幼儿,接纳幼儿对周围事物不同于成人的"独特认识和解释""非科学性"的认识和想法。

(五)教育组织方式的多样性和灵活性

1.注重幼儿自发的个别探究和小组探究活动

幼儿自发的个别活动和小组活动应受到特别的重视,甚至应成为幼儿园科学教育的主渠道。教师应支持和引导幼儿积极地开展这些活动。集体活动也应是在此基础上扩展和生成的。这也是幼儿园科学教育不同于学龄阶段的科学教育的一个重要特征。

2.灵活地将幼儿园科学教育活动渗透于幼儿的一日生活

对于幼儿来说,科学就是他们每天所做的事。而且,幼儿对周围世界的好奇和疑问无时无刻不在发生。因此,幼儿园科学教育更多的应是随机教育,应在幼儿的一日生活中随时随地进行。例如,阳光明媚的日子,幼儿在喝水时可能发现水杯反射到墙上出现了明亮的光圈。晃动水杯,墙上的光圈也随之晃动,还有时大,有时小。阴天的时候,光圈却没有了。这时,教师对幼儿的支持、引导扩展和生成,会使幼儿不断地探索下去,逐渐深化。自选活动时,由于材料是教师有目的投放的,所以幼儿的探究和发现不断出现。户外活动时,幼儿不断地使用各种材料,可以和动植物有更多的接触,主动地探究和发现会更多。滚动的铁环、滑梯、风、地上行动着的蚂蚁、各种不同的树、叶子和花,小草和各种不知名的动植物……这些丰富多彩的现实生活,都构成了幼儿的科学教育。幼儿园科学教育组织方式的多样性和灵活性也是保证幼儿主动探究和学习的重要条件。

五、学前儿童科学教育的基本方法

幼儿在对自然物的探究过程中,不仅获得了感性经验,发展了形象思维,而且初步尝试运用归类、排序、判断、推理等科学探究的方法,进而思维开始具有一定的概括特征。幼儿园教师应善用幼儿已有的科学经验,引导幼儿形成前科学概念,让幼儿在探究活动中实现主动学习和最佳发展。

(一)幼儿的科学经验

幼儿的科学经验,通常指幼儿对自然界和人类生活与生产的感性认识。意大利瑞吉欧教育的经验表明,教育活动要以幼儿的日常生活经验为基础,让幼儿在熟悉的环境中练习利用自身已有的知识和经验,使他们对原有经验的价值和趣味获得更深的理解和重新建构,并在活动中表现出更大的自主性;如果活动主题远离幼儿的直接经验,他们就会在大多数问题、信息、思考和计划等方面依赖教师。

重视幼儿的科学经验,并不意味幼儿的任何经验对幼儿认知结构的形成都有好处。有时幼儿的经验是片面的、肤浅的,甚至是错误的,如守恒中的"水位高的瓶中装水多"。为了克服幼儿原有科学经验的片面性,需要给他们提供大量实践练习的机会,让他们去体验、尝试,丰富和积累感性认识,自我修正和完善经验。在幼儿科学学习过程中,幼儿园教师要善待幼儿已有的科学经验。

1.以幼儿已有的科学经验和兴趣为基础

认知学习理论认为,"经验"在认知结构的形成和发展中具有重要意义。奥苏伯尔认为,如果不得不把具有心理学的所有内容简约成一条原理的话,我会说,影响学习最重要的因素是学生已知的内容。也就是说,不了解幼儿经验,也就不可能对幼儿进行教育。"每个幼儿知道些什么?"这是幼儿科学教育最起码的前提。

有的幼儿教师对幼儿原有的经验状况不重视。活动前不了解,活动中不利用,活动后不提升,内容全由教师预定。这样,幼儿科学教育成了制作快餐拼盘一样,简单而机械,似乎只需凭借现成的原料拼拼凑凑即可。

2.帮助幼儿整理、组织和提升科学经验

认知学习理论主张进行有意义学习,这种有意义学习最主要的标志就是学习结果能对今后的学习起积极作用,即发生积极"迁移"。决定迁移的最重要因素是认知结构的质量,而决定认知结构质量的根本是经验的质量而非经验的数量。经验的质量就在于其结构性和概括性,因此,为促进幼儿进行有意义地科学学习,在丰富幼儿科学经验的同时,要让幼儿的科学经验条理化和概括化,使科学知识相互关联形成结构。而认知结构具有认知地图作用,有利于幼儿的科学经验上升到理性层次,促进幼儿理性思维的萌发。

幼儿科学学习的知识尽管非常具体、浅显,但仍要注意科学知识之间的关联性,让幼儿对世界形成相对完整的印象。特别是在幼儿晚期,幼儿已有探索事物内在规律的倾向,幼儿的直觉行动思维和直观形象思维也有巨大的潜力,许多孩子已可以依据这两种思维认识事物之间的联系,已初步形成揭示事物因果关系和功能关系的技能,并开始以表象形式反映事物间的这些关系。这表明,幼儿可以形成感性知识结构,可以形成在表象水平上的初级科学概念。

让幼儿形成最初的知识结构,并不意味非得让孩子学习抽象的逻辑知识,而是要强调给孩子有序的知识,注意知识的关联性。感性知识同样可以条理化,构成一定的表象结构。这一结构不仅提高了幼儿科学学习的主动性和效率,还简化了科学教育,使科学教育更加精练、富有条理性、示范性和可预测性。

3. 让幼儿在活动中整合新旧科学经验

只有不断地补充新经验,才能引起幼儿认知结构产生同化和顺应,打破原有的知识结构的平衡,使其达到更高水平的平衡。因此,幼儿园教师要不断扩充、丰富和发展幼儿的科学经验,使孩子尽可能高效地获得新经验。

幼儿在活动中学习,而且活动中的积极性、主动性、创造性等直接决定幼儿学习的效果。所以,幼儿园教师应创设轻松愉快的环境,引导儿童从事探究性活动,让幼儿在活动中组织和提升原有经验,获得新经验。

幼儿园教师应注意保持新经验和幼儿已有经验之间的平衡,也就是说,掌握新经验要利用旧经验。认知学习理论家奥苏伯尔认为,任何新的知识,如果没有与原有的经验发生联系,没有已有经验作为落脚点的话,新知识不会引起学习者的兴趣,即使当时记住了也难以长久保持。全新的环境和人际关系会让幼儿感到不安和害怕,因此,幼儿园教师要注意新旧玩具与材料的合理搭配,对幼儿园已有信息和资源的充分利用和开发,即要充分利用与开发孩子熟悉环境中的教育资源,调动和激活孩子已有的经验。

事实上,很多看似新奇的远离孩子现实生活的事情和经验,也深深扎根于幼儿的生活之中,表现为幼儿强烈的兴趣和关注的热点。幼儿教师要善于捕捉这些兴趣点和热点,组织幼儿科学探索活动。如瑞吉欧的一个活动"太阳系和太空旅行",一幅大海报引发了孩子对太空的想象,让孩子收集太空知识图片、用各种手段表达。教师帮助幼儿用创造出来的视觉表征来进行讨论,相互沟通,以发展幼儿的新经验和新理想,发展理解、观察、想象等能力,并将之作为进一步探索和深化主题的资源。

(二)幼儿的前科学概念

前科学概念,简称"前概念",指学习者在接受正规的科学教育之前,对从周围获得的各种经验进行加工从而形成的概念,是基于感知的认识和理解。我国有学者将之称为"初级科学概念"。学前儿童即使没有系统学习过有关的科学知识,他们在日常生活中也会观察各种现象,产生想法,建立自己的解释。这些想法和解释有可能是正确的,也有可能是错误的。

概念是对客观事物的本质特征的反映。人在认识过程中,把所感知的事物的共同特点抽象出来,加以概括,就成了概念……是抽象思维的最基本的成分。由于学前儿童思维的特点,他们往往将自己对现象和问题的认识和理解建立在可观察到的,表面性的一些特点上。比如,教师将糖或盐等溶于水中,然后问学前儿童"你现在还看得到糖吗?糖不见了吗?",他们就会认为糖"消失"了,不会理解糖仍然以分子的形式继续存在。当问到学前儿童"为什么扇风扇很凉快"时,儿童的回答是"风扇能扇出凉快的风""水是凉的,汗也是凉的,风扇把汗吹进皮肤里,就凉快啦"等。

1.前科学概念的类型与特征

英国的幼儿教育专家简·约翰斯顿认为儿童的认知分为三种:第一,事实知识。既可以通过第一手的经验,也可以通过电视、电影或书籍之类的二手信息源获得。儿童阅读的图画书中就包含一些有关动物的事实概念,如《饿极了的毛毛虫》可以让儿童形成关于蝴蝶生命周期的事实知识。儿童在家里或野外观察毛毛虫、蝴蝶的实际体验可以进一步深化这些观点。第二,幻想知识或神话。此类知识可以从二手信息源,如媒体、传说和故事中获得。由于从这些信息源中也可获得事实知识,因此儿童并不能完全分清事实与幻想。第三,推断知识。来自儿童的真实体验与儿童现有观念之间的互动中。罗莎琳德·德赖弗、埃迪特·盖内等人认为,儿童前科学概念具有如下特征。

(1)知觉主导思考

儿童往往将自己对实践或现象的推理和理解建立在可观察到的一些特征上,如看到物体上的光斑才认识到光的存在,而不知道光是存在于空间的实体。

(2)关注片面

儿童只是考虑物理现象的几个有限的方面,他们能集中注意的范围由现象的特别明显的知觉特征决定。

(3)关注变化而不是稳定状态

儿童通常只是注意到事物发生变化而不是事物的稳定状态,如物理静止时意识不到力的存在。

(4)线性因果分析

儿童假定一个原因,认为该原因会按照时间顺序产生一系列结果,很难理解事物间相互作用关系的对称性,不会逆向思维。

(5)不加区分地使用科学概念

儿童的科学概念比较宽泛和笼统,儿童很容易从一个意思滑向另外一个意思,偷换概念。

(6)依赖情境

儿童通常用不同的概念来解释在科学家看来是同一类的现象。

(7)一些概念占据支配地位

儿童依据一定的知觉形成的概念普遍存在,而且在接受科学教育之后仍有可能存在。

2.概括的作用及培养

概括,即幼儿将事物的共同之处归纳在一起,寻找事物间差异和联系的过程。概括是幼儿对感性经验的"抽象",概括对幼儿形成初级科学概念和发展思维具有极其重要的作用。

不同年龄的孩子,其概括水平存在较大差别。1—3岁的孩子只有动作水平的概括。他们能用自己的动作影响客体,这表明孩子能概括出自己动作对客体的作用。不过,这种概括是无意识的。3—6岁的孩子,其最初掌握的"词"只是代表某一特定的物体,后来才开始标志一组类似的物体。不过,这时词的核心意义只是物体外部特征的概括化表象,属形象水平的概括。5—6岁之后,幼儿的本质抽象水平的概括才开始萌芽。

对不同年龄阶段的孩子,幼儿园教师要分别提出不同的概括要求。对1—3岁的孩子,幼儿园教师要概括孩子的动作。如提醒孩子,为了使铃铛响,就必须用手摇它,让孩子明白手"摇"和铃铛"响"之间的关系。对3—6岁的孩子,幼儿教师应启发孩子概括出同类事物的共同特征,让孩子形成表象水平的初级概念。如让孩子看了柑、橘、草莓、梨、桃等实物之后,让孩子概括出"水果"的共同特征,形成"水果"的概念。当然,对5—6岁以后的孩子,幼儿教师可尝试启发他们发现事物的本质特征,形成本质抽象水平的概念。如引导孩子按事物的性质和功能进行分类概括。概括是思维的一种方法,幼儿园教师在培养幼儿的概括能力过程,可采用如下方法。

(1)匹配法

即将两种事物按某一共同特征或特有联系进行配对,如猫捉老鼠、熊猫吃竹叶。

(2)归类集合法

即将事物按一种或多种特征进行分类,如按颜色或形状分类。

(3)寻找关联法

即找出各种事物相同、相似之处,或多种事物之间的联系,如瓷杯、瓷碗、瓷勺、瓷缸均是瓷制品。

(4)排序法

即按事物某一特征排序,如高矮、长短、大小,等等。

(5)守恒法

即找出各种事物之间恒定统一之处的方法,如知道4根木棍无论如何排序都是4根。

(三)幼儿的科学探究

儿童对自然界中事物和现象进行探索并形成解释的过程,即为儿童的"科学探究"。探究是"一种复杂的学习活动,涉及观察现象;提出问题;查阅书刊及其他信息资源以便了解已有的知识;设计调查和研究方案;根据实验证据来核查已有的结论;运用各种手段来搜集、分析和解释数据;得出答案、进行解释并做出预测;把结果告知他人。"《3—6岁儿童学习与发展指南》中指出,探究既是儿童学习的目标,也是儿童科学学习的方法。幼儿的科学学习始于好奇心,并由此引起幼儿对周围环境的探索活动。

探究在幼儿科学学习过程中扮演十分重要的角色,幼儿在探究中观察周围世界、提出问题、选择适当的方法解决问题并形成一定的科学技能。相比单纯接受式的学习,科学探究过程可激发幼儿的好奇心与求知欲,培养幼儿的初步的思维能力与探索能力。

然而,在目前的幼儿园教育实践中,对于探究和科学探究存在着许多误解。例如,有的教师认为让儿童动手操作了,实验了就是探究了,由教师告知结果与结论,过程还是由教师主导。幼儿园教师在引导幼儿进行科学探究过程中,应注意如下几个方面。

1.幼儿探究具有主动积极性

探究在幼儿星期科学发展中扮演着至关重要的作用。在幼儿园和生活中,我们经常可以看到他们摆弄着身边的事物,从而建构着自己的科学经验与结构。如幼儿将水和面粉混合体验"粘"的特点;将水和盐、糖等各自混合,体验"溶解"的现象;通过摆弄物体,体验增加、减少等数学的概念;将不同颜色、形状、材料的物质分类,感受"分类""集合"等。并且在探究的过程中会问"为什么",例如,为什么往水里加面粉水会变黏?为什么铁块是凉的?等等。幼儿的探究是儿童积极主动地探究,因此,科学教育活动应以儿童为主体,要让儿童自己动手、动脑,积累科学经验并形成积极的科学态度。

2.幼儿探究经历一定的过程

探究需要经历一定的过程,需要时间的积累。《3—6岁儿童学习与发展指南》指出,幼儿的科学探究和发现过程包括"产生疑问或疑惑;猜想和假设；观察和实验；记录和整理获得的信息与结论；解释与交流"等环节。因此，作为幼儿教育者一定要明白，在早期的探究活动中，儿童在探究技能与方法、探究能力等方面不够成熟，活动进行不一定顺利，或许还有试误、反复和倒退，但科学探究的过程及其体验必不可少。幼儿园科学教育中的幼儿探究，不同于幼儿日常生活中的自发探究活动。在幼儿园科学教育中，幼儿主动探索过程一般包括如下三个步骤：

(1) 幼儿初步探索阶段

即幼儿依教师提出的要求，熟悉操作材料，以获取粗略的感性经验。

(2) 幼儿交流经验阶段

即让幼儿交流个人初步探索的结果，使幼儿的个人经验得以共享，幼儿园教师也可就此了解幼儿探索的情况，及时给予启发、引导或调整。

(3) 幼儿再探索阶段

即在教师的指导下，幼儿再次操作玩具材料，更有目的、更有效地进行探索活动。

3. 教师的支持有助于幼儿的探究

让幼儿主动探索，可以提高幼儿解决问题的能力，激发幼儿探索的兴趣，培养幼儿的科学意识。引导幼儿探究活动，幼儿园教师应注意如下基本要求。

(1) 做好准备

幼儿园教师应准备充足的活动材料。同类活动材料宜多准备几套，材料应大小适宜、安全卫生、色彩鲜艳、可操作性强，便于孩子发现学习。

(2) 让幼儿明确活动的目的、要求和做法

幼儿园教师应向孩子讲明操作的规范与注意事项，引导孩子分组或个人活动，使孩子带着问题进行有意识的、有效的探索。

(3) 加强巡回指导

幼儿园教师要巡回观看幼儿活动的情况，及时发现问题，及时给予帮助提醒，使幼儿的操作活动能顺利进行下去，但教师不要随意介入儿童的自主探究活动。

(4) 鼓励幼儿思考

鼓励幼儿提出问题，引导其主动思考，最终解决问题，建构幼儿自己的

知识结构。

(5)鼓励幼儿交流

给予幼儿充分表达和交流的时间和机会,提醒幼儿收拾整理玩具材料,并对幼儿活动做适当评价,最终促进儿童科学素养的发展。

(四)幼儿的主动学习与教师的支持

幼儿科学探究过程是幼儿主动学习的过程,幼儿作为学习的主人参与其中,幼儿应有主动学习的体验。另外,幼儿园教师提供的支持与引导,也是幼儿主动学习的重要条件与保障。

1.幼儿的主动学习

幼儿作为学习的主人,应有内发的学习动机,学习自主感和成就感。幼儿在不预期外在奖赏的情况下,愿意从事学习活动;能自由调控学习活动;能在问题解决过程中使个人需要得到满足并自我肯定。

为让幼儿成为学习的主人,幼儿园教师一定要让幼儿在学习的过程中有"主动学习"的体验。玛丽·霍曼、戴维·班纳特、戴维·P·韦卡特在《活动中的幼儿——幼儿认知发展课程》中指出,"主动学习"是由学习者发起的学习,而不是教师手把手教或传递而进行的学习。主动学习也指学习者创造性地学习,即学习者能动地建构关于现实的知识。

主动学习应具有如下特质:第一,本质的促动——内在的学习动机;第二,对目标的直接行动——亲身体验,动手操作,参与活动;第三,解决问题;第四,表达和分享经验。主动学习体验中最本质、最根本的成分就是内部动机。主动学习应遵循由具体到抽象、由简单到复杂和由近及远的原则。主动学习的关键经验包括:运用所有感官主动探索;通过直接经验发现事物之间的关系;操作、转换和组合各种材料;对材料、活动和目的进行选择;掌握使用工具和设备的技能;进行大肌肉活动;自己的事自己做。

激发幼儿主动学习的方法很多,但依据幼儿原有经验和兴趣来选择有关的内容是一种有效的方式。许多教师只是把预先确定的教育内容做一些"游戏化包装",以此吸引幼儿。这种做法的效果有限,因为它利用的只是孩子的"边缘兴趣",即对学习过程和学习包装的细枝末节的兴趣,并不能真正激发幼儿对学习内容的关注和投入。

科学教育依据幼儿原有经验和兴趣与追求教育目标和内容,这两者之间的矛盾并非不可调和。教师的教育艺术之一,就是找到幼儿兴趣需要与教育要求之间的契合点,引导幼儿的兴趣向目的地发展,在幼儿的发展和教育目标之间寻找和搭建可以通达的"桥梁"。

2.幼儿园教师的支持

幼儿园教师应是幼儿主动学习和发展的支持者与促进者,为幼儿的学习搭建桥梁,提供"脚手架"。"支架教学"或脚手架理论是近些年非常流行的一种教学理念。该理念能很好地解释教师促进学生主动学习的机制。

"Scaffolding"脚手架这一概念,最早是由美国著名心理学家和教育学家布鲁纳从建筑行业借用的一个术语,用来说明在教育活动中,儿童可以凭借父母、教师、同伴以及他人提供的辅助物或提示完成原本自己无法独立完成的任务。一旦儿童能独立完成某种任务,这种辅助物就像建筑竣工后的脚手架一样会被逐步拆除。这些由社会、学校和家庭提供给儿童,用来促进儿童发展的各种辅助物和支持条件,被称为"脚手架",维果斯基的"最近发展区"和心理发展中介说等理论是脚手架理论的理论基础。维果斯基认为,人类的高级心理机能中,外界刺激和有机体之间相互作用需一中介环节(H),在理论上由S—H—R表述。弗斯坦认为,环境所发出的刺激通过"中介者(H)",通常是父母、兄长或其他监护人改变和选择后再与儿童发生相互作用。中介者按自己的意图、文化和情绪状态为儿童选择和组织刺激物。中介者选择那些最适合的刺激,并对他们进行建构、筛选,对呈现的时间和序列进行安排。中介者决定着一定刺激的出现或消失,刺激物的一部分得到重现而另一部分可能被忽视。因此,从根本上讲,提供脚手架来源于人类社会保持其文化的连续性的需要,是文化在代际间传递的群体行为。通过提供脚手架,对适宜刺激物的选择和呈现,对儿童的认知发展产生了影响。即便儿童具有相似的天赋和背景知识,也可能生活在类似的刺激条件下,但由于提供脚手架的过程(质和量)的差异,他们会以不同的速度掌握学习材料,结果导致不同个体之间仍然存在认知发展上的差异。

在教学上,教师可以通过提供脚手架,可以选择、改变刺激呈现的环境条件,降低任务的难度,减轻儿童的认知负荷,使儿童仅仅通过学习有限的新信息就能取得成功,在教师提供脚手架的过程中,一方面,根据儿童的实际需要和教学任务的特点,对任务进行分解,调整目标的难度和要求,使用行为塑造技术,将学习过程调整为接近儿童能力水平的一个个适当的小步子;另一方面,教师通过模拟和表演,多次示范,不断地给予暗示和提示,不断提出问题,及时提供反馈和鼓励,促进儿童新旧知识的联系,一旦儿童能独立完成任务,教师将逐渐拆去脚手架的支持。此外,脚手架有助于儿童对复杂任务的理解和反省,提高儿童的元认知水平和自我监控能力。

教师提供的脚手架分为两类:①通过人际交互发挥作用的脚手架,可成为交互式脚手架,如教师模拟和示范、出声思维、提问儿童、降低学习材料难度、提示和暗示、游戏活动、小组讨论、合作学习等;②把人类的智慧和文化功能固化在工具和技术设备上的脚手架,这类可以称为工具式脚手架,如替代经验的工具、掌握现象根本结构的工具、感觉训练工具、书刊、电子和媒体工具等。

在实际教学中,通常是多种脚手架结合在一起使用。教师使用脚手架一般分如下几步:了解幼儿原有基础—选择合适目标和内容—设置不同类型的脚手架—运用脚手架支持儿童的学习—儿童的发展和新的循环。

提供脚手架的过程,是教师和儿童、儿童与同伴之间交互作用的社会过程,也是培养儿童自主学习能力的过程。教师提供的脚手架,大部分是交互式脚手架,需要师生之间的互动来发挥作用。在师幼互动的过程中,教师只是向导,只是提供支持、鼓励、提示和帮助,儿童才是学习的主体。就像教婴儿走路一样,最终还是要让婴儿自己学会走路。

脚手架设置的水平,在很大程度上依赖于学习者的已有发展水平、学习的自主性和独立性,以及对脚手架熟悉的程度。认知层面上,脚手架可以激发儿童学习动机、引导观察、新旧知识联系、减轻记忆负担、想象和创造等;在元认知方面,引导幼儿明确学习对象和目的、反思学习过程和效果等,学会自控和自我调节。

脚手架理论给予我们的启示是:第一,幼儿园教师应是一个脚手架的设置者,幼儿才是学习的主人。幼儿园教师应能支持、辅助幼儿的学习,成为幼儿的对话者,积极反馈幼儿的问题和发来的各种信息,与幼儿协商和对话。第二,幼儿园教师应善于从儿童已有的经验和兴趣中寻找支架的落脚点和选择适当支架。第三,让幼儿在活动中,特别是在交往活动中学习。

(五)幼儿学习品质的培养

学习品质,即人们在学习活动中呈现出来的基本特征和倾向。幼儿学习品质的培养应该贯穿在幼儿园五大领域的学习活动中。在此,仅以科学领域为例进行阐述。

1.学习兴趣的培养

学习兴趣是指人对学习的肯定情绪和渴望。学习兴趣是学习的直接动力。幼儿园教师应使幼儿对学习充满热爱和向往之情。另外,还应注意培养幼儿兴趣的广泛性,让幼儿对周围的人和物、自然和社会的各方面都充满好奇,对所学的各类知识技能均有积极的情绪体验,防止幼儿对知识的"偏食"现象。幼儿园教师可以通过如下方法培养幼儿的学习兴趣。

(1)展示法

即向幼儿展示丰富的、有吸引力的学习环境和内容。如科学活动"小金鱼"。幼儿教师可端来一盆小金鱼,以吸引幼儿。

(2)导入法

即用故事、儿歌、谜语、音乐、舞蹈、图画等艺术形式引起幼儿兴趣,再引导幼儿进入主题。如科学活动"气垫船"。幼儿教师可用如下谜语引出主题:"陆地奔、水上踩,它的速度真正快,不是飞机和火箭,却能腾空飞起来。"

(3)游戏法

即用游戏方式导入主题。如让孩子学习口算减法,幼儿教师可先领孩子玩"青蛙扑通跳下水"的游戏,然后引导幼儿计算。

(4)激疑法

即幼儿教师提出一系列问题,以引发幼儿探索兴趣的一种方法。如科学活动"六一儿童节",幼儿教师可问小朋友:"六一节是谁的节日?""它是怎么发展而来的?""外国小朋友也过六一节吗?"等一系列问题,以激起幼儿学习的欲望。

(5)体验法

让幼儿体验学习成功后的快乐。积极的体验往往源于成就感的实现。如果幼儿教师设置的学习任务难度适中,幼儿经过一定努力之后能顺利完成任务,幼儿就会感到自豪和快乐,进而学习兴趣渐浓。

(6)说理法

即让幼儿理解新知识的各种应用价值,以引起幼儿的学习欲望。如科学活动"雨",教师可告诉小朋友,每个人都可当"小小气象员",学会看天气。如果大家知道下雨之前的各种迹象,就可带好雨具,避免被雨淋湿。这样,幼儿就会产生向往之情,希望学到新本领。

(7)激励法

教师的评价是幼儿学习兴趣养成的调节因素:幼儿会对周围的许多事物产生好奇,并进行一定的探索活动。幼儿教师对他们的好奇心和探索活动的褒贬态度,直接制约着他们学习兴趣的养成。幼儿教师应及时强化幼儿一时的好奇心和偶发的探索活动,使之上升为浓厚而持久的学习兴趣。

2.学习习惯的培养

习惯,即通过重复或练习而巩固下来并变成需要的行动方式。学习习惯,即人对某种学习行为的内在需要。习惯的形成,需要反复练习。学习习惯亦如此。幼儿园教师应注意培养幼儿如下几种学习习惯:准时来园(或所)的习惯;认真对待学习任务的习惯;正确的听、说、看、写、坐的习惯。

培养幼儿良好学习习惯的基本要求是:第一,制定并严格执行各种规章制度。幼儿教师若用制度约束孩子,久而久之,孩子就会习惯规章制度所提出的行为要求,养成良好的学习习惯。第二,反复呈现同一榜样。幼儿模仿性强,若同一榜样反复出现,必然会强化幼儿头脑中的榜样形象,使幼儿自然地接受其熏陶和感染,产生类似榜样的行为。第三,保持教育要求的一致性和连贯性。即各个幼儿教师的教育要求应一致,幼儿教师、家长和社会工作人员的教育要求也应相互协调,从而保证教育影响的同一性,并使教育影响在一定时间内恒定不变。第四,反复练习并给予一定评价。习惯的形成,需要较长时间的练习。幼儿教师应善于利用各种机会,采取灵活的方式,让幼儿多次重复同一良好学习行为,应及时强化幼儿偶发的良好学习行为,使其偶发的良好学习行为逐渐转变成稳定的学习行为习惯。

第二节 学前儿童科学教育的价值

一、科学的内涵及价值

(一)科学的内涵

科学是什么?一般人可能首先想到的是那些在实验室里身着白大褂、手拿试剂瓶、眼戴护目镜的科学家们正在进行的实验研究;也可能想到的是物理、化学、数学、天文学等具体的学科知识。其实,在漫长的历史进程中,人们对于这个问题,并没有一致的看法。不同学者只能从各自的视角提出自己的理解。基础主义者认为,科学是唯一的知识、永恒的真理;历史主义者认为,科学理论不过是科学共同体协商的结果,并且不同科学共同体的理论之间存在根本差异;后现代主义者认为,科学只是人类众多知识领域中的一员,不具有先天的特权,而仅是人类与自然沟通的手段之一。对科学本质问题的回答见仁见智,很难找到一个大家都能接受的"标准答案"。在这里,我们综合各家论述给科学的内涵做出一个解释:科学是人们对客观世界的一种正确认识和知识体系,同时也是人们探索世界、获取知识的过程,还是一种看待世界的方法和态度。科学的本质在于探究。

面对"什么知识最有价值"的问题,斯宾塞在《教育论》中明确地给出了自己的答案:什么知识最有价值?一致的答案就是科学。这是从各方面得来的结论。为了直接保全自己或是维持生命和健康,最重要的知识是科学;为了那个叫作谋生的间接保全自己,有最大价值的知识是科学;为了正当地完成父母的职责,正确指导的是科学;为了解释过去和现在的国家生活,使每个公民能合理地调节他的行为所必需的、不可或缺的钥匙是科学。同样,为了各种艺术的完美创作和最高欣赏所需要的准备也是科学。

而为了智慧道德宗教训练的目的,最有效的学习还是科学。这就是说,科学的知识不仅可以指导人们生活中的各种活动,调节人们的行为,还可以最大限度地训练人们的智力,所以科学之于人,不仅具有指导意义,还具有训练意义。另外,从生产过程的科学化要求和对个人在社会生活中的必要性来说,科学都是必需的和最有价值的。

另外,科学知识具有教育价值。科学要求人们用理智去判断事物,所以科学能教人用科学态度对待事物;科学能培养学生的求实精神,增加学生的自信心和独立性,而人的独立性是人的品质中最有价值的因素。一个人的学习应尽量能在独立研究的方式下进行,这可以锻炼人坚毅和诚实的品质,所以科学知识具有教育价值。总之,在斯宾塞看来,学习科学知识是所有人生活的最好准备,对调节人们的行为具有无法估量的最大价值。综上,学校教育中的课程也必须将各门科学当作内容。

(二)科学的价值

1.科学具有智育价值

这种价值源于科学中"真"的本质。科学的真理性和在追求真理过程中的一切求真活动,都与人类追求自由一样,是同样可贵的人文精神的必然内涵。不仅仅是"真"的知识将使学生受益终身(这还仅仅停留在把科学当工具的实用层面),更重要的是,为"求真"而必须获得的科学与逻辑思维能力,使人更能区别于一般动物而展示人的无与伦比的伟大。如果说思维是人的智慧中最美丽的花朵,那么科学思维就是这朵花里最高贵的花蕊。换言之,如果承认科学知识是人的最高智慧的结晶,那么科学思维则是这个结晶体内最活跃的晶核。我们常说"让学生通过学习变得更聪明",这正是体现了科学的智育价值[①]。

2.科学具有德育价值

古希腊苏格拉底认为,善即知识。他还强调指出,智慧是唯一的善,无知是唯一的恶,其他东西都无关紧要。今天看来,这些话当然过于绝对,但苏格拉底将道德与智慧统一起来,则是不错的。人类文明发展史已经证明,没有科学认知的"真",就谈不上道德伦理上的"善"。科学有助于学生

[①]张建波,周嘉禾,王廷琼.学前儿童科学教育[M].南京:河海大学出版社,2019:13-20.

形成正确的世界观,对自然和社会的科学认识有助于他们理性地把握自己的人生。另外,科学道德所包含的"公"(无私奉献)"诚"(老实诚信)"勤"(自强进取)"勇"(坚韧不拔)"谦"(谦逊虚心)"和"(团结协作)等,不都是我们的教育希望教给学生的吗?

3. 科学具有美育价值

科学当然不是艺术,但科学中无疑包含美的意义。科学研究的对象是美的:自然界的日月星辰、飞禽走兽,以及生命繁衍等,本身就是一幅美妙无比的图画。即使是同样作为研究对象的人类社会,其波澜壮阔的发展演变也有一种内在的崇高美或悲剧美。科学研究的方法是美的:科学家在实验中的操作技术之精湛、娴熟、灵巧,都有美的特性。爱因斯坦曾赞扬美国物理学家迈克尔是"科学中的艺术家",因为他有着"对于科学的艺术家的感触和手法,尤其是对于对称和形式的感觉""他的最大乐趣似乎来自科学本身的优美和使用方法的精湛"。科学研究的成果是美的:科学理论代表着"真",当这种真理被用于人类改造世界的实践时,也就获得了美的意义。更重要的是,由概念、定律、假说等构成的科学理论,同样也有着自己美的形态,如简单和谐的形式和清晰严密的逻辑规则。正因为如此,傅里叶的《热的分析理论》被恩格斯赞誉为"一首数学的诗",哥白尼体系被誉为"天体的音乐"……

二、学前儿童科学教育的价值

向学前儿童进行科学教育是人类社会进步的必然要求,是学前儿童发展的需要,也是学前儿童全面发展教育必不可少的组成部分,无论从社会的需要来看,还是从学前儿童的个体发展来看,都是至关重要的。

(一)学前儿童科学教育与社会发展

今天,人类已经进入了21世纪,这是一个以知识创新和应用为特征的知识经济时代。在这个时代里,科技发展日新月异,人们的生活也因此而不断变化。要适应这样的生活,即使是最普通的人,也需要具有一定的科学素养。因此,普及科学教育,提高全民族的科学素养,已经成为时代的呼唤。科学教育包括从学前阶段到大学阶段的科学教育。学前阶段的科学教育是整个科学教育体系的奠基阶段。它虽然不可能直接提高一个民族的科学素养,直接培养出科技人才、智能型的劳动者,但它作为科学启蒙教育,对一个人的一生却会有很大的影响。社会的发展要求我们重视学前儿童科学教育。

科学教育目前成了各个国家教育改革的热点之一,许多国家都把推进科学教育与本国的人力资源开发,科技振兴事业联系在一起,采用特殊政策,增加拨款,设立专门学校和专门项目等培养科技人才;并通过教育改革,提高全体教育者的科学素养。重视儿童科学教育已成为全球性的大趋势。2003年12月,国际科学院联合组织发表了有关儿童科学教育的宣言,世界各国69个科学院的代表在宣言上签了字,承诺将和教育界一起在各国继续推动这项教育改革。

(二)学前儿童科学教育与个体发展

学前儿童科学教育对个体发展的意义表现在以下方面。

1.有利于学前儿童科学素质的培养

学前儿童有着与生俱来的好奇心和探究欲望。如果后天的生活环境保护了儿童的这种特点,那么这些特点便会得到强化巩固而保留下来。如果后天的生活环境不接纳儿童的这些特点,那么这些特点便会减弱直至消失。对学前儿童进行科学教育可以保护儿童的好奇心和探究欲望。同时,学前儿童的好奇和探究往往具有盲目性和偶然性。通过学前儿童科学教育活动,可以使他们的探究过程成为具有明确目的,能够达到一定结果的学习过程,从而进一步激发他们的好奇心和探究欲望。纵观古今中外伟大的科学家的成长经历可以发现,童年时期成人对他们好奇心的保护和重视对他们后来取得伟大科学成就具有重要作用。

学前儿童科学教育活动有利于学前儿童学到科学方法,提高分析问题和解决问题的能力。学前儿童科学教育活动是教师引发支持和引导学前儿童主动探究,经历从探究到发现的过程。探究过程本身就是运用科学方法获取知识的过程。即使在很简单的探究活动中,都会有科学方法的存在。所以,在科学探究的过程中,学前儿童也会学到一些科学方法,儿童的观察能力、思维能力,解决问题的能力和动手操作能力等都得到了提高。所以说,学前儿童科学教育有利于培养学前儿童的能力。学前儿童科学教育能使学前儿童丰富和积累科学经验。在学前儿童科学教育活动中，教师可以为学前儿童提供广泛的内容引导学前儿童去探究，从而使儿童获取广泛的科学经验。早期的科学经验可以为儿童将来理解科学知识提供支持，还会促进科学技术的发明创造。

2.有利于能促进学前儿童的全面发展

学前儿童科学教育活动不仅给学前儿童以直接接触和探究客观世界的机会，而且也尊重学前儿童自发的探究活动，这有利于培养学前儿童的主动性、积极性、独立性、创造性、自信心等良好个性品质。

总之，学前儿童科学教育不仅有利于学前儿童科学素质的培养，还能够促进学前儿童的全面发展，从而为学前儿童一生的发展奠定良好的基础。

三、学前儿童科学教育价值的特性

（一）教育价值的可持续性

任何科学教育活动和教师的指导策略所应追求和实现的核心目标与价值都是幼儿的可持续发展。在科学教育活动中能否使幼儿获得可持续发展的、具有终生价值的大目标，是我们衡量科学教育活动成功与否的核心原则。由此可见，我们所进行的任何科学教育活动和所采取的任何一个指导策略都应对幼儿的终生发展有意义。培养幼儿对科学的好奇心和科学的态度是首位的价值和目标；培养幼儿获得探究解决问题的策略的经验是重要的价值和目标。在科学态度方面，要让幼儿尊重事实，用事实说明问题；相信并乐于通过探究解决问题，尝试用不同的方式解决问题；接纳、听取别人的不同意见，学着从不同的角度看问题等科学的态度和品质，对幼儿终生的学习和发展有重要意义。在科学活动中，知识经验是幼儿探究活动的必然结果，不应成为教师追求的主要对象。作为教师，要时刻牢记"人是教育的目的""不能以牺牲幼儿的主体性来求取知识的传递"，不能牺牲幼儿的探究兴趣来求取知识的获得。

（二）教育价值的多项性

科学活动作为幼儿与事物的交往和认识活动，所实现的教育价值是多方面的。培养幼儿乐于探究、知道如何去探究以及在探究过程中获得对周围世界的认识,实现的是科学教育的认知价值;在科学教育过程中使幼儿体验和获得科学的精神,尊重事实的态度,培养坚持性与克服困难的精神,实现的是科学教育的意志价值;与同伴交流时发现,学着从同伴的角度看问题,欣赏同伴的价值,尊重同伴,与同伴友好相处,实现的是科学教育的人文价值;在探究过程中,发现自然界中各具特色的事物有序排列,了解人与周围环境的依存关系,热爱与保护周围环境,热爱与保护周围的动物,培养幼儿的爱心和对生命的尊重,实现的是科学教育的社会性和审美价值。如同真、善、美的统一是科学的一个本质属性一样,在引导幼儿探究周围物质世界中实现认知、社会性和审美价值的统一,也是幼儿园科学教育的一个本质属性。

第二章　学前儿童科学教育的历史

学前儿童科学教育处于科学教育与学前教育的交界,科学教育与学前教育的发展影响学前教育的产生与发展。回顾学前儿童科学教育的历史沿革,有助于了解它的发展轨迹,获取经验教训,从而为当前学前儿童科学教育遇到的问题提供解决思路,为未来的发展提供借鉴。

第一节　古代学前儿童科学教育的开始

一、原始社会的科学教育

原始社会是科学教育的起始阶段,此阶段的教育与生产劳动紧密结合,带有神灵色彩。在成人从事捕鱼、狩猎、耕作等日常劳作时,儿童跟随其后观察、模仿,学习获取食物、制作工具、防御猛兽的技能。就是在这样的日常生活中,通过成人的示范与口授,儿童获得了一些对自然界的感性了解,掌握了一定的知识经验,这即是人类早期科学教育的起源。

在原始社会,由于科学不发达,人类对许多自然现象无法解释,于是将自然现象神化,这样的误解阻碍了人类对自然法则的认识[1]。

二、春秋战国时期的科学教育

春秋战国时期,中国出了《墨经》和《考工记》两部代表性的科学技术著作。其中,《墨经》不但记载了大量的物理知识,而且展示了墨子是如何对弟子进行教育的。墨子在讲学时非常重视向学生传授生产知识,他曾经运用实验的方法来解释光学中小孔成像的原理。墨子对小孔成像的解释是

---

[1] 王雨菲,郑三元. 学前儿童朴素理论研究的回顾和展望[J]. 幼儿教育,2021,(Z6):83-86.

世界上第一个对光的直线传播的科学解释,比希腊的欧几里得早一个世纪。更具有价值的是,墨子用实验的方法进行教学,这在世界科学教育史上是首创。

三、古代蒙学里的科学教育

在社会历史发展的不同阶段中,生产力发展水平、生产关系和政治制度的不同导致了教育的不同,各个社会阶段会形成各自教育发展的历史形态。我国是具有悠久历史的文明古国,古代幼儿科学教育的智慧体现在大量的蒙学读本中。例如,在著名蒙学读本《急就篇》中有介绍自然现象变化情况的科学知识。在《三字经》中介绍了常见的动物,如马、牛、羊、鸡、犬、豕等。在《名物蒙求》中有"润以雨露,鼓以风霆。云维何兴?以水之升。雨维何降?以云之烝",意在说明自然现象的物理变化情况。明代的杂言书《百花口诀》中还对植物进行了形象生动的描写等。从古代的蒙学读本中可以看出我国古代儿童科学教育的主要内容是解释一些常见的、粗浅的科学现象,介绍简单的农作物知识。教育内容局限于科学常识的介绍,同时教育过程主要是识字教育,还没有形成独立的科学教育局面。

总而言之,我国古代儿童的科学教育只是在识字教育的过程中出现的萌芽,整个教育大权掌握在统治阶级的手中,普通劳动人民的子女主要还是接受家庭教育,而家庭教育结合了生产生活劳动的内容。由于科学教育的影响在当时并不能从根本上触动统治阶级的统治地位,因此统治阶级并不注重科学教育,我国的自然科学、生产技术的传授也就逐渐从学校教育中淡出。

第二节 近代学前儿童科学教育的发展

一、晚清学前儿童科学教育

我国近代的自然科学教育始于清朝,在1862年(同治元年)设立的京师同文馆中就开设了名为"格致"的科目。该科目主要包括对植物、动物等的介绍,对物理和化学的变化情况及矿物质情况的简单介绍等,要求小学生了解和掌握相关的科学常识。这是我国设置自然科学教育课程的开端。《奏定蒙养院学堂章程及家庭教育法章程》提出了对学前儿童进行科学教育,指出要以幼儿的学习兴趣为出发点,结合幼儿的日常生活经验,主要采用交流、谈话、游戏唱歌等简单的形式向幼儿传递科学知识[①]。

二、民国时期学前儿童科学教育

1903年,我国开办了第一所幼稚园——湖北幼稚园。1922年,"壬戌学制"将蒙养院改为幼稚园。1932年10月,教育部门颁布的《幼稚园课程标准》标志着我国正式将"社会和自然"课列入课程标准,推动了我国科学教育的进一步发展。它明确了常识教育的具体目标和内容,增加了幼儿科学学习情感目标,提出对生活和自然的观察、欣赏、体验;内容具体到要求幼儿能认识自己的身体、观察天气变化情况并做简单的记录等。1935年,书籍《幼稚园的自然》出版,它是我国第一本供教师使用的注重户外教学的幼儿科学教育的书籍,为我国幼儿科学教育的发展提供了科学的理论依据,进一步促进了科学教育在幼儿这一特殊群体中的历史发展进程。1936年,教育部门对科学教育课程的名称做出更改,将之前的"社会和自然"更名为"常识"。1937年,依据《幼稚园课程标准》编制的《幼稚园常识160课》为幼儿园教师提供了具体的教学参考。从整个近代的教育发展史可以看出,幼儿科学教育受到了前所未有的重视,逐渐形成了以常识教育为主体的幼儿科学教育的新体系。

第三节 现代学前儿童科学教育的改革

一、幼儿园科学教育的价值取向及教育目标的改革发展

(一)20世纪80年代常识教育的目标

20世纪80年代常识教育的目标(任务)由知识、兴趣、能力三个方面构

[①] 李杰. 科学教育发展论[M]. 苏州:苏州大学出版社,2005:11-14.

成,具体表述为:①丰富幼儿关于社会和自然方面粗浅的知识,拓宽他们的眼界;②培养他们对认识社会和自然的兴趣和求知欲,逐步形成对待人们和周围事物的正确态度;③发展幼儿的注意力观察力记忆力想象力思维能力和语言表达能力。在这一目标体系中,知识被摆在首要位置,并强调兴趣的培养和智力的发展,但忽略了幼儿探究事物的过程和方法。

(二)20世纪90年代以来的科学教育的目标

20世纪90年代以来,科学教育的总目标是由科学知识、科学方法和对科学的情感态度三个方面构成的,具体包括:①帮助幼儿获取周围世界广泛的科学经验,并在感性经验基础上形成初步的科学概念;②帮助幼儿学习探索周围世界和科学的方法,通过观察、分类、测量、思考表达和交流信息等,发展幼儿的观察力思维能力初步地解决问题的能力和动手操作的能力;③激发幼儿对周围世界的好奇心,探索周围世界和学习科学的兴趣,培养幼儿关心、爱护自然的积极情感和态度。同时,强调科学知识、科学方法和科学情感态度的统一和不可分割。

20世纪90年代我国幼儿园科学教育的目标与80年代的常识教育相比较,可以看出两者在很大程度上的承袭性,也可以看出明显的变化。

1.承袭性

(1)知识的掌握仍被放在第一位

这种情况不仅从总的教育目标的表述上可以看到,尤其在总目标具体到各个年龄阶段时,在众多的知识点构成的庞大的内容体系更可以看到。而事实上,这种众多的知识点构成的庞大的内容体系,冲淡甚至淹没了总目标所要体现的价值。在实际工作中,教师无法"透过知识看到大的目标和价值",知识仍是教师追求的核心目标。这种情况实际上影响着教育目标的实现。

(2)情感态度放置的位置

虽然这一目标体系也重视幼儿的学习兴趣与动机,但是并没有将兴趣的培养与动机的激发放在重要的位置上。尤其在实际工作中,激发幼儿的好奇心、兴趣等情感态度往往是为了完成教师所要传授的知识,而不是为了幼儿本身发展的更长远的、终生的目的①。

(3)注意在掌握知识的同时发展幼儿的一般认知能力

一般认知能力包括：注意力、观察力思维能力等。其中，突出强调观察力的培养。

2.明显的变化

(1)重视幼儿感性经验

20世纪90年代幼儿教育较之80年代更加重视幼儿的感性经验，注重在幼儿获得感性经验的基础上形成初步的科学概念；强调发展幼儿的动手操作能力。这种变化使幼儿园科学教育更加符合幼儿的学习和发展特点。

(2)重视幼儿学科学的方法

提出了帮助幼儿学习观察、分类、测量、思考表达和交流信息等学科学的方法。这一目标的提出，体现了注重幼儿探究过程这种倾向，而且还提到了解决问题的能力，使20世纪90年代的幼儿园科学教育与80年代的幼儿常识教育有了明显的区别。

通过上述分析比较可见，20世纪90年代的幼儿园科学教育目标比80年代有了很大的改进。但笔者认为，这种变化仍然是非实质性的，必须构建新的目标体系，体现新的价值取向。这是时代发展的必然要求。尤其要强调以下几个方面。

第一，幼儿教育应当注重有益于幼儿终身发展。当今，世界正在发生着迅速的变化，教育正在发生着巨大的变革。幼儿的学习已走出以往狭小的范畴，开始成为贯穿一生的命题。科学教育的目标和价值取向正面临着从表层、短近向深层、长远的变革。为了幼儿终身的学习和发展，幼儿园科学教育应注重幼儿乐学、会学这种大目标和教育价值。正如《学会生存》一书中所写的，我们再也不能刻苦地一劳永逸地获取知识了，而需要终身学习如何去建立一个不断演进的知识体系——学会生存。《教育——财富蕴藏其中》一节中更是明确提出了将乐学、会学作为具有终身价值的教育目标。书中写道："这种学习更多的是为了掌握认识的手段，而不是获得经过分类的系统化的知识，既将其视为一种人生手段，也可将其视为

①周李哲，祁道林.核心素养视域下学前儿童科学教育课程的教学改革探索[J].教育观察，2022,11(03):103-106.

一种人生目的。作为手段,它应使学生个人学会了解他周围的世界,至少是使他能够有尊严地生活,能够发展自己的专业能力和交往作为目的,基础是乐于理解、认识和发现。"

第二,注重幼儿的主动性和创造性。其原因在于:①社会的发展需要主动的、有创造性的个体。我国历来以"人口众多,地大物博"而自豪,如今地大物博的美好时代已经过去,人口越来越多,耕地越来越少,资源越来越匮乏;凭力气就能生活得很好的时代即将过去,我们的生存环境已经面临着危机。加上近年来追求眼前的经济利益,无度地乱砍滥伐,无度地开采资源,用不了多长时间我们将把自然界赐给我们的财富——土地、资源和能源掠夺、滥用和浪费。中国要发展,中国人要在21世纪能有尊严地生活着,怎么办?出路只有一条,那就是大力"开发人力资源",而人力资源中最有可持续性的、最可深度开发的资源就是人的创造性和创造力。要让盐碱地变成高产田,让"沙漠长出粮食"。我们要通过教育让我们的孩子,让我们的后代敢想祖先没有想过的事,敢做祖先没有做过的事。②社会的发展需要它的每一个公民都具有主动性和创造性。个体要在社会上更好地生存必须具备主动性和创造性,快速变化是未来社会的根本特征,人类将面临有史以来最为瞬息万变的境遇。生活在这样一个时代的人,要想很好地生活,最需要的就是主动性和创造性,其核心就是学会解决新问题。我们的孩子所面临的社会将比我们今天更复杂多变。我们的孩子们将生活其中的世界正在以比我们的学校快几倍的速度变化着。一切都要自我选择、自我决定,自己尝试着解决新问题。我们要通过我们的教育,使孩子们学会自己选择、自己决定,培养他们的主动性和创造性,让他们乐于探究,敢于创造和尝试新事物。

培养具有主动性和创造性的人是社会发展到今天对教育提出的必然要求。教育正在或即将进入一个以主动学习和创新性适应为标志的更为人性化的终身教育的时代。科学教育必须迎接这一挑战。

第三,注重并优先考虑幼儿的情感体验。幼儿探求知识的过程和方法比掌握知识的多少本身更重要。身处当今知识爆炸、知识快速增长、不断更新的时代,知识是学不完的,学得的知识也会过时的。可能我们今天知道的东西,到明天就会过时,不创新就会停滞不前。人类已没有"一劳永逸地获取知识"的可能性。唯有乐学、会学才能使人终身受益。对于一个人来说,兴趣是探索和学习的原动力、内驱力,不仅能提高认识活动的积极性和效果,还能使认识活动成为快乐的事情。一个人如果通过学习科学而获得了探究解决问题的方法,那他就有可能不断运用这些方法去寻求尚未知晓的知识,探求解决各种新问题的方法。

当代教育目标新三层的提出已确定了这种教育发展的全球趋势。在教育目标旧三层结构中,知识被放在最优先的位置。而今,新的三层结构改变,最优先的位置从知识变为态度,态度被突出出来,作为优先考虑。这是时代发展的必然要求。我们要在理论和实践上倡导的是,情感态度必须优先考虑,过程和方法比知识本身更重要。也就是说,使幼儿愿意去获取知识和学习如何去获取知识比知识的多少本身更重要。

二、教育的变革及幼儿园科学教育的组织策略的改革

在20世纪80年代及其之前的幼儿园科学教育(当时称"常识教育")中,教师在组织实施中最关心的是把教学大纲中规定的自然常识和社会常识传授给幼儿,主要的教育策略是教师讲(做)、幼儿听(看),教师告诉幼儿事实和规律,幼儿被动接受练习和记忆。由于教育以追求幼儿对知识的掌握为主要目的,教师大有一节课不教会幼儿某个(些)预想的知识点誓不罢休的劲头。幼儿相信和畏惧教师的权威,不会自己思考,不会也不敢自己动手探究,严重缺乏主动性和创造性。可以说,这种教育组织策略下培养出来的孩子,都是不会自己想、不会自己做的"乖"孩子。

进入20世纪90年代,在教育组织策略上提出增加幼儿的感性认识和操作,但重在理解知识和关系所进行的练习性和验证性操作,忽视幼儿的探索性和创造性操作。科学教育事实上没有真正成为幼儿主动探索的过程。虽然也有极少学者提出幼儿园科学教育要重演科学家科学活动的过程,但这只是一种有益的倡导,究竟重演什么和如何重演都需要深入探讨和研究。在幼儿园科学教育实践中,另一个突出的问题就是幼儿的需要和兴趣、发展和学习的特点得不到应有的尊重。在幼儿的需要和兴趣与教师预想的目标发生冲突时,教师们往往追求自己制定的、不知是否合适的目标,而不顾孩子的需要和兴趣。在幼儿的直接经验不足,还不能达到某种

概括时,教师往往不是去扩展孩子的直接经验,而是凭空变换各种提问方式"引导"孩子概括;或用一遍又一遍地让幼儿"再想想"来"启发"孩子概括;实在"引导"和"启发"不出来时,就只好把抽象的东西直接告诉孩子,让孩子记住。这种教育实际上也是"没有孩子的教育",教师把目标装在心里了,而没有把孩子装在心里,不知道孩子喜欢探索什么,能探索什么和怎么探索。这种"眼中有目标,心中没孩子"的教育是注定要失败的。因此,必须对幼儿园科学教育的组织策略进行"更新型"的改革,实施以幼儿主动探索和自主学习为基点的科学教育的组织策略,使幼儿从教师的高控制和被动学习中解放出来,真正成为主动的探索者和学习者。

第三章　学前儿童科学教育的理论基础

第一节　心理学基础

在心理学领域,认知发展理论、建构主义学习理论及多元智力理论对当前世界的教育产生了广泛而深远的影响。使人们对儿童的发展过程及怎样看待儿童的发展、儿童的学习方式及学习过程等问题有了全新的认识,也为学前儿童科学教育活动的开展奠定了心理学基础。

一、认知发展理论

(一)皮亚杰的认知发展理论

最早关注儿童科学认识的心理学家、发生认识论创始人让·皮亚杰是瑞士当代著名儿童心理学家及教育家,毕生从事儿童认识发展的研究,并建立了儿童认知发展理论。其中关于知识经验的获得、儿童思维发展阶段理论及学习与发展关系的看法为研究学前儿童科学教育提供了有益的启示[①]。

1. 知识经验的获得

皮亚杰在谈话中曾谈到,学到的真理只有5%的真实性;要让学生自己去重新掌握,重新建立和重新发现真理。知识在本原上既不是从客体发生的,也不是从主体发生的,而是从主体和客体之间的相互作用中发生的。只有儿童自己具体地和自我地参与各种活动,才能获得真实的知识,才能形成他们自己的假设,给予证实或否定,形成新的认识结构。皮亚杰认为,知识经常是与动作联系在一起的,动作是联结主客体的桥梁和中介,在动作操作过程中,主客体之间相互作用,一方面使得客体发生了一

---

① 华红艳.皮亚杰关于学前儿童科学概念、客体关系认识发展的研究及教育启示[J].教育与教学研究,2022,36(04):15-27.

定的改变,另一方面也使主体在相互作用的过程中获得了一定的知识。

在学前儿童科学教育活动中,教师不应将知识硬塞给儿童,而应该创设丰富的环境,放手让儿童自己动手操作,动脑探索,在各种科学活动中自由操作、实验、观察、思考,自己认识事物,发现问题,解决问题,不断建构自己的知识经验系统。要允许学前儿童犯错误,只有在不断"试误"的过程中,学前儿童才能积累足够多的经验,最终得到发展。

2.儿童思维发展的阶段

皮亚杰在大量实验研究的基础上,提出儿童从出生到青年初期认知发展的路线。他把儿童的发展划分为既相互连接,又具有质的差异的四个阶段。即感知运动阶段(0—2岁)、前运算阶段(2—7岁)、具体运算阶段(7—11岁)和形式运算阶段(1—15岁)。

学前儿童的认知发展处于感知运动阶段和前运算阶段。也就是说,虽然学前儿童还不具备运用逻辑进行思考的能力,但是他们已经开始运用各种器官来认识这个世界。皮亚杰的认知发展阶段论从儿童认知结构发展的角度解释了他们学习科学的特点。他认为,儿童的科学认识和认知结构的发展是平行的。儿童科学认识的发展取决于他们的认知发展阶段。他同时指出,我们必须承认有一个心理发展过程的存在;一切理智的原料并不是所有年龄阶段的儿童都能吸收的;我们应该考虑到每个年龄阶段的特殊兴趣和需要。由此,在学前儿童科学教育活动指导中,既应该注意到不同年龄阶段有质的差别,应该顾及前后阶段之间的相互联系,在对儿童的要求上,在活动的主题选择及活动的实施过程中都应该按照这个规律调节,把握儿童心理发展的可能性与现实性,又能充分发掘其心理发展的潜力,不仅考虑全班儿童所处的共同发展阶段和集体需要,而且要根据儿童的个体差异提出不同的要求,给儿童提供的活动材料必须和儿童的已有经验有一定的联系,又要具有新颖性,这样才能产生认知上的不协调和冲突,引起儿童活动的兴趣,促进他每个儿童主动、自发地活动和学习,从而得到最佳的发展。

3.学习与发展的关系

在谈到学习与发展的关系时,皮亚杰认为,关于学习能否加速儿童认知发展的问题,其关键在于学习活动是成人教导下儿童被动地学习知识,还是儿童在其生活情境中自行探索主动学到知识。我认为，教育的真正目的不是增加儿童的知识，而是设置充满智慧刺激的环境，让儿童自行探索，主动学到知识。如果在发展尚未达到适当水平之前提早教他知识，将会对儿童自行探索主动求知的行为反倒产生不利影响。从皮亚杰的话语中可知，皮亚杰反对传统的学习理论把知识归结为外部现实的被动反映，认为儿童是主动学习的学习者，这种学习是由学习者自身发起的学习，不是由教师手把手教或传递而进行的学习，主动学习也是学习者创造性的学习。皮亚杰把儿童比喻成科学家，意指儿童像科学家一样，通过自身和周围世界的相互作用，自己建构关于客观世界的科学认识。他关注儿童科学认识发展的自发性，描述了儿童科学认识随着认知发展阶段的演进而改变的过程，同时力倡让儿童通过主动的探究活动进行自主式的学习。

皮亚杰认为，每次过早地教给儿童一些他自己日后能够发现的东西，这样会使他不能有所创造，结果也不能对这种东西有真正的理解。学习得有准备，否则，拔苗助长，欲速不达。他指出，童年期是一个人最精彩、最具创造力的时期。学前教育应该为儿童提供实物和环境，让儿童自己动手操作，通过摸、看、闻、尝、听、抓、举、扔、捏、切等来了解事物的各种特性，这充分说明了儿童学习的探究性特点。探究性体现了将学前儿童看成是学习与发展的主体，把学前儿童看成是主动的学习者，学习过程是学前儿童与周围环境相互作用的过程，当他们操作材料进行实验，探索着发现事物，并谈论它是如何出现的时候，他们在进行最好的学习。探究性强调以问题的形成作为学习的起始阶段，重视学前儿童的学习兴趣和主动参与，重视知识的获得过程。实施这一原则，必将使学前儿童在教育的过程中体验到探索的乐趣，并由此养成探究精神和动手实践的能力。探究性是学前儿童进行科学活动的一个主要特性。

（二）维果斯基的认知发展理论

维果斯基是与皮亚杰同年出生却英年早逝的苏联卓越的心理学家、教育家，他主要研究儿童发展与教育心理，着重探讨思维和语言、儿童学习与发展的关系问题。他所创立的文化历史理论不仅对前苏联，而且对西方心理学产生了广泛的影响。同时，对当代西方认知心理学的研究也有重要的影响。维果斯基在辩证唯物主义的观点指导下,研究了儿童科学概念的发展,并强调了教学对于促进儿童发展的作用。

1.社会文化理论

维果斯基注重社会文化对人发展的影响,他认为,个体的学习是在一定的历史、社会文化背景下进行的,是在与他人的相互交往的过程中建构和发展自己的,社会可以为个体的学习发展起到重要的支持和促进作用。他认为,高级的心理机能来源于外部动作的内化,这种内化不仅通过教学,也通过日常生活、游戏和劳动等来实现。内在的智力动作也外化为实际的动作,使主观见之于客观。内化和外化的桥梁便是人的活动。在学前儿童科学教育中,如何创造一个文化系统,一个有利于儿童与同伴交往、合作学习的环境,充分发挥同伴交往和师幼交往对儿童认知发展的作用是我们应该考虑的问题。

另外,维果斯基提出了"最近发展区"理论,他认为儿童的发展具有两种水平,一是儿童现有的发展水平,二是即将达到的发展水平,即潜在的发展水平,两种水平之间的区域即为最近发展区。现实的发展水平即个体独立活动所能达到的水平,而潜在的发展水平则是指个体在成人或比他成熟的个体的帮助下所能达到的活动水平(如图3-1)。

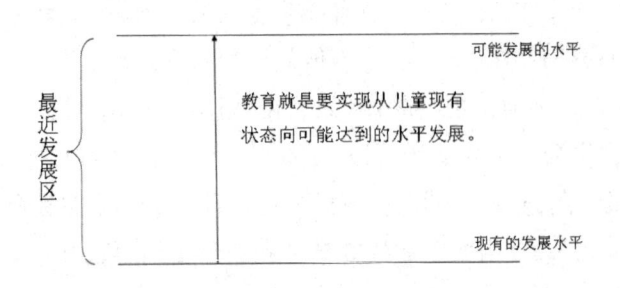

图3-1 最近发展区理论示意图

维果斯基认为,教学不应该把眼睛看着儿童发展的昨天,而应看着发展的明天。教育、教学应建立在儿童最近发展区的水平上,促进儿童的发展,只有在最近发展区域内的教学才是有效的教学。作为幼儿教师,在科学教育活动中如何才能做到提供给幼儿"最近发展区"内的教学内容呢?第一,教师要根据提供适宜的活动材料,为不同的幼儿创造不同的"最近发展区",使每个幼儿的潜能都能得到最大限度的发展。第二,教师要充分考虑师幼互动的方式,全面分析幼儿在教师创设的对幼儿来说具有挑战性的真实问题情境中到底会遇到哪些困难,造成这种困难的原因可能有哪些,以及针对这些困难教师可以提供怎样的帮助。第三,在设计幼儿园教学活动时,教师要重视幼儿之间的同伴关系。很多时候幼儿的发展是在模仿和交流当中实现的。

他还指出,游戏创造了儿童的最近发展区,是学龄前儿童发展的最重要源泉,在游戏中,儿童的表现总是超越他的实际年龄。他的日常行为表现在游戏中,他比他本身的实际水平要高出一点。正如放大镜的焦点一样,游戏以浓缩的形式凝聚着发展的所有趋向,其本身也是发展的主要源泉。在儿童的游戏中,儿童的言语、符号活动作为中介可以促进儿童认知水平的提高。可见,他对学前儿童的游戏给予了高度的重视。

2.有关儿童科学概念发展的研究

维果斯基揭示了学前儿童思维的特点,认为他们尚处于概念思维之前的时期(复合思维的时期或概念含混时期),此时期儿童是根据"组成复合体的各成分之间具体的和实际的联系"来认识事物,即根据简单的因果关系或者根据事物表面的属性、功用或情景来总结概念。根据事物的大小、颜色或形状等相同或相似而把它们联系起来认识,如把番茄、梨、桃归为一类,因为"能吃、吃起来水多";把太阳、卷心菜归为一类,因为"都是圆的";把太阳、公鸡归为一类,因为"太阳一出来,公鸡就喔喔叫"。把由复合思维而形成的复合体不属于抽象—逻辑思维层次,而属于具体—实际思维层次。简单地说,概念反映的是事物之间的内在的、共同的、本质的联系,而作为复合思维产物的复合体,反映的是直接经验所揭示的广泛的、多样的、实际的却非实质的联系。

维果斯基将儿童自发产生的概念(或日常生活概念)归因于他们的复合思维的形式。他承认儿童对世界会有很多自发的认识,这些自发概念不同于经由教学过程获得的科学概念,日常概念的弱点是不善于抽象化,不善于自如地运用,且不正确地使用也十分明显。这些日常概念所弱化的方面正是科学概念所强化的。但是它吸取了丰富的生活经验内容,这一点却是科学概念所弱化的。科学概念的问题在于空洞的词语。它不是从和物品的直接接触开始的,而是从与客体的间接关系开始的。因此,科学概念的发展所走的道路与儿童自发概念发展所走的道路相反。儿童自发概念的发展是由下而上的,从较简单的和低级的特性到高级的特性,而科学概念的发展则是由上而下的,从较复杂和高级的特性到比较简单的和低级的特性。

但日常概念绝不是和科学概念毫无联系。维果斯基认为皮亚杰的错误就在于,他只是区分自发和非自发的概念,但看不到是什么将它们连接成统一的,儿童智力发展过程中形成的概念体系。他看到的只是脱节,而不是联系。维果斯基认为:①日常概念的发展取决于科学概念,它是通过科学概念向上生长发展的;②科学概念也要依赖于日常概念的发展,为其进一步向下延伸发展开拓道路。日常概念应该"自发"发展到一定水平,才能显示出科学概念对它的优势。科学概念的发展要求自发概念的水平达到一定高度,这时才能在最近发展区里出现认识性和随意——科学概念改造了自发概念并且将它们提到高级水平,实现它们的最近发展区。科学概念是从儿童的自发概念在发展中尚未达到的水平开始自己的生命的。教学则是促成发展的关键因素。另外,科学概念不是简单地取代儿童头脑中固有的自发概念,换言之不是由成年人较强有力的思维逐渐排挤儿童思维的过程,所以,科学概念并不是为儿童所掌握和记忆的,也不是用记忆吸收的,而是借助他自己思维的全部积极性的最紧张工作面产生和成型的。

维果斯基鼓励儿童在问题解决中学习。他认为,学习应当被融入对日常不断产生的矛盾冲突的解决中,鼓励儿童在解决问题中探索,激发他们的好奇心,引发他们对问题的深层理解,从而通过问题解决使他们建构对知识的理解,成为解决问题的主人。所以,在学前儿童科学教育活动中,教师应给儿童提供丰富多彩的教育环境,以此激发他们的活动欲望,这样便有利于他们发现问题、收集资料、开展实验、提出假设并进行检验,成为知识海洋的主动探索者。

二、建构主义的学习理论

建构主义也称结构主义,是认知心理学派中的一个分支。它揭示了人类学习过程的认知规律,阐明了学习如何发生,意义如何建构以及学习环境对知识建构的作用。建构主义认为,世界是客观的,但是对于世界的理解和赋予意义却是由每个人自己决定的。我们是以自己的经验为基础来建构现实或者解释现实的,由于我们的经验不同,于是我们对外部世界的理解也迥异。所以他们更关注如何以原有的经验心理结构为基础来建构知识。具体而言,建构主义学习观表现在以下方面。

(一)学习是学生主动建构的过程

建构主义理论认为,学习和发展是社会合作活动,这种活动是无法被教会的,知识是由学习者个人自己构建的,而不是由他人传递的。也就是说,个体的认知发展与学习过程密切相关,学习者不是被动地接受和储存外界输入的信息,而是在原有认知结构的基础上同化、顺应和建构当前所学的新知识。

(二)学习情境对意义的建构起重要作用

建构主义学习理论强调学习情境的重要性,认为学生的学习,是与真实的或类似于真实的情境联系着的,是对一种真实情境的体验。学生只有在真实的社会文化背景下,借助于社会性交互作用才能积极有效地建构知识。

(三)互动是知识构建的重要方式

建构主义认为,每个人都是以自己的经验为背景建构对于事物的理解,由于不同个体的已有经验以及对经验的看法不同,不同人看到的是知识的不同侧面,对同一个问题常会表现出不同的理解,不存在对事物唯一正确的理解。要使个体超越自己的认识,看到那些与自己不同的理解,看到事物的另外的侧面,就必须通过充分的合作和广泛的讨论,使理解更加丰富和全面。因此,建构主义主张通过增进学生之间的协商和合作来达到超越自己的认识。

(四)强调教学目标的开放性

建构主义教学观认为,教学应以培养学生探究和创新能力为目标,并视教与学是相互促进的循环过程。因此教学目标的设定应具有弹性与开放性,学习者可以从自己的学习需要出发,不断建构自己的学习目标。建构主义的学习理论使我们认识到儿童学习的重点不在于被动地获得一些科学真理,而在于主动建构自己的知识经验。儿童对知识的真正理解只能由儿童自身基于自己的经验背景建构起来,所以,教师应该尊重儿童已有的概念,把儿童原有的知识经验作为新知识的生长点,促进两者的联系和发展。教师还应认识到对于同样的现象,儿童可能有各种不同的观点,而儿童的每一种观点都有其特殊的价值和优势,教师应善于利用人际建构,用一种共存的模式代替那种简单地抹杀儿童观点,或者用科学观点简单地替换儿童观点的传统教学模式。同时,在教学过程中,教师还要转变自身的角色身份,从知识权威的象征转变为儿童建构知识的忠实支持者、积极帮助者和有效引导者。

三、多元智力理论

多元智力理论是由美国心理学教授加德纳提出的一种关于智力的新理论。传统的智商理论和皮亚杰的认知发展理论都认为智力是以语言能力和数理逻辑为核心的,以整合方式存在的一种能力。而世界著名发展和认知心理学家加德纳在批评上述两种理论的基础上,在1983年出版的《智力的结构》一书中提出了一个新的智力的定义,即智力是在某种社会和文化环境的价值标准下,个体用以解决自己遇到的真正难题或生产及创造出有效产品所需要的能力。根据新的定义,加德纳提出了关于智力及其性质和结构的新理论——多元智力理论。该理论认为,所有的个体拥有不同程度的、至少是7个领域的且相互独立的智力,即:语言、音乐、逻辑、数学能力、空间、身体动觉智力、内省智力和交往智力。加德纳最近还加了第八种智力,自然智力,表现为对自然的热爱。作为个体,我们每个人身上都同时拥有这几种相对独立的智力,我们每个人身上的这几种相对独立的智力在现实生活中错综复杂地、有机地以不同方式、不同程序组合在一起,使得每个人的智力都有独特的表现方式,每个人的智力各具特点。因此,加德纳的理论不是单纯地说明儿童的智力水平有多高,而是试图显示儿童在哪个方面聪明,以及他们各自怎样聪明、怎样成功。因此,人的智力是多方面的,智力的表现形式是各不相同的,我们判断一个人智力的标准也应该是多种多样的,我们很难找到一个适用于任何人的统一的评价标准来评价一个人的聪明与否、成功与否。

过去的幼儿园科学教育活动中存在着一些值得进一步研讨的问题,如在为幼儿提供操作材料方面目标意识较淡薄,忽视幼儿的个性差异及材料缺乏变化等。在指导幼儿操作过程方面重教师干预性,轻幼儿自主性;重验证性操作,轻探索性操作;重科学知识传授,轻科学方法引导等。多元智力理论在当前美国教育改革的理论和实践中产生了广泛的积极影响,并已经成为许多西方国家90年代以来教育改革的重要指导思想。"多元智能"理论对幼儿园科学教育活动有重要启示。

(一)幼儿科学教育活动是幼儿展示多种智力的过程,教师应发现和培养儿童的智力强项

传统的科学观认为学习科学需要逻辑能力,重视数理逻辑能力。但现代科学观已经告诉我们科学的学习是一个过程,而不仅是一个结果。科学教育的本质在于探究。既然学习科学的过程是一个探究的过程,那么就包含了幼儿能以自己的方式去认识世界,了解周围事物。所以,幼儿在科学探索的过程中就不仅是只使用逻辑——数理这一种智力、视觉——空间智力、身体——动觉智力、自知——自省智力、交流——交往智力以及音乐——节奏智力都可以在探索的过程中表现出来。并且每个幼儿的表现都不一样,每个幼儿表现的智力强项也不相同。因此,科技教育要尊重孩子的差异,从多角度提供不同的机会让幼儿去发现个人的潜能,让每个幼儿能发挥自己的特长,参与到科学活动中,以最适合自己的独特方式学习科学。

要做到这一点,首先要求教师能够识别儿童的智力长项或弱项。教师应通过多方面地、长期地在科学教育活动中观察儿童的行为表现,评价和了解儿童智力特点。一旦了解了儿童的长项领域,教师就可以"扬其所长",即以儿童的强项为突破口,进而引导儿童将自己从事智力强项活动时所表现出来的智力特点以及意志品质迁移到其弱项中。比如,老师发现某个小朋友在机械领域的兴趣和特长后,就给他提供更多的工具、机械和用于建构的材料,鼓励他进一步探索和学习,还让其担任领导者的角色,给其他儿童提供必要的帮助,得到同伴的赞赏……在这个过程中,该儿童强项领域的能力进一步加强,同时会获得成功感和价值感,在自尊和自我认同建立起来的同时,也提高了其他方面的能力。必须注意的是,发展儿童的长项领域并不是给他们贴"标签",培养什么类型的小天才,而只是遵循儿童所表现的智力特点来促进其发展而已。另外,培养长项也不仅仅靠教师与儿童的个别交往,良好的同伴关系也是不可缺少的,因为儿童的智力长项需要在群体活动中被认可。儿童完成任务的水平和质量也往往在群体活动中更高。再有,培养长项也不是限制儿童在其他领域体验的发展,广泛的学习体验有助于儿童充分发展他们的潜能和兴趣。

(二)提供多元化的操作材料,为幼儿创造探索的空间

幼儿科学教育不是"教"科学,而是"做"科学。教师要为幼儿提供大量的、各种各样的材料,让幼儿摆弄、探究、体验,在实际操作的活动中不断积累经验。材料要能够激发所有儿童各种智力或智力组合,要考虑到所涉及智力和智力领域的全面性,同时必须考虑儿童在同一种智力发展上的差异;活动材料尽可能激发儿童从事相应活动的爱好,如为了发展语言智力,故事角色中用故事板——儿童置身于故事板场景中,操作故事板上的立体形象会比图画书更易编出独特的、具有丰富想象和创造性的故事。

孩子们以自己探究过程的发现做记录,在此基础上进行交流和分享,而丰富的物质材料能刺激幼儿的探索行为。可见,幼儿对科学活动爱好的原因主要是有多元的操作材料。为了引发幼儿积极探索,可以把幼儿园活动室的环境变成了能够更新的动态环境。墙壁环境布置可以根据四季变化而设计,孩子可以随着四季的变化为画面增添自己的作品。玩具橱、手工柜、绘画作品角、手工作品角、音乐角、游戏角等,都提供了丰富多彩的材料,为孩子自由活动、自主探索、自由操作创设了有利的操作材料和物质环境。在活动区的定位上突破陈规,渗入更多新奇材料、增加科学探索空间,充分发挥活动区的功能,最大限度地吸引幼儿积极去探索。在教育活动中,我们也提供更多具体操作活动。如创设《风筝》为主题的教育活动时,教师在室内的墙壁上悬挂各式各样的风筝,在手工角放置风筝架、风筝画、线锤等物品,图书角放置有关风筝的故事图画,带幼儿动手做简易风筝、学习放风筝等,引导孩子在操作中探索、在观察中学习。因此,我

们应为幼儿创设适合其身心发展水平，满足其需要、爱好的多元物质操作环境，使幼儿自由选择、独立操作、主动构建。

(三)采用灵活多样的方式评价儿童

多元智力理论下的科学教育活动应促进幼儿对自然及其规律的熟悉和感受，体验和学会科学探究的基本方法，并在科学教育中促进儿童的全面发展。《幼儿园教育指导纲要（试行）》指出，幼儿园的教育内容是全面的、启蒙性的，各领域的内容可以相互渗透，从不同的角度促进幼儿情感态度、能力、知识、技能等方面的发展。幼儿的发展不可能是每一个方面齐头并进地发展，每一个幼儿都可能呈现发展的优势方面，并形成发展领域的不同组合，在各个领域全面地发展的同时，在发展水平、速率上又存在一定差异，不同领域在幼儿整体的发展中相互支撑，协调发展，这就是幼儿的和谐发展。儿童的智能之间是相互关联的，一种智能的发展经常需要其他智能的支撑，多种智能在发展过程中是和谐统一的，对儿童智能的培养首先应关注智能间的和谐性，而不是优势方面，无视和谐发展的智能开发是野蛮的开发，甚至是对儿童和谐发展的侵害。

儿童的每一种智能都有相应的核心线索，应从儿童现实的生活和活动出发去解读和获取这些线索。"多元智理论"就是倡导幼儿的和谐发展，充分展现幼儿发展的潜能。因此幼儿园科学教育活动评价的目标是要了解儿童当前的发展水平，为进一步引导和促进儿童的发展提供依据。为了实现这一目标，就必须建立一个评价主体多元、评价方式多样、评价内容全面的科学教育评价体系。

在科学教育活动中，除教师外、家长、教育管理部门、科学教育团体以及社区有关组织和人士，包括孩子本人都要积极地参与到对科学教育活动效果的评价中来，综合运用观察、谈话、游戏活动评价、活动产品分析等多种方法，对儿童科学素养的各个方面，包括儿童对科学概念与事实的理解，科学探究方法与能力、科学态度与价值观等的变化与发展进行考察，以真实、客观、全面地反映儿童的科学素养水平，达到用评价促进儿童发展的目标。这种多元化评价将评估与儿童自然的学习过程相结合，教师通过观察儿童的行为，倾听儿童与同伴间的交流、与儿童交谈或询问等方式,了解儿童的发展状况。这种过程性评价或形成性评价有助于教师准确地了解和把握儿童获得了什么发展以及是如何获得发展的,通过改善教育教学来更好地促进儿童发展提供依据。

第二节 生理学基础

一、关于脑科学的研究

脑的发展是个体心理发展的自然物质基础。学前期是人一生中脑的形态、结构和机能发展最为迅速的时期,这主要体现在脑重的增长、大脑皮质发展、大脑单侧化等方面,这些直接决定着大脑机能的发展。借助FMRI、LMN扫描等基于计算机的成像技术,人们比以往任何时候都更详尽地了解大脑的结构。人们可以看到大脑在不同发展阶段的形状与功能,以及出生前数月的大脑发育情况。

(一)脑重的增长

出生之际,婴儿的大脑处于极度未发展状态。人脑有140多亿个细胞,这是个体终生思考、交流、学习和发展的基础。有研究表明,出生后3个月内脑细胞第一次迅速增殖,70%~80%的脑细胞是在3岁前形成的,脑的发育速度在7岁前是最快的。新生儿脑重约400g,只相当于成人脑重的30%,9个月时脑重达660g,接近于成人脑重的50%,这一时期脑重平均每天增长1g;3岁左右儿童的脑重达950g,相当于成人脑重的70%;6岁时脑重达1280g,相当于成人脑重的90%。这些脑形态的发展变化在一定程度上反映了大脑内部结构发育和成熟的情况。

(二)大脑皮质发展

儿童出生后5个月是脑电活动发展的重要阶段,脑电逐渐皮质化,伴随产生皮质下的抑制;1—3岁期间,儿童脑电活动逐渐成熟,主要表现为安静觉醒状态下脑电图上主要节律的频率有较大提高,脑电图也复杂化。在4—20岁这个年龄段中,脑功能发展存在两个明显的加速期,第一次在5

—6岁,第二次是在13—14岁,使个体脑的机能在一定程度上呈现出一个"飞跃"。随着新经验的到来,婴儿的大脑通过在神经元之间形成和强化数以兆计的神经结或神经键来做出反应。

(三)大脑单侧化

大脑单侧化,即在大脑某个半球建立特定功能的过程,是大脑机能发展的另一个重要方面。新生儿就具有大脑单侧化的倾向,但这种倾向只表明了大脑两半球在功能上存在着量的差异。随着幼儿期大脑逐步发育成熟,单侧化倾向逐渐发展,两半球在功能上出现质的差异。脑的结构和机能在学前期的发展并非处于一种纯粹自然的状态,而是在很大程度上受到环境和教育的影响与制约。作用于儿童身体或神经系统上的早期经验影响其大脑相应区域细胞的生长。丰富多彩的适宜环境因素的刺激是促进儿童脑细胞迅速生长的重要条件,而适宜的早期教育是促进脑发育充分和完善的最有效的环境刺激因素。

儿童大脑的"工作细胞"已经形成,大脑的主要机能已趋完善,具备了接受外界大量刺激的可能性。如果抓紧时机进行充分的、最适合、最有效的刺激,可以使儿童在大脑中留下极为深刻的印象,有助于儿童大脑及早建立复杂交错的神经网络,为儿童今后大脑健康发展奠定良好的基础,使其日臻完善和成熟[1]。

可见,脑是个体心理发展必需的"硬件",其质量直接影响人的发展,而学前期是脑的形态、结构和机能发展最为迅速的时期,同时这一时期的发展又在很大程度上受制于早期环境和教育质量,这就直接为学前教育对人的全面发展和国民素质的提高产生长远、深刻的影响提供了生理基础和依据。

(四)重视学前儿童大脑活动

儿童期的大脑活动,大脑皮层在兴奋状态下具有良好的反应能力,学习、活动能力强,效率较高。但兴奋持续时间较短,较难使注意力长时间集中,易产生疲劳。因此,儿童的脑力活动要特别注意激发和培养兴趣。

---

[1]宋扬,牛桂红.游戏化教学在学前儿童绘画教学中的应用研究——以儿童游戏的生理、心理为基础[J].南昌教育学院学报,2018,33(05):4-8.

1.重视发展的"敏感期"

大脑发展"敏感期"的研究表明,教育应该重视幼儿大脑发展的"敏感期"。"敏感期"是大脑某些认知功能发展的"机会之窗",在敏感期幼儿更容易获得某种认知功能,错过"敏感期"并不意味着机会的完全丧失,但是,可能需要付出很多的努力来弥补因错过"敏感期"而造成的认知发展滞后。

所以,教师应该了解幼儿发展的敏感期,并且为其提供适应的环境和学习条件,促进其认知功能的发展。比如,在语言发展的"敏感期",为幼儿提供大量的语言刺激,在音乐发展的"敏感期"提供大量的音乐刺激。此外,教师还应该提供充裕的机会让幼儿与同伴进行交流和社会互动。封闭式的管理就像环境剥夺一样,会影响幼儿认知与社会性的发展,会影响其大脑神经元之间联结的形成。

2.重视早期经验对幼儿大脑发展的影响

大脑是在刺激中发展的,在每个幼儿的成长和成熟过程中,早期经验发挥着巨大的作用,塑造着来自遗传的特征。早期发展可以是天性与养育之间一个合成的节律跃进过程。在最初几年里,教养引导了这个节律跃进的进程。之后,早期教育在幼儿的发展中扮演着重要的角色。早期经验在大脑神经网络的形成和发展中起着很大的作用,能够改变和调整发展着的神经系统,这就是人类独特的可塑性、适应性以及个体差异性的原因。

3.每一个幼儿都是独特的个体

由于早期经验如此强大地影响着儿童的早期发展,因此,在成长与成熟过程中也就不可能有两个相同的大脑。幼儿从一开始出生就是个独特的个体,即使他们出生在相同的文化背景、地区、家庭中。即使同卵双胞胎也因为早期环境以及与成人的相互作用不同而导致发展也不一样。所以没有一个教师和父母能够预知或计划幼儿的成长和发展,成人所要做的就是尊重每个幼儿的个体差异,给予他们独特的、适宜的教育。对于幼儿个体化的指导是有效教学的一个重要特征。虽然个体之间存在差异,但是我们要做的是要尊重幼儿,从幼儿自身能力出发,促进其合理发展。

二、幼儿身体的发展

身体的生长发育是学前儿童发展的基础和前提。儿童生长发育存在一定的规律。人类的身体不是直线向上式地发育,而是波浪式、快慢交替发育的。从出生到2岁是儿童生长的第一个高峰期,随后的幼儿期,身体发展开始比较平缓。

(一)身高和体重的增加

身高和体重是幼儿身体发展的重要标志,它们标志着内部器官以及骨骼的发育状况。从幼儿初期开始,虽然身体上发展的速度逐渐缓慢,但与生命中其他阶段相比,身体仍然在迅速发展。此阶段,幼儿每年的身高增长5~7.5厘米,而体重大约增加3千克。幼儿期,往往同年龄段男孩比女孩稍高一点,也稍重一点。

(二)骨骼和肌肉的发展

幼儿除了身高和体重的增加外,幼儿的神经系统与肌肉系统在发展中逐渐成熟,骨骼成长,软骨则以更加明显的速度转变成骨头,同时骨头则呈现出更加坚硬的状态。在此基础上,肌肉也发育得更为结实。

(三)身体各系统发育的不同步

自出生后,幼儿身体的各个系统的发展便呈现不平衡性。在一开始的几年里,大脑和神经系统的发育速度很快,学前期已经接近成人的水平。生殖系统的发育比较迟缓,在整个学前期即在出生后的第一个十年几乎没有什么进展,直到全身第二次发育开始时才迅速发展。另外,淋巴组织在整个婴儿期和儿童期(第一个十年中)生长速度非常快,这是因为这个时期的幼儿需要强有力的淋巴组织来保护自己的身体,以抵抗疾病。10岁左右的儿童身体健康处在最良好的时期。在青春期之前到达顶点,此后便慢了下来,渐渐退缩。

三、幼儿动作技能发展

婴儿面对的是静止的世界,他们主要通过控制自身的动作来适应环境。然而,对于幼儿来说,他们更需要面对变化的环境以及适应环境的活动能力。比如,幼儿扔球比婴儿扔得远就是运用了较为精练和有效的运动技能。幼儿动作的发展是儿童全面发展中重要的一部分。

(一)幼儿动作发展的趋势

到操场转一圈,你可能会看到幼儿在不停地进行身体活动,此时,他的粗大动作和精细动作都发生了巨大的变化。幼儿的粗大动作技能包括跑、单脚跳、翻跟斗、爬、旋转等,这是幼儿在周围环境中移动所必需的运动技能。精细动作则包括绘画、写字、剪裁、操作小物体等,包含的限制性控制性较多,主要是用手操作。

随着身体活动的不断进行,幼儿胳膊和腿的生长以及由遗传所决定的肌肉的控制力和力量都会增强,他们的运动技能变得越来越流畅与协调。比如,两三岁的幼儿在扔球的时候只会用手臂直挺挺地将球扔出去,等他们到了四五岁时,在将球投出去之前就已经会旋转身体并且会向前助跑,然后再扔出去。这种行为就涉及肩、躯干以及腿等身体的多个部位,而且扔出去的球速度更快、飞得更远。

幼儿动作技能的发展遵循从粗到细的原则。他们先学会大肌肉大幅度的粗大动作,以后才逐渐学会精细动作。比如四五个月的婴儿想要取放在前面的玩具往往不是用手,而是用手臂甚至整个身体去靠近玩具。随着神经系统和肌肉的发育,加上幼儿大量的自发性练习,动作逐渐分化,幼儿开始学会控制身体各个部位的小肌肉动作。此外,幼儿在身体某部位受到刺激后能进行有针对性的控制,只支配身体的一些部分作出相应的动作反应,而抑制身体其余部分的动作,使反应更加专门化。

动作和动作技能的掌握对于幼儿心理发展有着重要意义,对幼儿智力发展、个性形成也有很大的关系。一定数量的动作技能的掌握可以尽早帮助儿童脱离对成人过多地依赖,学会独立地行走、自由地活动,开阔眼界,增长知识。动作技能又能成为幼儿与幼儿之间交往的工具,一个动作粗笨、动作技能发展迟缓的孩子往往不容易与小伙伴打成一片,而动作技能发展较好的孩子往往容易成为受大家欢迎的对象。所以,学前阶段应该重视幼儿动作技能的发展。

(二)幼儿粗大动作的发展

1.幼儿跑、跳能力的发展

3岁时,幼儿的步伐很简单,他们能沿着直线走和跑,但是突然转弯与停止还是有一定难度。慢慢地,随着走路与跑步活动的增多,幼儿渐渐地对地面产生出平衡感。4岁时幼儿比一年前跑得远多了,也快多了。到了5岁,幼儿走起路来已经相当灵活和富有节奏感,而且能轻而易举地避开障碍物。幼儿的跳跃也能更加灵巧起来,运动的方法增加了许多变化和花样。3岁时,幼儿的跳跃显得笨拙,而且跳不稳,跳出的距离比较短。4岁时,幼儿能够在原地起跳,能跳大约30厘米高,60~85厘米远,但对于超越障碍物仍然有困难。跑步跳是比较难的一种跳跃,在跑步中加入了跳跃或单脚跳,对于稳定性和协调性要求较高。3岁幼儿会做的寥寥无几,即使到了4岁,只有接近一半的幼儿会做。5岁时,已有80%以上的幼儿学会了此种技能。由于跑步跳是比较难做的动作,所以各个幼儿表现出来的差异很大,并且在跑步跳的能力上,往往女孩比男孩表现出来的水平较高。

2.借助外部器械进行运动的能力发展

随着幼儿活动性的增强,幼儿就不再满足于单纯的蹦蹦跳跳,会对各种器械产生兴趣,并会跃跃欲试。比如,在3岁前已经会骑三轮脚踏车的幼儿会有向自行车挑战的意愿。到五六岁时,由于之前的一系列动作的发展和运动的持续,幼儿的协调性、稳定性、灵活性都有所增强,这时他们开始倾向于有挑战性的运动。他们很喜欢借助器械开展的游戏,如跳绳、攀爬、追逐、钻轮胎游戏都容易得到幼儿的青睐。借助器械进行运动使得幼儿锻炼身体各部分肌肉的机会增多,也为精细动作的发展提供了便利。

总的来说,在整个幼儿期,大肌肉运动能力逐年提高。每过一年,幼儿就能够跑得更快一些,跳得更高一些,掷得更远一些,活动性和协调性更强。而且,幼儿粗大动作技能的发展常伴随着许多富有创造性的幻想以及单纯的快乐。在追击游戏中,一名幼儿装扮成老虎或者其他食肉动物追击另一个幼儿。无论是进行追击的幼儿还是被追击的幼儿都很投入。希望被追的幼儿一边大喊着"抓我!"一边装出嘲弄的样子,同时快跑着以免被抓。游戏的追击者常常慢下来而不是直扑逃跑者,以此来延续游戏的快乐。最终随着"猎物"激动地尖叫,游戏以友好的抓获而宣告结束。

(三)幼儿精细动作的发展

幼儿期的儿童对于自身双手的运用比起之前来显得更加从容。幼儿期的后半段是幼儿提高手部精细动作能力的关键时期,对于其以后日常生活中的自理能力而言意义深远,主要体现在自主穿衣、独立饮食及握笔书写等方面。

1.穿衣技能的发展

在自主穿衣方面,出于好奇心或者是某个时刻不经意间,幼儿就已经开始注意到穿在自己身上的衣服了,他们会用拉扯、拨弄、搓揉等一系列动作去探索自己的衣服,还有玩纽扣、扯袜子等,这些行为对于之后而来的穿衣动作都有着积极的影响。对于幼儿来说,掌握脱袜、脱鞋的技能,在其2岁时大多就已学会,而当幼儿4岁左右时,他们便基本能够自己脱掉上衣和衬衫,而不再需要成人的帮助。3岁幼儿中有一半的幼儿能够脱衣服、扣纽扣,4岁则达到了60%~80%。一般而言女孩比男孩掌握得早一点,女孩4岁左右能自己穿衣服,而男孩则稍微迟点,要到5岁才会。

2.使用饮食用具技能的发展

3周岁的孩子已经可以掌心向上抓住勺子,非常熟练、无洒落地用勺子进餐。而且幼儿用勺吃液体的食物时整个动作的持续时间显著长于吃固体的食物,为了防止液体洒落,幼儿会通过减慢速度的方法来提高对手部动作的控制。对这个年龄段幼儿来说,学会使用筷子才是挑战,因为用筷子需要协调更多的手指,对于手指灵活性的要求也更高。研究发现,幼儿手部执握动作约在四五岁时达到成熟。幼儿在四五岁时才能把筷子拿好且具有稳定性,能够有效地使用筷子,同时也更加灵活。

3.握笔书写技能的发展

握持书写是一种复杂的手指精细动作之一。握持工具书写并画出有意义符号的能力是日后书写的基础。一开始,婴儿用整个手抓住书写工具,也就是全掌抓握,用四指和拇指将铅笔完全围住;逐渐地,在书写和绘画过程中,幼儿将拇指和其他四指的功能区分开来,开始学习根据不同任务来控制和调节拇指和其他手指。罗森布鲁姆和霍顿研究了幼儿如何利用动态的协调模式来协调书写动作。他们发现,一开始幼儿利用近躯干的关节(如,肩关节)来协助控制笔。随着书写能力的进一步提高,通过肘关节产生必要的动作来带动笔。最后,幼儿的手开始逐渐靠近笔的尖端,同时,拇指和四指能够充分控制笔进行运动,这种熟练的动态控制通常在4—6岁出现。7岁左右能够做出正确的三脚架式书写握持姿势。幼儿开始会写字时,多用整个手臂来写字,不是依靠用手腕和手指的动作进行,因此字体稀松。3.5—5.5岁是握姿发展最为迅速的时期,大部分儿童在5.5岁左右表现出成熟握姿,到了5.5—6.5岁,握笔姿势处于相对稳定的发展时期。

4.手动能力的发展

幼儿的手指不只可以自由地活动,还会渐渐地做些需要用力操作的动作,如要拧干毛巾,就必须有手指头及手掌的握力,才能拧得干。幼儿刚开始拧毛巾时,常因为力气不够,而使得拧完的毛巾还是湿湿的。可是,一旦他们的手指力量发展到一定的程度,就可以拧干毛巾。幼儿四五岁就会做拧干毛巾的动作,但要到6岁才基本可以做好。

幼儿除了学会饮食、穿衣、握笔、个人卫生方面的动作外,还能较好地接球、扔球、用剪刀沿着画线的样子剪出简单的图形,能用橡皮泥捏出自己喜欢的物体、用纸折出可爱的小动物等。学前期是幼儿精细动作发展的最佳时期,成人应该积极地加以训练和指导。

四、幼儿感觉与知觉的发展

(一)幼儿感觉的发展

幼儿的各种感觉都在迅速地发展和完善着,特别是一些复杂的感觉,如视觉、听觉和触觉有了进一步的发展。

1.幼儿视觉的发展

随着年龄的提高,幼儿视觉系统的生理机能逐步成熟,视觉系统更加地接近成人。幼儿的视觉发展主要体现在视觉敏度以及颜色辨别能力的发展上。

幼儿的视敏度在不断地提高。根据多维茨娅的报告(1995年),让幼儿看白色背景上有缺口的圆圈,4—5岁幼儿需要207.5厘米才能看清楚,5

—6岁幼儿看清楚则需要270厘米,6—7岁需要303厘米。如果把6—7岁幼儿视觉敏度视为100%,那么5—6岁幼儿则为90%,1—5岁幼儿为70%。关于幼儿颜色辨别能力的发展,天津幼儿师范学校曾对3—7岁幼儿进行颜色辨认能力的研究。研究发现,各年龄组按照范例选择颜色的百分率都很高,但是按照颜色名称正确选择的百分率稍低,自己正确说出颜色名称的百分率更低。1—3岁幼儿已经能初步辨别红、橙、黄、绿、天蓝、紫、白七种颜色。幼儿最容易掌握的名称是"红色",其次是"黄色""绿色"。随着年龄的增长,对颜色名称的掌握会不断提高。

2.幼儿听觉的发展

随着年龄的增长,幼儿对语音听觉的敏感性和分辨能力也在不断地发展。幼儿中期基本上可以辨别语音上的细小差别,幼儿晚期几乎可以毫无困难地辨别本民族语言的各种语音。此外,在幼儿期,幼儿对于音乐的感受能力和表现能力都得到了进一步的发展,能够有较好的音乐节奏感、音乐理解力与表现力。

3.幼儿触觉的发展

触觉是皮肤受到机械刺激时产生的感觉,是皮肤觉和运动觉的联合,是幼儿认识世界的主要手段。皮肤觉包括触压觉、冷觉、温觉、痛觉和震动觉。幼儿触觉的绝对感受性在儿童很小的时候就发展起来了,比如对软硬、轻重、粗细等的辨别。

(二)幼儿知觉的发展

1.方位知觉

与婴儿阶段相比,幼儿的方位知觉能力有了较好的发展。一般来说,3岁幼儿能正确辨别上下方位,4岁能正确辨别前后方位,5岁开始能以自身为中心辨别左右,7—8岁儿童才能以客体为中心辨别左右。也就是说,学龄前的儿童还不能很好地掌握左右方位的相对性,只能以自身为中心辨别左右方位,幼儿园教师面向幼儿做示范动作的时候,其动作要以幼儿的左右为基准,进行"镜面的示范"。

2.形状知觉

幼儿辨认物体平面形状的能力随年龄的增长而提高,认识形状的种类逐年增多。在图形任务中,幼儿最容易完成的任务是图形配对,其次是指认出要求的图形,最后是为特定的图形命名。幼儿最早掌握的图形为圆形、正方形、三角形、长方形,之后是半圆形、梯形、菱形和平行四边形。形状拼合是较高水平的形状辨认能力。

3.大小知觉

2—3岁是婴儿辨别平面图形大小能力急剧发展的关键期。在立体图形上,1—5岁幼儿在判别积木大小时,要用手逐块地摸积木的边缘,或把积木叠在一起去比较,等到六七岁时,就可以根据经验,单凭视觉指出一堆积木中大小相同的两块。

五、幼儿记忆的发展

(一)幼儿短时记忆的发展

短时记忆也称为工作记忆,是一种主动的、有意识的记忆,是核心的加工单位,把直接来自环境的信息与来自长时记忆储存的信息进行链接。

1.幼儿短时记忆的加工速度越来越快

与年龄较小的幼儿相比,年龄越大,幼儿进行各种认知加工的速度更快,效率更高。比如,他们可以对相似的刺激进行比较、从长时记忆中提取信息更快地解决问题,完成认知任务的时间越来越少。

随着时间和经验的积累,幼儿所存储的一些知识和经验会变得自动化,也就是说对于一些任务,幼儿不再需要很多时间,也不需要用意志努力,他们可以无意识地、很快地解决这些问题。一旦某种智力活动变成自动化,它们仅占工作记忆很少的"空间",这样就可以给幼儿腾出更多的工作记忆的空间来解决那些更复杂的任务和问题。

2.幼儿学习更有效的加工策略

随着年龄的增长,幼儿信息加工的速度越来越快,他们也将学习新的、更有效的认知加工策略。比如,在初期阶段,教师问幼儿"草地上有3只白兔,又跑来2只白兔,现在草地上一共有几只白兔?"幼儿就会操作旁边的玩具白兔,把2只白兔放在3只白兔旁边,然后一起数一遍,告诉老师一共有5只。等到再大一点,幼儿不再需要借助物体,就可以直接利用头脑中的相关表象进行加减运算了。这也就说明了幼儿习得了越来越有效的认知策略。

3.幼儿的记忆空间越来越大

随着年龄的增长,幼儿的工作记忆能力也增加了,记忆空间中操作的信息单位数也在增加。比如,要求不同年龄的幼儿对不同的视觉刺激做出不同的动作反应:看到红颜色就拍手,看到黄颜色就张嘴。一旦幼儿学会这种联想,就向他们呈现两种或多种视觉刺激,要幼儿做出正确的反应。幼儿完成合适动作的次数随年龄而增加。

(二)幼儿长时记忆的发展

工作记忆是一个主动加工的中心,长时记忆则更像是一个人们积累多年所获得的信息和所学技能的仓库。

1.幼儿长时记忆中储存的知识越来越多

随着幼儿的发展,长时记忆中储存的知识越来越多。长时记忆为幼儿提供了今后遇到新情景并进行解释和做出反应的知识基础。这个基础越来越丰富,越来越充实,幼儿也就能解释越来越复杂的情况,并能够越来越有效地进行应对。比如,随着年龄的增长,幼儿头脑中关于动物的知识越来越多,在去动物园游玩时,他能指认并介绍越来越多的动物。

2.长时记忆中越来越丰富的知识促进了更有效的学习

幼儿储存越来越多的知识,他们可以用这些知识来帮助自己理解和组织想要学习的内容。有些时候,在某个特定的话题上幼儿比成人知道得更多,幼儿往往是更为有效的学习者。

第三节 教育学基础

不同时期的不同思想和观点会影响着这一时期人们对教育的看法以及人们的教育实践行为。在教育学领域,生活教育理论、活动理论、全面和谐发展观成为了时代的主旋律,使人们的教育观念发生了转变,为学前儿童科学教育活动奠定了教育学基础。

一、生活教育理论

"生活教育"是陶行知先生创立的著名理论体系。其内涵为从定义上说:生活教育是给生活以教育,用生活来教育,为生活向前向上的需要而教育。从生活与教育的关系上说:是生活决定教育。从效力上说:教育要通过生活才能发生力量而成为真正的教育。具体包括三方面主张:"生活即教育""社会即学校"和"教学做合一"。现今,《幼儿园教育指导纲要(试行)》中的科学指导要点明确指出,科学教育应密切联系幼儿的实际生活进行,利用身边的事物与现象作为科学探索的对象。陶先生的生活教育理论与《幼儿园教育指导纲要(试行)》的精神不谋而合,他倡导的教育主张,可以有效地用于指导当前的学前儿童科学教育活动。

(一)探索生活化的科学教育活动内容

陶行知先生认为,教育应以生活为中心,他强调,没有生活做中心的教育是死的教育,没有生活做中心的学校是死的学校,没有生活做中心的书本是死的书本。幼儿由于年龄小,难于理解许多复杂和抽象的科学概念,选择贴近生活的教育能有利于幼儿理解和掌握,使他们对学习的内容产生浓厚的兴趣,进而积极主动地参与活动。

如科学活动《种子发芽》因为内容贴近幼儿生活,幼儿有较丰富的生活经验,能进行各种有价值的判断:奶奶把种子种在泥土里,种子就会发芽了;老师每天要给种子浇水,种子才会发芽,等等。因为有生活经验做支撑,种子发芽需要哪些条件的难题就迎刃而解了。又如《捉空气》这一活动中,幼儿一鼓嘴,说"我用嘴巴捉住了空气"。幼儿结合自己生活发现的好办法,不仅让教师惊叹,幼儿自己也倍感自豪。在幼儿园自然角饲养的水生动物,幼儿常常会主观地担心小动物孤单而让它们"住"在一起,可结果却是加速动物们死亡。对此,教师可指导幼儿进行有针对性的科学研究。在挽救金鱼生命的保卫战中,幼儿天天清洗鱼缸,慎重地换水、放置药水、喂食,仔细观察金鱼变化等,探究的态度极其严谨,最终生病的金鱼恢复了往常的活泼,幼儿的喜悦之情溢于言表。幼儿在生活化的科学活动中,获得了探索解决问题的方法,对科学产生兴趣,形成了科学的态度。这样,就调动了幼儿真正内在的探究动机,也只有这样的科学教育才能使幼儿获得真正内化的科学知识和经验。由此明见,生活中随处都隐藏着有价值的教育契机,只要我们有敏锐的洞察力,去发现它、把握它,就能活化我们的教学。

(二)创设贴近幼儿生活的科学教育环境

陶先生十分赞赏他的生活教育,他头上顶着青天,脚上踏着大地,东南西北是他的围墙,大千世界是他的课堂,万物变化是他的教科书,太阳月亮照耀他的工作,一切人,老的、壮的、少的、幼的、男的、女的都是他的先生,也都是他的学生。陶先生把教育融入生活,把生活引进教育,使教育丰富多彩,富有生命力。幼儿的认知发展是在其不断与环境的相互作用中积极作用于外界而获得的,陶先生的教育思想认为,为幼儿创设一个健康、丰富的科学教育环境是十分有必要的。而我们教师在班内设立科学角,放置一些专供幼儿做小实验的材料和工具,如凹凸镜、反光镜、电池、磁铁等。在自由活动中,让孩子用自己的小手去做简单的、自己感兴趣的小实验,如摩擦起电、沉与浮、空气流动产生风等。

在这里,孩子们步入了光学、电学、声学、力学的科学世界,动手动脑,通过一遍一遍地尝试,一次一次地探索,获得真知。当然,给幼儿一个宽松和谐的心理环境也是同等重要的,教师热情地支持鼓励幼儿的科学探索活动,爱护幼儿的探索成果,不伤害他们的自尊心,与孩子们共同参与到活动中去,使他们无拘无束地去接受科学教育[①]。

(三)引领幼儿走进社会生活学习

陶行知先生曾说过,生活即教育,社会即学校,必须以大自然为您的生物园,才有丰富的收获……真教育是在大自然与大社会里……意思就是说学校要和社会密切相联系,扩大社会对学校的积极影响。幼儿是最具好奇心的,周围世界的各种事物、现象都可以成为他们探索、观察的对象。因此,在幼儿园科学教育中,教师应以大自然、大社会为科学教育的课堂,利用外出参观、春秋游、远足等活动,积极带领幼儿走出园门。春天,带领幼儿走进公园、树林,观察生命的生长过程,感受蓬勃的生命力;秋天,组织

[①]魏冰.科学素养教育的理念与实践 理科课程发展研究[M].广州:广东高等教育出版社,2006:22-23.

幼儿进入农庄,亲手采摘橘子、拾麦穗等,让幼儿感受生命的成熟与收获,充分享受大自然的恩赐。社区的工厂和商店也是参观的好去处,如食品加工厂、面包房、饲养场、牛奶公司等等,让幼儿深切体会科学技术给人们带来的便利和精彩。教师带领幼儿走出幼儿园、走进生活、走进大自然去真切体会科学,使得科学教育的场所更为广阔。

(四)提高教师运用生活教育理论能力

作为一名合格的教师,要领悟陶先生"生活教育"的核心理念,活用生活教育理论,才能有效推进幼儿科学教育活动。教师应积极引导幼儿关注生活中的各种事物,帮助幼儿发现科学现象,提高幼儿对科学现象的兴趣。如给幼儿讲"牛顿看到苹果落地而发现地球引力""阿基米德在洗澡时发现浮力定律"等科学家的故事,提供幼儿镜子玩镜子反光的游戏等,幼儿对探索科学奥秘的兴趣会日益浓厚,对日常生活会更加关注。生活中,教师更应指导幼儿观察事物的方法,有助于提高幼儿的思维能力和客观认识事物的能力。幼儿具备了良好的观察能力,就能获得更多的知识和经验。教师还要学会充分利用废旧物品制作实验材料,并鼓励幼儿自造工具、自造仪器。陶先生曾说自古以来的大科学家都是自造工具,几乎没有一个例外。依赖外国仪器的人,绝对不会作出第一流的贡献。因此我们在平时活动中所需的实验材料大多应是幼儿收集带来的废旧物品,如各种瓶子、各种管子、各种布料、各种纸等等,加上老师的细心加工就成了幼儿探索的工具。

二、活动理论

苏联心理学家列昂节夫以活动为基本范畴,着重探讨了活动与意识、个性统一的问题,构建了其活动理论。他认为人的心理的产生离不开活动的发展,活动是主客体之间相互作用、相互转化的中介物,它具有对象性、社会性和历史性的特点。活动可以分为外部实践活动和内部心理活动两大类,它们之间不断地相互转化,既有活动的内化过程,也有活动的外化过程。所谓内化是指将外部物质性对象的外部形式的过程转变为在智慧方面、意识方面进行的过程。而外化则是指心理活动向外在的实践活动的转化。实现内部和外部活动相互转化的根本原因在于活动具有共同的结构。任何一种活动都是为一定的动机所激发和推动,都是为了满足一定的需要和达到一定的目的的,而目的的实现是通过一系列具体条件所许可的一系列动作来完成。活动是意识和个性的开端,人的意识和个性是在活动中形成和发展的,同时又通过活动表现出来。反过来,人的个性、意识的发展又能促进活动的发展,二者是相辅相成的统一体。

儿童对客体的活动不仅是儿童认识的源泉,还是儿童最迫切的心理需要。活动能推动儿童运用工具的能力和解决问题能力的发展;能推动儿童语言与认知能力的发展;能推动儿童适应环境能力的发展;能推动自我概念和社交能力的发展;能提高儿童身体运动能力的发展。活动更是发展儿童个性的一种手段;是显示儿童创造愿望的场所;是促进儿童全面平衡发展的途径。儿童的一切发展,任何能力都是在活动中生成、活动中发展、活动中体现的,几乎都寓于活动过程之中。儿童的主体性更是在活动中孕育而成的,由于活动是在一定条件下,主体采取一系列的行动,作用于活动对象,使其按主体的需要和目标发生变化的过程。当主体主动、自觉、自主地作用于客体时,其主体意识、主体能力,特别是创造潜能便得到凸显和提高。总之,活动是唤醒儿童的主体意识,培养儿童的创造性,使儿童生动活泼的学习和发展的最佳途径之一。

学前教育应以儿童的主体性活动为基础。学前儿童科学教育活动的显著特征是以学前儿童为主体的活动,儿童在与外界环境的相互作用过程中,不是被动地"复印"或承受外界环境的影响,而是主动、积极地以他们独特的方式亲身实践、直接体验,通过活动去探索周围世界、认识世界。美国明尼苏达州立大学教育家莱利帕尔默教授提出增进儿童智力、进行早期教育的方法是每天让儿童参加有刺激性的活动,即那些能促进儿童听觉、视觉和触觉的发展,也能提高他们吸收知识能力的脑部区域的活动。这是我们设计学前儿童科学教育活动的重要出发点。学前儿童科学教育活动的设计必须保证活动的教育价值,突出儿童的主体性,应注重活动内容的设计应以全体儿童为对象,内容的安排能够调动和发挥所有儿童的主动性、积极性和创造性,给予每个儿童主动参与的机会;活动过程的设计应以儿童的实践活动与直接体验为主,为儿童提供充分的活动空间和活动时间,必要的活动条件和材料,把儿童放在活动的主体位置,鼓励他们在活动中主动探索,大胆实践;在活动方式和活动方法的设计上应为儿童创设一个和谐、自由、轻松的活动环境,在活动中让儿童的个性得到充分的发展,使每个儿童的智慧和潜能得到挖掘和发挥,因为儿童对科学的态度、情感、能力以及责任心、合作精神等素质的培养是在活动中实现的。

三、后现代主义理论

"后现代"本是哲学家乐于谈论的话题,近年来逐渐形成一种教育理念,成为我们反思传统教育的思想武器。对于后现代的概念,我们可以在不同的意义上来理解:①作为一种社会历史的分期,后现代是指西方现代社会之后的所谓"后工业社会"。西方通常将工业化以来的资本主义社会称为现代社会。20世纪中期以后,大部分发达资本主义国家已经完成工业化的任务,进入了所谓"后工业社会"或称信息时代,也就是后现代的时期。②作为一种社会思潮,后现代反映了人类在现代社会中的感受及其反思。现代社会是一个物质和技术至上的时代,尽管取得了前所未有的物质成就,但这一切是以破坏人类的生存环境与和平理想为代价的。因此,后现代思潮作为对现代社会的反思,具有警醒的作用。③作为一种思维方式,后现代思维方式主要具有非中心性、多元性、异质性、开放性、宽容性、无限性等特征,它不在于将我们引向对事物本质的认识,而是提醒我们认识事物的复杂性,倾听和关注"异己"的声音。

后现代主义关注现代社会扭曲人与人、人与社会之间沟通的事实,主张一种开放宽容的民主文化氛围。同时,它为重建人与自然的关系也提出了一种平等的、建设性的模式。进入后现代思维意味着从绝对的独断论中挣脱出来,一切都由对话而沟通,一切意义都由解释和再解释而生成。人们可以将自己的思想触角伸向自己渴求的任何精神领域。

传统科学教育的哲学基础是一种理性主义的科学观,它崇尚科学理性并排斥一切异己,因而被称为"科学主义"。然而,在经历了科学崇拜和科学信仰危机之后,科学主义已经走到尽头。在后现代思潮的影响下,"科学主义"和"人文主义"从对立走向对话与融合。后现代主义对科学有着新的理解:第一,科学既是对事实和规律的揭示,又是对价值的追求。也就是说,科学不仅是冷冰冰的客观事实,它也体现了一种价值观,如探究精神审美的趣味和社会的责任等。第二，科学既是对世界的普遍解释，又是个人的独特体验。我们不否认科学对普遍规律的揭示，但是它不能脱离个人的体验，否则它就不再具有生命力，也不再具有意义。第三，科学既是一种逻辑，又是与自然世界诗意的对话。逻辑和想象、科学和艺术不应看成是对立的、相斥的，而应该是一种互补的关系，它们的融合有助于丰富对世界的认识。第四，科学既是不容辩驳的，又是在自我否定中不断发展的。因此科学的权威不是绝对的，我们也应该看到科学知识的相对性。

与科学观相联系，后现代对于知识也有着不同的理解。它批判了现代主义对客观性和确定性的追求所导致的知识的权威化和等级化；对理性的片面理解和滥用所导致的对科学知识的迷信和绝望。后现代主义在知识观方面的革命可以概括为以下几点：第一，从确定的知识观到批判性的知识观。后现代主义放弃了对确定性的追求，认为知识不是对现实的纯粹客观的反映，任何一种传载知识的符号系统也不是绝对真实的表征。知识不过是人们对客观世界的一种解释，假设或假说，它不是问题的最终答案，它必将随着人们认识程度的深入而不断地改变，不断地出现新的假设和解释。因此，知识不是用来接受人们的顶礼膜拜的，而是用来接受批判的。知识也不是积累起来的，而是批判的结果。没有批判，便没有知识的增长。第二，从普遍的知识观到情境性的知识观。后现代主义放弃了对本质性的追求，否认普遍的、放之四海而皆准的知识存在。知识并不能绝对准确无误地概括整个世界的法则，提供对任何活动或问题解决都适用的方法。在具体的问题解决中，知识是不可能一用就准，一用就灵的，而是需要针对具体问题的情景对原有知识进行再加工和再创造。这就是所谓的情境性。情境性的知识观提醒我们从对事物本质的追求中走出来，关注其复杂多样的现象。第三，从一元化的知识观到多元化的知识观。后现代主义放弃了对同一性的追求，强调对事物多元化的理解，提倡以宽容的心态对待异己。因为知识不是客观的，它不可能以实体的形式存在于个体之外。尽管语言赋予了知识一定的外在形式，并且获得了较为普遍的认同，但这并不意味着学习者对同一种知识有同样的理解。真正的理解只能是由学习者自身基于自己的经验背景和认知取向而建构起来的。不同的人出于不同的个人经验、不同的认识立场，对同一事物的理解也完全可能是多样化的。

多元化的知识观消解了科学知识的权威性,认为不同类型的知识(如科学的知识和艺术的知识)之间是平等的关系。后现代主义对传统科学观和知识观的颠覆,必将导致幼儿科学教育发生多方面的变化:既表现为对教育过程的重新理解、教师教学方法和策略的改变,也表现为师幼关系的重建。后现代主义视教育为开放和创造的过程,而不是一个封闭的预定的过程。后现代课程理论专家多尔就认为后现代课程必须强调开放性、复杂性和变革性。课程目标不应是预先确定的,课程内容也不应是客观的和确定的知识体系,课程实施更不应是一种灌输和阐释的过程,而是所有课程参与者共同开发和创造共同建构意义的过程。后现代课程观启示我们,不能用一种预定的、线性的模式看待教育过程,而要关注真实的教育过程中发生的一切,用生成性的眼光对待教育过程中的变化,随时改变预先的课程设计以丰富课程的内涵。

根据后现代主义的观点,教师的教学方法和策略也应发生改变。因此科学知识不能由教师教给幼儿,而是要通过他们自己的经历和体验,要允许幼儿有自己对科学的理解。在教学方法上,后现代主义强调的是自主建构和探究研讨式的学习方法,即通过幼儿自主的科学探究来建构知识,通过学习者之间的讨论和交流建构知识。教师在具体的教学策略上也应该加以改变,即把抽象的知识具体化,把清晰的事实模糊化,从确定中寻找不确定性,并从中生成可以探究的问题。这样的教学策略能引起幼儿科学教育发生一系列转变:变一味追求抽象的本质为追求具体丰富的科学经验和现象;变追求同一性的知识为追求多元化的认识与理解;变追求确定的答案为追求对不确定的问题的探究。

后现代视野中的师幼关系,充满了对权威的消解和民主、平等的对话,同时也提倡对话中的反思和批判精神。后现代要求从"主体间的关系"来重新建立师幼关系。教师在幼儿学科学的过程中,应该扮演积极的支持者和平等的合作者的角色。用多尔的话说,教师是"平等中的首席"。为此,教师要通过提供幼儿探究的材料、环境及表达和交流的机会,为幼儿创造自主探究学习的条件。同时,教师也是师幼关系中的领导者。教师要坚持理解、宽容、平等对话的主体间的行为,以消解教室里的"中心"和"话语霸权"。具体表现在:教师要关注差异性,尤其是关注边缘人的存在,让师幼双方在平等的对话中相互理解,共同发展。

四、全面和谐发展理论

人的全面发展是马克思主义教育理论的一个基本原理。苏霍姆林斯基根据苏联社会的要求和自己的实践,提出苏联学校的主要任务是培养全面和谐发展的人。这是他终生执着追求的目标,也是他教育思想的核心。他认为全面和谐发展的人,就是把丰富的精神生活、纯洁的道德、健全的体格和谐结合在一起的人,是将高尚的思想信念和良好的科学文化素养融为一体的人,是把对社会的需求和为社会劳动和谐统一起来的人。要实现这样的目标就必须实施全面和谐发展教育,即把教育看作由德育、智育、体育、劳动教育、美育五部分有机地相互联系并相互渗透的统一的整体。

就中华人民共和国成立以来的教育目标的发展看,始终将人的全面发展作为我们的教育方针,并将其作为教育质量评价的标准,在实际的教育教学活动中也朝这一目标努力。但实际的效果却不尽如人意,全面发展并没有真正得到落实,并且,在升学考试的压力下,全面发展成为片面发展,其根本的原因是将教育教学过程当作了知识传递过程,学生在这一过程中就只是将书本上规定的内容加以把握,形成相关的技能,学生情感的发展、意志的锻炼、审美情趣的陶冶、动作技能的养成和语言表达能力的培养被搁置到了一边,它们只是在教育过程中一种附加的成果,并未成为教育的主要目标。在学前教育中,知识也成了主要的目标,要求儿童掌握,儿童自身的生活受到严重的忽视。

当今社会,科技、经济发展日新月异,国际竞争激烈,同时又迫切需要"全球合作"。有关学者预测,未来的社会较之现在更具有竞争性、变化性、开放性、创造性和危险性。我国的学前教育必须顺应潮流,谋求发展,立足于民族教育,与国际接轨。我国的学前教育肩负着培养新人才的使命,是培养能够适应时代需要、参与竞争的未来人才的早期奠基工程。这一切使人们认识到,教育不仅要注意人的智力的开发,还要十分注意应培养具有责任心、意志力、自信心等素质和能力的年轻一代。世界学前教育的共同发展目标都是追求儿童全面、和谐的发展,即培养"完整儿童",一个全面和谐发展的儿童,而非片面发展的小神童、小天才;都主张发展儿童的个性,发展儿童的自信、主动、关心、实施"全人教育",实现儿童"完整学习"。我们应看到,儿童是一个完整的有机体,其身体、心理的发展是互相影响,密切相关的。培养"完整儿童"是现代学前教育的新观念。

全面发展是指儿童身体的、社会的、情感的、认知的和道德的全面发展。因此,在学前儿童科学教育活动中,不仅要重视儿童认知的发展,还必须要注意儿童整体的发展。教师应结合科学教育的特点,培养儿童对科学活动的兴趣,培养儿童主动,积极地参加科学教育活动的态度,能够独立选择、参加科学活动或游戏,并能遵守活动的规则等。培养儿童乐于探究、知道如何去探究以及在探究过程中获得对周围世界的认识,实现的是科学教育的认知价值。在科学教育活动过程中儿童体验和获得科学的精神,尊重事实的态度,培养坚持性与克服困难的精神,与同伴交流自己的发现,学着从同伴的角度看问题,欣赏同伴的价值,尊重同伴,与同伴友好相处;在探究过程中,发现自然界中事物各具特色的有序排列,了解人与周围环境的依存关系,热爱与保护周围环境,热爱与保护周围的动物,培养儿童的爱心和对生命的尊重。实现的是科学教育的社会性和审美价值。通过学前儿童科学教育活动,使儿童得到全面和谐的发展。

第四章　学前儿童科学教育的目标

第一节　学前儿童科学教育目标设定的依据

幼儿科学教育的目标是根据国家幼儿保育和教育的总目标，结合科学教育的特点制订的，是学前教育总目标在科学教育领域的具体体现。我国制定幼儿科学教育总目标时，主要依据以下三个方面：

一、个体发展需要

幼儿是科学教育的主体，其身心发展水平、需要、发展的可能性和规律等都是幼儿科学教育目标制定的依据。幼儿的身心发展是一个复杂的过程，因此，教育工作者应具备以下几方面的教育理念，并在此基础上制订幼儿科学教育的目标。

（一）终身发展观

科学技术的不断进步使人们的生活方式发生了巨大的变化，人们的平均寿命也在不断延长。人们在漫长的一生中要想适应快速变革的社会，就必须树立终身学习的理念。这也对现代教育的职能和性质提出了更高的要求，即对人生每一个阶段的教育都应该为人的终身发展服务，学前教育更应如此。

幼儿科学教育的目标是为幼儿的终身发展服务：①要让幼儿掌握将来生活、学习必备的科学知识，特别要做好幼儿园到小学的知识衔接；②要让他们掌握科学的学习方法，产生对科学的学习兴趣，形成科学的态度，培养用科学思维解决问题的能力。

（二）全面发展观

我国的幼儿教育是促进幼儿德、智、体、美全面发展的教育，科学教育不仅要关注幼儿的认知发展,还应关注其情感和社会性的发展,以培养他们完善的人格。

在制定幼儿科学教育目标时,要将幼儿的发展看作一个整体发展的过程,制定出知识目标、方法和能力目标及情感和社会性目标结合的综合素质教育目标,从而促进他们的全面发展。

(三)年龄层次观

幼儿的发展具有明显的阶段特点,在3-7岁的阶段,每一年的发展水平和发展需要都是不同的。我们要针对不同年龄阶段幼儿的身心发展水平和可能达到的发展水平,提出合理的科学教育目标,真正达到促进幼儿发展的目的。因此,教育工作者还要制定出幼儿园各年龄班的科学教育目标。例如,小班幼儿要学会探索个别事物的一般属性或明显的、简单的联系;中、大班幼儿要学会探索事物的本质属性和隐蔽联系等。

1.3—4岁儿童学习科学的特点

刚从家庭或托儿所入幼儿园的3—4岁的儿童,已经从成人那里或日常生活中获得了一些关于周围事物及现象的印象,其中可能有些是正确的,但可能也有些是错误的。而且他们的思维正处于由直觉行动性思维向具体形象性思维的过渡阶段,因此,3—4岁儿童在学习科学的过程中表现出以下一些特点[①]。

(1)认识处于不分化的混沌状态

复杂多变、形形色色的客观世界,在刚入园的小班幼儿的头脑中,往往是一片不分化的混沌状态,他们对一些物体的现象分辨不清,常常"指鹿为马"。例如,有的幼儿把绿草、绿叶叫做"绿花";有的幼儿认识柳树后,把其他的树也叫做"柳树";还有的把树干叫做"木头"。因此,他们常爱向成人提问:"这是什么?""那是什么?"

(2)认识带有模仿性,缺乏有意性

3—4岁的儿童不仅不会有意识地围绕一定的目的去认识某一事物,并且还不善于根据自己的所见、所闻、所知来表达自己的认识,调节自己的行为,而是爱模仿别人的言行。别人说小灰兔是小白兔,他也说是小白

---

① 夏力. 学前儿童科学教育活动指导 第4版[M]. 上海:复旦大学出版社,2022:21-25.

兔;别人摇小树苗,他也跟着去摇小树苗。有时,由于分辨能力差,爱模仿,甚至导致发生无意伤害动植物的行为。

(3)认识带有明显的拟人化倾向

由于3—4岁儿童的感知受自我中心的影响,常以自身的结构去理解科学物体的结构,以自己的生活体验去解释科学现象,对有生命的东西和无生命的东西分辨不清,认识带有明显的拟人化现象。例如,看到皮球从积木上滚下来就说:"它(指皮球)不乖。"指着四条腿的动物说:"它有两只手,两只脚。"

(4)认识带有表面性和片面性

3—4岁儿童的认识易受情绪的影响,其注意往往比较容易集中在具有鲜艳色彩、会发出悦耳声音、能动的、喜欢的事物上。因此,3—4岁儿童一般对动物的兴趣胜于对静态东西的兴趣,对他不感兴趣的事物或特点,似乎视而不见,这就使其认识必然带有表面性和片面性,影响对事物的主要方面和主要特征的认识。

2.4—5岁儿童学习科学的特点

经过一到两年的幼儿园生活,4—5岁的孩子对科学的兴趣明显地加强。此时幼儿以具体形象性思维为主。因此,4—5岁儿童在学习科学的过程中表现出以下一些特点。

(1)好奇好问

随着身心的发展,4—5岁儿童比3—4岁儿童显得更加活泼好动,好奇好问,对大自然产生浓厚的兴趣,什么都想去看看摸摸。会学习运用感官去探索、了解新事物。在向成人的提问中,不但喜欢问"是什么",而且还爱问"为什么"。会问:"为什么鸟会飞?""为什么洗衣机会转动?"还常常会刨根问底,探个究竟。

(2)初步理解科学现象中表面的和简单的因果关系

4—5岁儿童,一般已能从直接感知到的自然现象中理解一些表面的和简单的因果关系。例如,知道了"种了花,不浇水就要死""因为鸟有翅膀,所以能飞"。但是他们还难以理解科学现象中内在的和隐蔽的因果关系。因此,4—5岁儿童对于科学物体与现象,易受其形状、颜色、大小和活动等外部的非本质特征的影响,而做出错误的因果判断。例如,认为"树摇了,所以刮风了""乒乓球会浮在水上,因为乒乓球是红的,是滑的""火车会动、会叫,它是活的东西"。

(3)开始根据事物的表面属性、功用和情境进行概括分类

4—5岁儿童在已有感性经验的基础上,开始能对具体事物进行概括分类,但概括的水平还很低。其分类的根据主要是具体事物的表面属性(如颜色、形状),功用或情境等。例如,在利用图片进行分类时,幼儿把苹果、梨、桃归为一类,认为"能吃,吃起来水多";把太阳、卷心菜归为一类,认为都是"圆的";把玉米、香蕉、小麦归为一类,认为都是"黄颜色的";把太阳和公鸡放在一组,认为"太阳一出来,公鸡就喔喔叫"。可见,4—5岁儿童对事物的概括分类,具有明显的形象性和情境性的特点。因其不能从事物内在的和本质的属性上进行抽象概括,所以也就不能正确地按客观事物的分类标准进行概括分类。

3.5—6岁儿童学习科学的特点

5—6岁的儿童马上要进入小学学习,他们比4岁的幼儿更渴望了解周围世界。而且,这一阶段的幼儿抽象逻辑思维已开始萌芽。因此,5—6岁儿童在学习科学的过程中表现出以下一些特点。

(1)有积极的求知欲望

5—6岁儿童对周围世界有着积极的求知探索态度。他们不但爱问:"是什么?""为什么?"而且还想知道:"怎么来的?""什么做的?"往往可以听到幼儿提出这样一类问题,如问:"为什么月亮会跟着我走?""鱼儿为什么能在水里游?""电视机里的人怎么会走路、说话的?"有的幼儿在做科学小实验时,能够想出用不同的方法去探求实验的结果。有的幼儿喜欢把玩具拆开,想看看其中的奥秘。对自然现象的起源和机械运动的原理等开始感兴趣,渴望得到科学的答案。

(2)初步理解科学现象中比较内在的、隐蔽的因果关系

5—6岁儿童已经开始能够从内在的、隐蔽的原因来理解科学现象的产生。例如,在解释乒乓球从倾斜的积木上滚落时说:"乒乓球是圆的,积木是斜的,球放上去就会滚。"说明已能从客体的形状与客体的位置之间的关系,即"圆"与"斜"的关系中寻找乒乓球滚落的原因。但由于科学现象中的因果关系比较复杂,即使到了5—6岁,幼儿对不同科学现象中因果

关系的理解水平也不可能一致,而且对日常生活中所不熟悉的复杂的因果关系也还很难理解。

(3)能初步根据事物的本质属性进行概括分类

通过有目的的教育,随着抽象逻辑思维的发展,5—6岁儿童开始能够根据事物的本质属性,按照客观事物的分类标准进行初步的概括分类。如把具有坚硬的嘴、身上长有羽毛、翅膀和两条腿、人们饲养的鸡、鸭、鹅归为家禽类;把身上有皮毛、四条腿、人们饲养的猫、兔、猪归为家畜类。幼儿阶段由于受知识、语言、抽象概括水平的制约,对类概念的掌握还是比较初级和简单的,不能掌握概念全部的精确含义,缺乏掌握高层次类概念所需要的、在概括基础上进行高一级抽象概括的能力。因此,到了5—6岁,仍不可避免地会出现一些概念外延上的错误。例如,有的孩子只能把家畜、家禽概括为动物,而把昆虫排斥在动物之外,认为昆虫是虫子,不是动物。

二、社会发展需要

当今社会的发展特点主要表现在以下三个方面:第一,科技迅速发展,信息大爆炸,其数量之多和更新速度之快都达到了前所未有的程度。第二,全球化趋势明显,世界各国之间的竞争激烈。第三,人口增长及生态环境的恶化所形成的人口和环境问题制约着发展。因此,我国幼儿科学教育的目标应符合以下要求,以培养适应社会发展需要的人才。

(一)以培养科技素养为核心

幼儿科学教育必须以培养科技素养为核心,培养幼儿对科学的积极情感和态度,以及主动学习和自觉追求的精神;同时使幼儿形成一定的操作和动手能力,具备对科学的独特理解及运用科学创造性地解决实际问题的能力。只有这样,幼儿将来才能适应科技迅速发展和知识快速更新的现代社会。

(二)树立全球化的教育理念

面对全球化的挑战,幼儿科学教育必须树立全球化的教育理念,注重培养幼儿开放、接纳的意识,以及勇于面对竞争的心态;同时,还要培养一些在全球化形势下生存的技能。只有这样,幼儿将来才能适应激烈竞争的社会环境。

(三)培养社会责任感

幼儿科学教育必须注重培养社会责任感：①积极引导幼儿认识人与自然的关系，培养他们热爱自然、保护自然的意识；②要让幼儿意识到资源和能源的重要性，培养他们的节约意识。

三、学科特点

幼儿科学教育主要是指对幼儿进行自然科学方面的教育，其目标应该具有自然科学的学科特点，充分体现自然科学的独特性，从而区别于健康、语言、社会和艺术等领域。

自然科学具有自身的知识体系、学科结构、学科的教育价值以及学科的学习规律等，幼儿所学的科学虽然是自然科学中最简单、最初级的部分，但也同样具有这些特点，根据自然科学本身的特点制定目标、实施教育活动，才能够达到最佳的效果。

(一)内涵全面

随着社会的进步、科学的迅速发展和教育的变革，科学已经不仅仅是知识体系与获取知识的过程和方法，它也是一种价值或态度，其内涵包括科学知识、科学方法与技能、情感和态度三个方面。与之相应，幼儿教育也不仅仅是常识或知识的教育。因此，科学知识、科学方法与技能、科学情感与态度都是幼儿科学教育目标体系的组成部分。

(二)范围广泛，知识严密

自然科学的研究范围广泛，涉及整个自然界，包括人体、动植物、生态环境、自然科学现象和现代科学技术等方面，是一个庞大的知识体系。幼儿科学教育要包括多方面的内容，同时要注意知识的严密性和关联性。例如，让幼儿了解鸟，除了让他们获取鸟的外形、习性等方面的知识外，还要让他们了解鸟与森林、昆虫、气候、人们的生活等方面的联系。

(三)幼儿科学教育活动的"特性"

幼儿科学教育活动具有教育内容的生成性、教育过程的探究性、教育组织方式的多样性和灵活性，其结果使幼儿获得广泛的科学经验等特点。

教育内容的生成性是指教育内容超越事先的计划性,根据幼儿的需要和兴趣在即时的情境、突发事件中,或根据幼儿在活动中的需要、兴趣和提出的问题临时安排。科学探究是幼儿科学教育的核心,其探究过程一般经历了产生疑问、进行猜想、进行验证三个环节。

如在"吹泡泡"的科学探索活动中,教师分别出示长方形、三角形、半圆形、圆形四种吹泡泡器后,幼儿很好奇这些吹泡泡器吹出的泡泡分别会是什么形状,这时教师提供记录表格,让幼儿将自己的猜想画在相应的格子里,再动手实验,加以验证。绝大多数幼儿在实验前都会认为,什么形状的吹泡泡器一定吹出什么形状的泡泡,但经过探索幼儿会发现无论吹泡泡器的形状如何,吹出来的泡泡都是圆的。在这个活动中,我们就可以清楚地观察到幼儿思维的特点,而且整个探究过程也培养了幼儿实事求是的科学态度和精神,激发了他们进一步思考和探索的兴趣。幼儿科学教育活动更多的是以自发的个别活动和小组活动为主,集体探究活动也应是在此基础上扩展和生成。此外,幼儿科学教育活动应灵活地渗透于一日生活,其探究地点不局限于教室,在幼儿园内、大自然、家庭和社区都可以进行。在探究中,观察、调查、访谈、测量等方法可综合使用。有的探究活动不能一次完成,可能要在两三天、一周甚至更长的一段时间内完成。幼儿在科学探究过程中,通过亲自操作、凭自身感觉器官获取的具体事实和第一手经验即科学经验,这些经验对于幼儿将来理解科学知识,形成抽象的科学概念具有重要的意义。

第二节 学前儿童科学教育目标制定的原则

一、全面性与整体性原则

这一原则要求设计者在制订科学教育目标时,一定要做到科学教育目标的涵盖面尽量周全,应指向儿童的全面发展。这里全面发展的含义,一方面是指学前儿童科学教育目标应包括德、智、体、美各个方面的发展目标;另一方面是指德、智、体、美的每一方面都要尽量涉及情感态度、认知、动作技能等方面的培养、形成与发展,甚至具体到某些教育活动课程领域,还要考虑到每一领域的各个涵盖面。这也意味着最终确定出的科学教育目标具有全面性与整体性的特点。例如,从《幼儿园教育指导纲要》中的学前儿童科学教育目标领域的表述中,我们可以发现:科学教育的目标是从培养儿童探索科学的兴趣与态度、形成一定的科学经验及探索与表达的方法、技能与能力等多方面提出科学教育目标的。由此可见,在确定学前儿童科学教育目标时,确定者充分考虑到了目标确定的全面性与整体性的原则。

二、连续性与一致性原则

幼儿园科学教育目标的实现要靠各个层次目标的层层落实最终才能得以实现,所以在确定科学教育目标时,应遵循科学教育目标确定的连续性与一致性的原则。所谓目标的连续性与一致性是指:①各年龄阶段的目标要相互衔接,体现心理发展的渐进性与连续性;②下层目标与上层目标之间,局部目标与整体目标之间要协调一致,每层目标都应该是上一层目标的具体化,这样以保证通过每一层、每一阶段及每一具体教育活动目标的实现从而最终实现总的大目标或长远宏观的目标。

这一原则的实质就是要求制订科学教育目标者要防止目标之间的脱节现象,确保总目标得到科学而准确的落实。例如,在确定"科学教育的年龄阶段目标"时,我们既要考虑到科学领域总目标的整体要求,又要考虑到小班、中班、大班儿童的心理发展水平的渐进性特点,从而确定不同年龄阶段的目标,既体现出不同层次目标之间的相互协调性与一致性,又要体现出各年龄阶段目标要求之间的渐进性与连续性。

三、可行性与可接受性原则

可行性与可接受性的原则是指:①学前儿童科学教育目标的确定应考虑:本国或本地区、本幼儿园、本班儿童的实际,所确定的目标应该是通过各方面教育者的努力最终指导与引导儿童能够达到的目标,这样保证目标的实现具有可行性;②目标的确定更要考虑到儿童的可接受能力,其中高层次科学教育目标的确定,要以我国3—6岁儿童身心发展的一般特点为依据,而对于低层次或单元与具体活动目标的确定,设计者应根据所在幼儿园的儿童或自己所带班级的儿童实际发展水平出发来考虑目标的确定,这样一来,使科学教育目标具有可接受性,即目标锁定在儿童的"最近发展区"内,进一步说,就是要使科学教育目标要求既不低于儿童已有的发展水平,又不是高不可攀,科学教育目标是经过教师、家长的帮助与引导,经过儿童自身的努力完全可以达到的目标[①]。

四、社会性与时代性原则

教育是一种社会现象,是一种培养人的活动。不同国家、不同时代的教育都必然要反映出那个社会、那个时代政治、经济、文化等方面发展变化对教育的要求、对人才规格的要求。基于教育的这样一个特点,我们在确定幼儿园科学教育目标时,就应该而且必须要考虑到当今这个社会和时代、未来社会和时代对教育的要求以及对人才的需求。既然幼儿园教育是基础教育的重要组成部分,是我国学校教育和终身教育的奠基阶段,那么,我们在确定学前儿童科学教育目标时就要关注社会与时代的发展变迁,面对当今社会的发展及预测未来社会发展对人才的规格所需,在充分考虑到社会与时代对人才所需的基础上,根据学前儿童科学教育的性质、根据全面发展的教育理念以及儿童身心发展的特点与水平等确定出吻合社会与时代要求的、儿童可接受的科学教育目标。我国正处于由工业化初期的工业社会,由计划经济体制转变为社会主义市场经济体制,由比较封闭的社会转变为走向世界的开放性社会的关键时期。时代的发展变化势必影响对人才的素质要求,进而要求我们的教育目标及科学教育目标进行相应的变化与调整。

未来社会的发展与巨变,使每个人都要生活在一个富于挑战、多变的世界中,每个年轻人都要有面向世界、面向未来的眼界、胸怀与素质,要有自信心、责任感,要具备善于捕捉信息、获取信息、处理信息和创造信息的意识与能力,要有自主、开拓、创新和应变的能力,有合作、竞争的精神及处理人际关系和组织协调的能力等。面对时代的发展与变迁,联合国教科文组织也提出教育要培养学生四种基本学习能力——学知、学做、学会共同生活和学会发展。为此,根据社会发展对人才规格所需,我国在确定学

[①] 施燕.学前儿童科学教育与活动指导[M].上海:华东师范大学出版社,2014:44-47.

前儿童科学教育目标时,充分考虑到了社会与时代变化对人才素质的要求,在目标的表述中充分反映了培养儿童的责任感、创新能力、应变能力、处理人际关系和组织协调的能力、有合作精神等方面的素质要求。学前儿童科学教育目标只有突出这些基本素质的培养,才能使儿童将来真正适应未来社会的需要。总之,社会性与时代性的原则,就是要求课程设计者在确定幼儿园科学教育目标时,要关注社会的发展,预测未来社会的发展变化,并在目标的确定中充分反映社会与时代对人才素质培养的一般要求。

五、辩证统一性原则

在确定幼儿园科学教育目标的过程中(特别是确定高层次科学教育目标时),设计者通常要考虑多方面的因素,如考虑社会的发展对人才素质的规格要求、考虑学前儿童身心发展的水平与需要、考虑各学科领域之间的关系等,要把以上各种因素统一在一起,经过多方面的分析与权衡,从而最终确定学前儿童科学教育的目标要求。在权衡过程中有时会遇到矛盾与冲突的问题,比如,应该更多从社会角度考虑目标的确定还是要多从儿童的角度来考虑目标的确定？侧重社会要求还是优先考虑儿童的发展？这时我们就需要从辩证统一的角度来考虑目标的确立问题。就这一问题而言,我们应该明确的一点是:社会的发展和人的自身的发展是辩证统一的,我们要确立的目标完全可以在这种辩证统一的关系中找到最恰当的表达方式,那就是根据儿童发展的可能性,降低社会要求的难度,这样提出的教育目标既做到了二者兼顾,又能保证所提出的目标要求得以实现。这些充满辩证性的目标要求既是社会的要求,又是儿童发展所需,同时也是科学知识教育领域中要求儿童所要达到的目标要求。辩证统一性的原则,就是要求设计者在确定幼儿园科学教育目标时,以辩证统一的观点处理好各方面要求与各方面因素的关系。

总之,教育是有目的、有计划的行为,科学教育目标的确定关系到学前儿童科学教育内容、科学课程组织方式和教学策略的选择,关系到科学教育评价的标准以及儿童是否能得到身心全面发展的问题。为此,我们在确定学前儿童科学教育目标时,不可随心所欲,要考虑多方面的因素,要依据科学的原则和方法确定科学的教育目标。

第三节　学前儿童科学教育的目标

幼儿科学教育的目标可以分解为总目标、年龄阶段目标、单元目标和活动目标四个层次。这四个层次的目标构成了金字塔式的层次结构，充分体现了幼儿心理发展的渐进性，各层次的目标是协调一致的，下层目标是上层目标的具体化，低层次目标的实现最终能够促进高层次目标的实现。

一、幼儿科学教育的总目标

幼儿科学教育的总目标是幼儿科学教育总的任务要求，它指出了幼儿科学教育的范围和方向，具有特殊性和相对独立性，是最具有概括性的目标。

我国《幼儿园教育指导纲要(试行)》中将幼儿园的教育内容分为健康、语言、社会、科学和艺术五个领域，对各领域教育所要达到的总目标都做了概括，其中科学领域的教育总目标是：①对周围的事物、现象感兴趣，有好奇心和求知欲；②能运用各种器官，动手动脑探究问题；③能用适当的方式表达、交流探索的过程和结果；④爱护动植物，关心周围环境，亲近大自然，珍惜自然资源，有初步的环保意识。

为了更好地理解和贯彻幼儿科学教育总目标，我们将其分为科学知识、科学方法和技能、科学情感和态度三个方面。

(一)科学知识方面

科学知识是人类在了解自然时，希望获得的有关事实和理论的信息。有些人认为科学知识方面的教育目标在《幼儿园教育指导纲要(试行)》中并未体现，说明幼儿不需要掌握科学知识。其实不然，科学知识作为科学教育的必然结果，蕴含在科学领域的其他目标中。例如，"求知欲"是获取科学知识的动力；"运用各种器官，动手动脑探究问题"是获取知识的必由之路等。因此，幼儿学习并掌握科学知识是必然的，也是需要的，科学知识方面的教育目标关键不是幼儿要不要掌握科学知识，而是让幼儿掌握哪些科学知识。幼儿科学教育中科学知识方面的目标包括让幼儿获取广泛的科学经验,以及形成初级的科学概念。

1. 获取广泛的科学经验

幼儿的科学经验是指他们在科学探索活动中,通过亲自操作,用自身的感觉器官直接接触周围世界,认识事物的形状、特征,理解科学现象,从而在头脑中留下生动表象,获取具体的、真实的第一手信息。

幼儿的科学经验是科学知识的最低层次,是和周围的具体事物、现象联系在一起的,对幼儿非常重要。第一,科学经验是幼儿学习科学的基础,也是他们今后学习抽象的科学概念、定理的最初入门。第二,科学经验可供幼儿以后回忆、练习,为他们学习抽象符号和系统科学知识做准备。

因此,尽管幼儿的认知有限,所获取的科学经验有限,甚至是错误的,在科学教育的过程中,我们也要为他们创设条件,扩展他们的经验,让他们的经验不断地加以检验、修正和利用。

2. 形成初级科学概念

初级的科学概念是指幼儿在获得感性经验的基础上,对同类事物外在的、明显的共同特征的概括,是一种概括化的表象,既区别于具体的经验,又区别于真正的抽象概念。幼儿的初级科学概念既具有科学经验的特征(具体形象性),又具有科学概念的特征(概括性),对他们进一步学习科学具有非常重要的作用,主要表现在以下两方面:①初级科学概念能把幼儿已获得的具体、丰富、孤立的科学经验信息进行归纳、概括,转化为概念性的认知结构,从而容易在他们的头脑中保持记忆;②初级科学概念可以增加幼儿所学知识的适用性和迁移价值,促进他们的智力发展,有利于他们的具体形象思维向抽象逻辑思维过渡[1]。

因此,在科学教育过程中,要让幼儿学习一些日常生活概念、具体事物概念以及简单分类概念等,这些概念是经验水平上的概括,不那么精确但却是幼儿以后学习科学概念的阶梯。但是不可强求幼儿记忆超过他们认知水平的科学概念,否则会让他们产生模糊甚至是错误的认识,反而不利于日后学习科学。

---

[1]董琼. 科学启蒙从娃娃抓起[M]. 长春:北方妇女儿童出版社,2018:64-69.

综上所述,科学经验与科学概念既有区别,又紧密联系。科学经验是幼儿形成初级科学概念的基础,影响着初级科学概念的内涵,并有效地丰富和发展着初级科学概念。因此,在幼儿的科学教育中,既不可迁就他们思维的具体形象性,又不能满足于感知表面现象,要努力引导他们整理零散的知识、经验,以促进初级科学概念的形成,并逐渐提高概念水平,从而促进他们抽象逻辑思维的萌芽与发展。

(二)科学方法和技能方面

科学方法一般是指实证的方法,即通过科学观察到的事实和建立在事实基础上的合乎逻辑的推理而获取知识的方法。

幼儿的认知发展水平有限,并不能像成人那样通过严密的观察和实验方法来进行科学研究并解决科学问题,但这并不说明不能对他们进行科学方法的启蒙教育。《幼儿园教育指导纲要(试行)》第2条体现了科学方法和技能方面的教育目标;同时,第3条还强调了表达和交流的重要性,这不仅因为表达和交流本身也是一种科学技能,而且也反映了一种学习观念。在幼儿科学教育的目标中,科学方法的掌握比单纯获得科学知识更为重要,一般来说,幼儿应掌握的科学方法和技能包括以下几个方面:

1.观察

观察是指运用感官直接获取第一手资料的方法,是一种有目的的知觉活动,是幼儿的一种重要科学探究技能。

幼儿的逻辑推理能力有限,他们获取科学知识的途径主要是观察,他们通过观察获得的真实信息既是一种科学经验,又是进一步学习科学的基础。

幼儿观察的培养目标主要包括:学会运用多种感觉器官感知物体的外部特征;学会观察、比较不同物体或同类物体的特征;学会观察物体的运动和变化;学会观察自然现象等。

2.分类与测量

分类是指把一组物体按特定的标准加以区分的过程;测量是测定物体数量特征的过程。

幼儿对事物缺乏比较概念,在学习科学的过程中,分类能帮助他们把周围的事物进行抽象与概括,有助于他们进一步探索事物之间的关系;测量让他们用数据来观察周围世界,并比较精确地表达所获得的信息,是非常有益的活动。

幼儿分类与测量的培养目标主要包括:学习比较或测量物体的长短、粗细、大小、多少和轻重等特征的简单方法;学会按物体的外部特征或用途进行分类;能指出分类的标准或物体的属性;学会使用不同的简单工具进行测量;初步知道通过测量可以获得精确量化的信息等。

3.思考

思考是指幼儿获得科学知识所必需的思维加工技能。

幼儿的思维以具体形象思维为主,虽然还不能进行完全的逻辑思维,但可以在具体形象和表象的基础上思考事物之间的关系,甚至进行某种程度的推理。

幼儿思考的培养目标主要包括:学会对直接观察到的事实进行比较和概括,认识到事物的不同和相同;学会根据已有的经验,对观察到的现象进行思考、推想其原因、得出合理解释,并预测将来可能发生的现象等。

4.操作

幼儿在学习科学过程中的操作主要包括实验操作和技术操作两大类。

实验操作:在科学发现活动中,以行动或其他方式验证其发现、推论或预测是否正确的过程和方法。

技术操作:在科技制作活动中,运用工具或材料对客观对象或材料进行加工或制作新"作品"的过程。

幼儿操作的培养目标主要包括:学会使用简单的工具;学习使用不同的工具制作简单的"作品";在操作过程中,根据操作目标的不同对操作过程进行思考、调整和修正等。

5.表达与交流

表达与交流是指在科学探究活动中,幼儿以语言(如说话、写字等)或非语言(如肢体动作、绘画等)的方式来表现对事物的理解或感想等。

幼儿在科学探究活动后都有一种表达的倾向或冲动,他们通过表达将自己的感受、体验和发现等信息进行梳理,进而明晰所发现事物的特征和联系;通过交流感受分享的乐趣,并从他人那里学到好的经验和方法。

幼儿表达与交流的培养目标主要包括:学会用准确、有效的语言表达或交流自己在科学活动中的做法、想法和发现;学会用适当的方式(如体态、动作、表情等)表达自己在科学活动中的情绪体验;学会用各种手段(如绘画、图示、手工作品等)展示自己的科学活动结果。

综上所述,教师所能给予幼儿的科学知识是有限的,而如果教会他们学习科学的方法,他们就能自行获取更多的知识,只有掌握了科学的方法才能真正成为自主的科学探索者。

(三)科学情感和态度方面

科学情感和态度是整个科学教育目标体系的核心内容,与人的特定需要相联系,具有一定的内在体验和外在表现。学前教育阶段对科学情感和态度方面的培养虽然只是初级的,但却是幼儿一生发展的基础,也是他们学习科学的动力。

《幼儿园教育指导纲要(试行)》第1条和第4条都提出了对幼儿科学情感和态度方面的培养目标,可以说科学情感和态度方面的目标是非常广泛的,这里重点分析以下两个方面。

1.发展幼儿的好奇心和兴趣

好奇心是指幼儿对周围环境中的新异刺激产生的积极反应倾向,常表现为对自然界事物或现象的注意、提出问题、操作、摆弄等行为倾向。兴趣与好奇心相联系,是一种积极的状态,是幼儿学习科学的强大动力。

好奇心是幼儿学习取得成功的先决条件,并对他们形成积极的科学态度发挥重要作用。让幼儿时常接触色彩缤纷、生动的自然界和丰富的物质材料,能促使他们产生对科学的好奇心和兴趣,进而产生对科学的探索意愿。

幼儿好奇心和兴趣的培养目标主要包括:由对周围事物的外在、表面的兴趣发展为对科学活动过程的理智兴趣,为今后学习科学奠定基础。

2.培养幼儿积极的情感和态度

情感是人们对客观事物的看法和体验,有积极和消极之分;态度是人类比较稳定的一套思想、兴趣或目的。情感和态度与人的认知活动密切联系,积极的情感和态度有利于幼儿学习科学,也将为他们良好个性的形成和发展奠定基础。但是,幼儿积极的情感和态度并不是生来就有的,需要在科学教育的过程中,结合他们的具体情况精心培养。

幼儿积极的情感和态度方面的培养目标主要包括:学会发现并欣赏自然界的奇妙和美好;学会感受和体验人与环境及动、植物之间、动植物与环境之间的依存关系;具有爱护自然、保护生命的情感和态度;产生珍惜自然资源的情感和初步的环保意识等。

综上所述,幼儿科学教育的总目标是在整个学前教育阶段中,通过一系列的科学教育活动来实现的,因此,在学前教育各阶段进行科学教育都要以总目标为指导思想。

二、幼儿科学教育的年龄阶段目标

幼儿科学教育的年龄阶段目标是根据总目标确立的,按幼儿年龄阶段划分的中短期发展目标,是总目标的具体体现。一般来说,科学教育的年龄阶段目标应根据幼儿不同年龄阶段的身心特点、需求和兴趣等提出,要适应他们的发展,既能够反映不同年龄阶段的差异性,又要反映幼儿发展的连续过程。

(一)3—4岁幼儿科学教育的目标

1.科学知识方面

观察周围常见的自然物(如小猫、小草、石头等)的特征,获取粗浅的科学经验并感受自然物与自己的关系;观察生活中直接接触的一些用品的特征和用途,获取粗浅的科学经验并感受它们给生活带来的便利。

2.科学方法和技能方面

了解各种感觉器官在感知中的作用,学习正确使用各种感官的方法,发展感知能力;学会通过测量等简单方法比较物体的形体、大小和数量等差别;掌握根据一个或两个特征从一组物体中挑选出物体并归为一类的分类方法;能用词语或简单的句子描述事物的特征或自己的发现,能与同伴或老师交流;学习使用日常生活中的常用工具,参与简单的制作活动。

3.科学情感和态度方面

对周围事物有好奇心,乐意感知和摆弄他们能够直接接触到的自然物和人造物;萌发探索自然现象和参与制作活动的兴趣;喜爱动植物和周围环境,并能在成人的影响下表现出关心、爱护周围事物的情感。

(二)4—5岁幼儿科学教育的目标

1. 科学知识方面

获取有关自然环境中动植物及沙、石、水等物质与人类关系的具体经验,了解不同环境中个别动植物的形态特征、生活习性等;了解四季的特征及其与人们生活的关系,观察常见的自然现象并获取经验;获取周围生活中常见科技产品的具体知识和经验,初步了解其在生活中的运用。

2. 科学方法和技能方面

学会综合运用多种感觉器官感知事物特征、发展观察能力;学会按照指定的标准,对物体进行简单分类;学习运用简单的工具进行测量;学会用自己的语言描述发现,并与同伴、教师交流;学习使用日常生活中常见的科技产品,运用简单工具进行制作活动。

3. 科学情感和态度方面

发展好奇心,探究周围生活中常见的自然现象、自然物和人造物,愿意参加制作活动;培养关心、爱护动植物以及周围环境的情感和行为。

(三)5—6岁幼儿科学教育的目标

1. 科学知识方面

初步了解不同环境中的动植物及其与环境的相互关系;认识周围生活中的环境污染现象和人们保护生态环境的活动;获取有关季节、人类、动植物与环境等关系的感性体验,形成四季的初步概念;探索生活中常见的自然现象,获取相关科学经验;接触生活中的现代科学技术,了解其在生活中的应用。

2. 科学方法和技能方面

能主动运用多种感觉器官观察事物,学会观察的方法,发展观察能力;能按照自己规定的不同标准对物体进行分类;学习使用各种工具进行自然测量,掌握正确的测量方法;用完整、连续的语言与同伴或教师交流自己的探索过程和结果,表达愿望、提出问题并参与讨论,以及能够表达发现的愉快,能够与他人交流和分享;学习使用常见科技产品的方法,运用简单工具和多种材料进行制作活动;能够发现物品和材料的多种特征和功能,并表现出一定的创造性。

3.科学情感和态度方面

具有好奇、好问、好探索的态度;对自然环境和现代社会生活中的科技产品有广泛兴趣,能自己发现问题、提出问题并寻求答案;喜欢并能主动参与科学探索活动和制作活动;有主动关心、爱护周围环境的情感和行为。

综上所述,科学教育的年龄阶段目标根据幼儿不同年龄阶段的身心特点、需求和兴趣等提出,要适宜他们的发展,既要反映不同年龄阶段的差异性,又要反映幼儿发展的连续过程。

三、幼儿科学教育的单元目标

幼儿科学教育的单元目标是总目标的进一步细化,是一系列科学教育活动结束后要达到的目标。幼儿科学教育的单元目标多见于教学计划,以时间或主题活动的形式体现出来。

(一)以时间为单元的科学教育目标

以时间为单元的幼儿科学教育目标是在一段时间内的目标,如一个月或一周的目标等。例如,某幼儿园小班10月份的科学教育目标如下:①愿意接触大自然;②有好奇心,喜欢模仿、摆弄;③认识动物"兔子",了解其外形特征和生活习性;④认识植物"一串红",了解其主要外形特征;⑤了解自己身体的主要部位"脸",学习如何保护;⑥观察秋天的景色,初步体验大自然的美;⑦初步学习用感官认识物体,如用眼观察外形,用鼻子嗅气味,用手触摸质地等。又如,某幼儿园大班第7周的科学教育目标如下:①培养热爱大自然的积极情感;②爱护花草树木,培养初步的环境保护意识;③了解人类的科学技术是不断发展的;④能根据事物的不同特征按自己的标准进行分类。

(二)以主题活动为单元的科学教育目标

以主题活动为单元的幼儿科学教育目标是一组相关联的科学教育活动全部结束后所要达到的目标。幼儿园科学教育主题的依据是多种多样的,如以季节、自然科学现象、人的活动等为主线构建主题。

例如,某幼儿园小班主题活动"有趣的气味"科学教育目标如下:①让幼儿感知不同的气味,学会用鼻子闻物体的气味,发展感知能力;②引导幼儿关心周围事物,培养幼儿对感知活动的兴趣;③学习用语言表达所得到的信息;④让幼儿知道鼻子可以闻气味,懂得爱护自己的鼻子。

又如,某幼儿园大班主题活动"昆虫"科学教育目标如下:①让幼儿在捕捉、饲养、观察昆虫的系列活动中,对昆虫产生兴趣;②在教师的帮助下,幼儿能对几种昆虫的求生本领(如捕食、交流等)及生长过程进行较细致的观察;③学习用典型特征观察法和顺序观察法对各种昆虫进行观察,在观察比较过程中寻找共同特征和各自不同的特征,初步形成昆虫的概念;④区分常见的益虫和害虫;⑤培养幼儿分析以及综合概括的能力。

四、幼儿科学教育的活动目标

活动目标是活动的指南,是一次教育活动的基本方向,具有较大的灵活性。由于幼儿个体的差异性,活动过程又是千差万别的,在实施活动的过程中,教师应随着活动的需要灵活地加以调整。

幼儿科学教育的活动目标一般是指一次具体的科学教育活动所要达到的目标,是根据总目标、年龄阶段目标或单元目标,并且结合具体教育活动内容的特点以及幼儿自身的特点制定的具体的、可操作的目标,是开展科学教育活动的具体依据和指导。

拟定科学教育具体活动目标的原则与注意事项如下。

(一)教育活动目标应与总目标、年龄阶段目标保持一致

科学教育的总目标和年龄阶段目标要通过一个个具体的活动目标落实在每个学前儿童身上。因此每一次具体的教育活动目标的内容和要求,在方向上应与总目标、年龄阶段目标相一致,要为阶段目标和终期目标服务,要根据学前儿童的年龄特征和发展水平,由浅到深,循序渐进地制定,体现了各层次教育目标的一致性。

(二)活动目标的制定要全面,注重幼儿终身学习和发展的目标

"转动的陀螺"活动目标从情感态度方法技能、知识经验三个维度预设,比较全面完整。当然,并不是说每一次活动的目标都必须包含三个维度,有时会有所侧重,但也要保证从长期的活动方案来看,三类目标最终得以实现。

(三)活动目标的制定要具体细化

教育活动目标是教学过程的指引,是评价教学效度的标尺。所以,只有具体的、有针对性的目标,才能够为教学过程导航,才能够给检测学习达成度以标尺。所以我们在制定教学活动目标时要具体,要对教材和幼儿学习能力分析透彻。当我们面对一个教学内容时,首先要审视其中蕴涵哪些知识和技能点,还要推敲在何种程度上操作,才能够对所教幼儿产生真正教育意义上的价值;其次,要考虑幼儿的学习方式和获得知识技能的方法;在相关的学习中,还需要分析蕴藏哪些情感、社会性价值。而且,每个活动内容都会有不同的目标侧重点。

(四)活动目标适宜于幼儿整体的最近发展区

很多时候,因为我们对幼儿不了解,所以导致活动时发生这样或那样问题,不能有效地促进幼儿的发展。因此,教师要为幼儿设定一个目标的"最近发展区",即幼儿现有的与可能发展的情感、能力、经验之间的距离。例如,中班科学活动《各种各样的纸制品》,教师为此制定的知识目标是"收集、观察各种各样的纸制品,了解其质地和用途"。显然,这样的目标定位只停留在浅层次的观察上,对于中班幼儿来说无需付出努力就能做到,所以我们在知识点的难易层次上必须提升一个梯度,如可增加"尝试根据某一特征给各种纸制品进行分类"的目标,这样才能让幼儿充分感受到"跳一跳才能摘得到果子"的成功感。

(五)教育活动目标的陈述要统一规范

从表述的方式上说,幼儿园科学教育活动的目标通常采用"行为目标"的方式来表述。行为目标是具体的可操作的教育活动目标,它指向活动过程后幼儿所发生的行为变化,常以"学习""知道""理解""发现""体验"等方式的表述。

第五章　学前儿童科学教育的内容

第一节　学前儿童科学教育的内容构成

幼儿科学教育的内容对于完成教育目标是至关重要的。幼儿科学教育的内容是实现科学教育目标的媒介,是科学教育活动设计与具体实施的主要依据,也是实现科学教育目标的实质部分。

幼儿生活在一个丰富多彩、变化万千的世界里,他们与周围环境直接接触,通过感官认识自我和周围世界,又通过科技媒体,了解一些他们不能直接接触的事物。这样就使幼儿科学教育的内容范围得到了进一步的扩大。根据幼儿科学教育的目标,幼儿科学教育的内容应包括科学知识、科学技能方法和科学情感态度三个方面。

具体内容和要求如下:①引导幼儿对身边常见事物和现象的特点、变化规律产生兴趣和探究的欲望。②为幼儿的探究活动创造宽松的环境,让每个幼儿都有机会参与尝试,支持、鼓励他们大胆提出问题,发表不同意见,学会尊重别人的观点和经验。③提供丰富的可操作的材料,为每个幼儿都能运用多种感官、多种方式进行探究提供活动的条件。④通过引导幼儿积极参加小组讨论、探索等方式,培养幼儿合作学习的意识和能力,学习用多种方式表现、交流、分享探索的过程和结果。⑤引导幼儿对周围环境中的数、量、形、时间和空间等现象产生兴趣,建构初步的数概念,并学习用简单的数学方法解决生活和游戏中某些简单的问题。⑥从生活或媒体中幼儿熟悉的科技成果入手,引导幼儿感受科学技术对生活的影响,培养他们对科学的兴趣和对科学家的崇敬。⑦在幼儿生活经验的基础上,帮助幼儿了解自然、环境与人类生活的关系。从身边的小事入手,培养初步的环保意识和行为。

据此,我们可将幼儿科学教育的内容范围确定为以下几个方面:

一、科学情感与态度方面

情感与态度方面的内容包括对身边现代生活中科学技术的印象、科学技术对生活的影响、对身边的科学现象的关心、对周围生活中的自然现象的观察、被身边的科学现象所吸引,对身边的科学现象的观察和积累,愿意对一些科学现象进行尝试等。

(一)对身边现代生活中科学技术的印象

形成对衣、食、住、行以及娱乐中现代科技成分的初步印象。知道科学技术水平的提高,可以使日常生活用品不断升级换代,科学技术在现代社会和家庭中无处不在。

(二)科学技术对生活的影响

知道科学的生活会带来优美的环境。了解科学技术能给人们带来幸福,科学技术使用不当也会给人们带来灾难。

(三)对身边的科学现象的关心

有感知身边现象的愿望,经常被生活中的科学现象所吸引。对身边的各种现象充满好奇,常问:"是什么""为什么"。

(四)对周围生活中的自然现象的观察

喜欢观察生活中的自然现象,对观察到的自然现象能大胆提问,希望解开头脑中的问题。

(五)被身边的科学现象所吸引

能经常发现周围生活中有趣的科学现象。知道常见的小动物、花草树木的名称、习性、养护方法。能大胆、自信地把知道的和正在探究的科学知识和现象告诉同伴。

(六)对身边的科学现象的观察和积累

乐意介绍幼儿园、家庭、社会生活中的玩具和现代生活用品。喜欢生活中的新用品,乐意感知和使用。

(七)愿意对一些科学现象进行尝试

积极感知各种科技活动,喜欢摆弄。在游戏或操作活动中喜欢寻找不同的方法,在反复尝试实践后再得出结论。

二、科学方法、能力方面

科学方法和能力方面的内容包括观察、比较的方法和能力,尝试探索的方法和能力,以及信息收集的方法和能力等。

(一)观察的方法和能力

包括日常生活中的观察。观察要有目的、要专注、要全面、要仔细、要交流;借助工具观察。观察往往有局限性,为避免观察的局限性,可以借助某些工具进行观察,如放大镜等。

(二)比较的方法和能力

学会比较不同的事物,找出它们的相同点和不同点。学会比较同一类事物,找出它们的相同点和不同点,在进行比较的基础上学习分类[①]。

(三)尝试探索的方法和能力

学会使用一些小实验的器材。会用不同的方法进行操作,并观察它们的效果。独立或合作完成一些手工练习、小制作。学习与同伴交流实验结果。

(四)信息收集的方法和能力

了解收集信息的几种渠道和方法,知道可以利用多种渠道收集信息。知道交流信息和展示信息的一些方法。

三、科学知识经验方面

(一)人体

1.人体的结构及其功能

了解人体的基本结构头、颈、躯干、四肢以及皮肤、骨骼、肌肉、血液等及其功能。了解人体的感觉器官眼睛、耳朵、鼻子、舌头、皮肤等及其功能。了解人与人之间既有共同的地方,也有不同的地方。不同种族的人在

---

① 滕忠萍,陈金菊,胡慧睿. 学前儿童科学教育与活动指导[M]. 北京:清华大学出版社,2021:151-154.

皮肤、眼睛和毛发等方面有差异,不同年龄、不同性别的人在身体特征上有差异。

2.人的生理活动和心理活动

了解人体的生理活动:消化、呼吸、血液循环、排泄等。初步了解脑可以思考问题,具有想象、记忆等功能。初步了解人有情绪、情感,学习应该怎样表达或控制自己的情绪。

3.个体的生长和衰老

认识到人是一个自然实体,每个人都经历着从出生、成长到衰老、死亡的生命过程。让幼儿知道自己是爸爸和妈妈"造"出来的,是从妈妈的肚子里生出来的。了解食物、空气和水是人生长发育的基本条件;合理的营养、适当的运动和休息等都是个体健康成长的必要条件。

4.保护身体及身体健康

知道在任何条件下,都应该注意安全,保护自己的身体不受侵害和损伤,以避免不必要的痛苦;知道养成良好的卫生习惯,以预防疾病,健康成长。

(二)动植物

1.动物

知道动物有很多种,如家禽、鸟、鱼、昆虫等,且都有区别于其他种类动物的特征。了解各种动物不同的外部特征和生活习性。

知道动物是有生命的,它们需要水、空气和食物维持生命,否则就会死去。了解动物生活在不同的地方,有不同的行为方式,有不同的繁殖方式,有不同的食性。初步了解动物对其生活环境的适应,如动物的身体结构与所处的环境的关系,行为方式与所处环境的关系,动物怎样改变自身以适应环境的变化等。

了解植物与动物、动物与动物之间的关系。了解动物与人类的密切关系,懂得动物是人类的好朋友,人类应该保护它们。

2.植物

知道植物是多种多样的,它们有区别于其他种类植物的特征。认识一些常见的花卉、树木和蔬菜,知道它们的名称和外形特征。知道植物是由根、茎、叶、花、果实、种子六个部分组成的,初步了解植物各部分的功能。知道植物有不同的繁殖方式。

获得植物生长过程的经验,初步了解植物生长的必要条件是阳光、空气、水、温度,以及植物生长与环境的关系。

观察植物的季节变化,了解植物与季节变化的关系。

观察生长在不同环境中的植物的形态特征,了解植物形态特征与所处地理环境的关系。了解植物与动物、植物与人类的关系,知道植物对净化环境的贡献,懂得要保护植物。

(三)生态与环境

1.生态环境诸要素及其关系

知道在我们生活的世界里,除了生物(人类、动植物),还有岩石、沙、土壤、水、空气等无生命的物质,它们都是相互联系着的。

结合对动植物内容的了解,使幼儿认识到:人、动物和植物之间是紧密联系、相互依存的;生物和它所生存的环境之间也是紧密联系、相互依存的。

帮助幼儿理解无生命物质对于生命的重要性。使幼儿知道沙和土壤都是由岩石变来的,土壤是适宜生物生长的;知道生物离不开水和空气,地球上的水有江、河、湖、海以及地下水。空气存在于所有空间,它们都是生命不可缺少的物质。

2.生态环境污染的表现

初步了解一些环境的污染状况,如水污染、大气污染、噪声污染和生活垃圾污染等,知道这些污染对人和动植物的危害。

了解由于生活环境质量的下降,以及人类的过度砍伐、渔猎,许多物种正走向灭绝,同时也将危害人类自身。

3.保护生态环境的方法

使幼儿了解应从小养成保护生态环境的良好行为习惯。如爱护花草树木,爱护小动物,保护珍稀生物的生存,保护水源,保持环境整洁等。了解人类为了保护和改造自己的生存环境所做的努力,如植树造林等。

（四）自然科学和现象

1.天文现象

知道地球存在于宇宙中，除了地球外，宇宙中还有太阳、月亮和星星等，它们都离我们很远。

知道太阳是一个恒星，是一个发光、发热、燃烧着的巨大火球。它距离地球很远很远。没有它，地球上所有的生命都不能生存。

知道月亮在不同的时间看上去形状会改变，月相的变化是有规律的。知道月球上没有空气和水，也没有生命。宇航员可以乘航天飞机登陆月球。

知道夜空中有无数的星星，但因为离我们距离太远，我们只能看到一个个闪烁的光点。

2.气候和季节现象

了解气候和季节是人类、动植物生存的重要环境因素，它们的变化是有规律的。

观察晴天、多云、阴天、雨天等天气，并学会做记录。让幼儿学会用温度计观察并记录气温。

观察各种天气现象：雨、雪、风、冰、闪电、雾、冰雹、霜等。

知道四季的变化及其规律，了解不同季节的特征。

了解季节和气候变化对人类和动植物生活、生长的影响，能主动适应外界环境的变化，并保护身体。

3.物理现象

（1）光

了解光和人类生活的密切关系，光为我们带来光明，使我们可以看见周围世界。光还为植物的生长提供了条件。使幼儿发现光从哪里来，太阳、个别生物、电灯等会发光；镜子等会反光。探索光和影子的关系。

探索光学仪器（如三棱镜、各种透镜等），了解简单的光学现象。

了解颜色是由于光的反射造成的，探索物体的颜色现象。

（2）声

知道我们生活在一个充满声音的世界里，注意倾听、观察和感受各种各样的声音,探索声音的产生,知道不同的物体会发出不同的声音。

知道声音有乐音、噪音之分,乐音给人以美的感受,噪音会给人带来危害。

(3)电

了解摩擦产生的静电、电线输送来的电和干电池里的电都是电。

了解干电池的用途,理解电的用途及优越性。

使幼儿懂得安全用电,避免事故。

(4)磁

观察各种形状、大小的磁铁,探索磁铁的性质。了解磁的用途。

(5)热

知道任何物体都有温度,有的温度高,有的温度低。

不同温度的物体之间会发生传热现象,有的传热快,有的传热慢。

讨论生活中有关热的问题,如夏天怎样散热,冬天怎样生热和保暖等。

(6)力和运动

知道力和运动是生活中最常见的现象,初步了解力的大小、方向、作用点和物体运动之间的关系。

知道力有很多种,如地球的吸引力推力、拉力、压力、浮力、摩擦力以及风力、水力等,感受各种力的作用。

探索力的平衡。

探索省力的方法,如使用轮子、滑轮、杠杆、斜面、机械等。

(7)化学现象

了解周围物质世界和日常生活中存在的简单化学现象,如大米经过烧煮变成米饭,面粉发酵做成馒头等。

知道食物的霉变现象,初步了解食物为什么会霉变。

(五)生活中科学技术

1.科学技术在家庭生活中的应用

认识并探索现代家用电器、现代浴具以及现代厨房用具等,了解它们的用途及安全使用的方法。

认识并探索家庭中的其他科技产品。

了解以上科技产品与人们生活的关系。

2.科学技术在社会生活中的应用

认识各种农业和工业机械,使幼儿理解它们在工农业生产中的应用。

认识各种交通工具,从自行车、摩托车、汽车、电车到火车、飞机、轮船,以至现代的最先进的交通工具(如电气火车、超音速飞机、磁悬浮列车等)。

认识各种现代道路,如高架路、立交桥、高速公路、隧道等。

认识各种通信工具,如移动电话、传真机和可视电话等。

了解科技在城市建设等方面的应用。

3.科学技术的发展

了解科学技术是不断发展的,科学家对于科技的发展做出了很大的贡献。向幼儿介绍一些著名的科学家。

初步了解科技给人们的生活带来方便,科技发展提高了人们生活的质量。

第二节 学前儿童科学教育内容选择的依据

幼儿的兴趣、智力发展水平和过去的经验,对幼儿学习科学教育内容的理解与吸收起决定作用。

教师选择的教育内容应稍稍高于幼儿的现有水平,让他"跳跳脚"能够达到。这样的教育内容才能够引起幼儿的求知欲,刺激他积极思索克服困难获得成功的愿望,有利于幼儿的发展。在选择幼儿教育的内容时,应当考虑以下几点[1]。

一、不同的年龄班幼儿的可接受性不同

(一)小班

应该让他们认识生活中常见的、熟悉的事物和现象,如一些小动物、色

---

[1]刘敏钰.学前儿童科学教育[M].北京:科瀚伟业教育科技有限公司,2018:74-79.

彩鲜艳的水果、身边常见的植物和生活中经常接触的日用品或者相关的事物以及现象。在认识的过程中要让幼儿运用自己的感官,感知事物的颜色、形状、味道、声音等明显特征,从而发展幼儿的感知觉。

(二)中班

中班幼儿好奇心更加强烈,认知能力不断提高。因此,此阶段主要强调扩大幼儿的认识范围,满足幼儿的好奇心,激发幼儿的求知欲。同时,应给幼儿更多的观察、比较操作和探索的机会。如让幼儿比较自行车和摩托车的异同点,认识光和影,认识声音,比较不同的声音等。

(三)大班

大班幼儿对科学探索的态度更加积极主动,不仅爱提问题,而且自己去探索,寻找答案。因此,在选择内容时要有意识地把幼儿的认识范围扩展到其未亲身经历过的领域,如认识宇宙中的地球、雨的形成、动物保护自己的方式,还要给幼儿提供操作、探索、发现的机会,指导他们做科学小实验,如磁铁吸什么、水的三态变化、各种力的作用等,在此基础上形成一些日常生活概念。

二、同一个年龄班内不同幼儿可接受性不同

同一个年龄班内不同的幼儿接受性也是不同的:①因为幼儿来自不同的家庭,知识背景不同;②因为幼儿之间兴趣差异很大。所以,教师选择的内容应以一个班内幼儿的平均水平为依据。

三、不同幼儿园的同龄班可接受性不同

由于地区差异,不同幼儿园的同龄班幼儿发展水平也是不一样的。如处于不同地理位置的中班幼儿之间相比较,在发展水平、兴趣以及视野方面都有不同。

生活在农村的幼儿对于自然中动植物、气象、节气的变化比较熟悉和了解,而城市中长大的幼儿则对现代化科技的发展更加感兴趣,如他们喜欢认识宇宙、喜欢恐龙、机器人等。因此照搬照抄某一本教材或某一个教案是不符合幼儿的可接受性的,应该结合本班幼儿的特点加以修改。教师在考察幼儿可接受性时,可通过以下途径进行:①通过提问了解幼儿;②

观察幼儿的语言、动作以及活动水平;③通过和家长沟通了解情况。

第三节 学前儿童科学教育课程的内容安排

一、幼儿科学教育内容的安排原则

从总体上说,幼儿科学教育内容的安排,要依据科学教育的目标来进行,即在选择与安排科学教育的内容时,要有明确的目标,必须全面贯彻科学教育的任务。除此之外,还要考虑以下几方面的原则:

(一)科学性

选择幼儿科学教育内容的科学性要求,是指选择的内容必须符合科学原理,应从自然界的整体出发,根据客观规律,正确解释幼儿周围生活中有关的自然现象和自然物,不能以讹传讹。幼儿科学教育是对年幼儿童进行科学启蒙的教育,它是意图通过科学学习,培养幼儿学科学、爱科学,初步发展科学探究的能力,而这一切又必须建立在对科学现象正确解释的基础上。另外,人类对科学的认识,总是不断地有所发现、有所前进的。随着科学技术的不断发展,已有的发现必然会得出新的结论,和引发新的观点,从而引起基础知识的改造和改组。随着科学的进步和发展,也必然要求对科学教育内容进行调整、进行充实,要求我们摒弃那些被事实证明已经陈旧的东西,而把那些能反映新观点、具有先进性的基础知识引进到教学内容中去。因此,科学教育的内容必须具有科学性,这也是自然科学本身的特点和科学教育的性质所决定的。

幼儿年龄尚小,很多科学道理他们无法理解。事实上,即使是成年人也不可能将所有的科学道理弄明白,而且也并不需要都弄明白,更何况是幼儿。但是,幼儿不能明白科学原理,并不代表就可以不讲科学的知识给孩子,而恰恰相反,越是年幼的儿童越是需要客观、科学的内容。当然,知识是逐步深化的,幼儿有关科学的概念也只能是逐步形成的,不可能一下子达到严密精确。我们应使幼儿在科学学习过程中,从小开始学会客观、实事求是地看待自然事物和现象,为以后形成辩证唯物主义的自然观、科学观和世界观打下良好的基础。但是,在选择教育内容时遵循科学性的原则并不等于是严格地按照学科体系来进行,而是应选择那些能被幼儿感知的、真实的、可靠的材料作为科学教育的内容。

(二)启蒙性

启蒙性要求是指选编的内容必须符合幼儿的知识经验和认知发展水平,使幼儿在教师的帮助下,通过一定的努力能够达到教育目标,即能够理解和接受,这对幼儿来说特别重要。科学教育内容应适合幼儿已有的知识基础、理解水平和生活实际。幼儿年龄小,受其生活经验和活动范围以及身心发展的局限,难以理解抽象的科学概念和规律。因此,选编内容的广度和深度必须是幼儿能理解和接受的。幼儿科学教育的目的是科学启蒙,而不是,也不可能是培养小科学家。但是启蒙性并不只是一味地"简单""容易",而低估了幼儿的接受能力。教师要正确估计幼儿的认知能力,既不能过分低估幼儿,也不能拔苗助长,急于求成。总之,启蒙性强调的是幼儿是在教师的指导下,通过自己一定程度的努力而达到目的。

根据启蒙性的原则,应选择幼儿可以直接探索及可以理解的内容,让幼儿通过自己直接的探索活动,在力所能及的范围内学习科学。幼儿对于自己生活中熟悉的内容,相对来说比较容易理解,因此,应选择一些幼儿日常生活中熟悉的内容,引导他们进行探索和发现。当然,选择教育内容时遵循科学性原则并不等于专业性,启蒙性也不等于不要科学性。要兼顾科学性与启蒙性原则,就要求在选择内容时必须既要考虑科学性,在内容的范围和深度上又要遵循启蒙性规律。

(三)系统性

系统性要求是指选编的科学教育内容应按照由近及远、由简到繁、由具体到抽象、由已知到未知的认知规律编排。一般认为,因为幼儿认知特点的原因,在幼儿阶段进行科学教育,不必也不可能严格地按照自然科学的体系向幼儿传授系统的科学知识。但这并不代表说在选择与安排内容时可以随意地进行,不需要系统性。把自然科学分成物理、化学、生物、地理等是人类认识史上的一大进步,但是,在幼儿的眼里,周围世界是一个完整的整体。事实上,自然界本身就是一个整体,只是为了学习和研究的需要,才把它们分成各种门类。在幼儿科学教育过程中,应根据自然界的客观规律、人的认识规律,以及幼儿的思维发展特点,来考虑科学教育内容的系统性。在介绍自然事物时要注意其内在逻辑联系[①]。

第一,系统性应该体现在选编科学教育内容时,要考虑科学教育各方面内容是一个整体。例如,在选择"熊猫"作为科学教育内容时,除了使幼儿获得关于熊猫的主要外形特征、习性等方面的知识,还可以选择与熊猫有关的环境,包括竹林、气候、人们生活等各方面之间的相互关系。

第二,系统性应该体现在小、中、大各年龄班认知容量的增加与深度的提高上。按这样的系统选编内容时,可采用直线式上升或螺旋式上升的方式。直线式上升是指同一方面的内容按难易、繁简的程度予以安排。例如,选编"认识人体"这一主题时,小班可以选择认识脸、眼睛、耳;中班可以选择认识脚和手;大班则安排认识皮肤、身体、消化系统、呼吸系统、循环系统、运动系统及其功能等。螺旋式上升是指同一内容反复出现,循环加深。以"水"这一内容为例,在小、中、大班均可安排,但内容的侧重点及具体要求则不同。小班主要是感知生活中水的不同声音,初步认识水;中班是进一步探索水的物理性质,以及水的浮力水向低处流等现象;大班则可以让幼儿认识地球上的各种水域,以及水的三态变化,教育幼儿爱护水资源,等等。

(四)时代性

时代性要求是指要根据时代发展、科学技术的进步的状况,来选编科学教育内容,使选编的内容跟上时代与科学技术的发展,面向现代化。科学教育内容的时代性是社会和科技的发展对培养人才的客观要求,更是幼儿探索科技的要求。科学教育不能只是关注幼儿认识自然(偏重于生物,特别是动物),也应让幼儿了解高新技术的发展。今天的幼儿是今后祖国建设的栋梁,幼儿教育也要具有一定的超前意识。因此,在选编科学教育内容时,除了保留一些传统、必要的基本内容以外,还要注意选择那些与幼儿生活密切相关的、能为幼儿所理解的、体现时代特点的科技知识,以

[①] 刘林娇,龚超. 学前儿童科学教育学科教学知识(PCK)体系探讨[J]. 科教导刊(上旬刊),2020,(16):160-161.

开阔幼儿的视野。例如,地铁、轻轨、电脑、家用电器、现代通信、无土栽培、航空技术、现代建筑等,让幼儿在了解这些科技知识的同时,感受科技的重要性。

同时,在选编符合时代发展要求的内容时,还可以结合我国古代的许多发明创造。我国是一个拥有五千多年优秀民族文化的国家,我国古代的许多发明创造为世界科技的发展做出了卓越的贡献,如指南针、活字印刷等。在选编科学教育内容时,还可以选择一些与中华民族优秀的文化传统有关的内容。让幼儿在接触现代科技的同时,了解中华民族优秀的文化传统,对于培养幼儿爱科学的态度,乃至爱祖国的情感,都有着不可低估的作用。因此,可以结合幼儿日常生活,选择一些具有我国民族特色的物产或当地有名的物产,让幼儿感受、体验、观察和了解。例如,在了解有关桥的知识时,既让幼儿了解现代的各种各样的桥,如立交桥、斜拉桥、地面上的桥(旱桥)、水面上的桥等,同时也让幼儿了解我国古代的一些著名的桥梁,如赵州桥等。在这一系列内容的选择安排中,既遵循了时代性的要求,又能体现我国的传统文化。

(五)地方性

地方性要求是指应联系当地的自然环境和文化背景,来选编科学教育的内容。我国幅员辽阔,地跨寒、温、热三带,不仅自然条件复杂,而且各地的自然资源差异也很大。例如,当东北还是冰雪满地的时候,南方已经是遍地绿色了。城市与农村、南方与北方、山区与海岛、中心地区与边远地带等都有极大的差别。同时,各地的风土人情、人文历史以及科技发展状况也不会完全一样。

遵循地方性的要求,就应该根据当地的自然特点选择科学教育的内容,如考虑当地的地理位置、山川河流等,以保证幼儿直观地感受本地区的自然特点。同时还可以根据当地的情况,自行编制一些乡土教材。特别要注意的是,不要将不符合当地情况的内容照搬套用,而应该选择性地运用,选择一些符合当地情况的内容进行科学教育。但是,这并不排斥为扩大幼儿的眼界而选择一些乡土以外的材料。例如,可以让城市的儿童在先感知了解自己城市的地理特征以后,再逐步让幼儿了解地球上还有山脉、海洋、草原、沙漠等不同的地理特征。又如南方的幼儿也可以接触一些下雪的情景,这些都有利于扩大幼儿的眼界。

(六)季节性

季节性要求是指应联系季节变化来选编科学教育的内容。科学教育的主要内容之一就是天气现象和气候现象,而天气和气候都和季节相关。可以这样说,科学教育内容中涉及的各种自然现象的发生、发展和变化,大多与季节变化有着必然联系。动植物的生长、活动也受着季节的影响,各种天气变化更是与季节有关。遵循季节性的原则来选编科学教育的内容,既能丰富、加深幼儿对季节的整体理解,又能帮助幼儿理解事物变化与季节之间的关系。例如,冬季不仅要让幼儿了解冬季天气寒冷的季节特征(北方还会下雪),观察动物如何过冬、植物的变化等情况,还可以介绍人们如何过冬,如何使用取暖器、空调等来取暖。又如,随着水果保鲜技术的发展,人们一年四季都可以吃到苹果。但是让幼儿对苹果的认识活动还是以秋季为宜,因为在秋季,无论是苹果的数量、种类,还是新鲜程度都是最多和最好的。

所以,要根据当地的季节变化特点,恰当地编排教育内容,并在教学过程中根据季节变化情况灵活地进行调整。

二、安排幼儿科学教育内容的具体方法

科学教育内容在经过缜密的选择之后,还要加以合理与适当的组织,才能使科学教育活动获得最好的效果。在我国,幼儿科学教育常用的具体安排方法有以下几种。

(一)以季节为主线安排学前儿童科学教育内容

幼儿科学教育的内容与季节联系的密切性,决定了以季节为中心来选择编排内容是较为科学的,也是较为常见的,这是各国幼儿科学教育普遍采用的方法。以季节为主线选编科学教育内容,就是以认识春夏秋冬季节为主线,将科学教育中与之相关的内容集中编排。其主要内容大致分为季节、常见动物、常见植物、自然现象、人们的生活等。例如,大班科学教育内容中的"春季",围绕着春季这一内容和主题,可以包括发现春天的特征,通过冬春的比较,发现两个季节的不同;认识几种春季才有的蔬菜、花

卉等;认识几种春季发芽的树木;认识几种动物,如青蛙和蝌蚪、蚕;春季天气开始,如何注意及时穿脱衣服、预防一些传染病等。

(二)采用单元式安排学前儿童科学教育内容

采用单元式安排学前儿童科学教育内容是一个以类为单元组合教材,加强科学教育活动内容纵横联系的方法。具体做法是将幼儿园三年的科学教育内容编排成若干个单元,每个单元从内容到形式都注重体现科学经验的系统性与幼儿发展的连续性。每个单元又突出一个重点,围绕重点设计多种活动内容和形式。这个重点也就是"主题",是单元活动的核心,它既表明幼儿将要参与的系列活动,表明他们从中要获得的核心经验。在这些单元之间,纵向自成体系,横向相互联系。从纵的方面来讲,即现有知识内容与原有与之相关的知识经验的联系。横的方面是事物与事物之间的联系,即外部联系,不同类别的经验之间也是相互联系着的。每个单元的科学教育过程都是循环往复、螺旋式上升的发展过程。

(三)根据科学教育各个方面安排学前儿童科学教育内容

这是以科学教育的不同方面的内容范围为依据来安排学前儿童科学教育内容的方法。这种方法虽然目前并不多见,但仍有部分为幼儿园所采用。科学教育的内容十分广泛,上至天文地理,下至动植物、人体、现代科技,对于某些很重要的内容,由于以季节为主线或采用单元式都较难以囊括,而采用各个范围的方法,就可避免这样的问题,操作也相对比较简单。这种方式是先将有价值的、符合本班儿童特点的内容选择出来,然后根据选定的内容,再进行相应的编排。

但是,以上三种安排方式都是以教师预先安排为主的,虽然在选编过程中,会充分地考虑幼儿的经验、兴趣、能力与需要,但是在教育过程中,幼儿会有生成的需求,教师要根据情况,做出调整。

在安排科学教育内容时,除了以上几种方法以外,还应注意处理好"预设"与"生成"的关系。

"预设"是指教师根据课程目标和幼儿的兴趣以及已有的经验,对环境布置、材料提供、活动内容和方式进行有计划的设计和安排。教师可以把目标和内容渗透到环境中,激发幼儿自己有目的性的活动,也可以直接设计并组织幼儿参加活动。

"生成"是指幼儿依据自己的兴趣、经验和需要,在与环境和他人交互作用中自主产生的活动。教师为幼儿创设良好的心理和物质环境,关注、支持、引发幼儿的主动探索和交往,满足幼儿自主活动、自发学习的需要。"生成"也是指教师在幼儿游戏与其他活动中发现一些有意义的活动,及时介入进行随机教育,或者对该活动加以进一步地充实和扩展。

在科学教育中,除了教师预设的活动以外,很多都是在幼儿生活中自发生成的,这也是科学教育的性质所决定的。因为科学教育的内容是幼儿生活中的自然界,自然界所涉及的事物十分广泛。教师更应根据幼儿的兴趣和需求,结合教育的目标来组织科学活动,尽可能处理好"预设"与"生成"的关系。

第四节 学前儿童科学教育活动的设计

幼儿教育活动的设计是实施幼儿园教育活动的前提条件。幼儿教育活动的设计在广义上是指幼儿园课程的设计,即幼儿园依据一定的教育目标,有计划、系统地设计各层次教育教学计划(方案)的过程。它是一个系统工程,整个系统是由若干子系统构成。在狭义上指一个个具体的教育活动的设计,每个教育具体活动的设计包括活动目标、活动准备、活动过程、活动延伸等方面。

一、幼儿园教育活动的设计原则

幼儿园教育活动的设计原则是教师设计教学活动方案必须遵循的基本要求和指导思想。

(一)科学性原则

科学性原则是指教师设计的教育活动内容应该是正确的、符合客观规律的,并能够帮助幼儿正确认识事物,形成正确的概念。同时,教师在设计教育活动的结构时也应该符合幼儿的发展水平和认知特点。贯彻科学性原则时要做到以下两点。

1.教育活动的目标要科学合理

在确立目标时,要符合幼儿的年龄特点和已有的知识技能水平;目标的确立要全面、具体、适中,使大部分幼儿经过努力可以达到。

2.教育活动的结构要科学合理

活动目标的确立、活动内容的选择、活动形式和方法的运用、教育环境的创设等都是为了实现教育目标,它们在教育功能上互相作用、互为条件,以使教育活动的结构达到科学合理。

(二)发展性原则

发展性原则是指设计幼儿园教育活动要能促进幼儿个性的全面发展,使幼儿从现有的水平向最近发展区发展。贯彻发展性原则时要做到以下三点。

1.充分考虑幼儿的可接受性

教育活动的内容、方法、分量和进度适合幼儿身心发展水平,教育目标应有一定的难度,略高于现有的发展水平又不超过发展的可能性,使大部分幼儿经过一定的努力能够达到。

2.充分考虑幼儿发展的全面性

幼儿的发展是全面的,包括身体、认知、情感个性及社会性等方面,教育活动设计应着眼于追求幼儿全面素质的提高,不偏重于某一方面。

3.充分考虑幼儿的个别差异,因人施教

幼儿是活动的主体,幼儿身心发展的水平是有差异的,要求从幼儿的实际情况、个别差异出发,进行有差别的教育。在教育活动中,一方面,既要面向全体幼儿提出较为统一的要求,又要照顾个别差异,对不同水平的幼儿分别提出不同的要求,因人施教;另一方面,教师对每个幼儿的情况要用发展的观点对待,对他们的发展做出科学分析,使每个幼儿都能在原有的基础上获得最大限度的发展,由现有发展区向最近发展区过渡[1]。

(三)活动性原则

活动性原则是指幼儿园教育活动设计应以活动为基本形式,在活动中

---

[1]陈攀攀.幼儿园科学活动设计分析[J].科教导刊(上旬刊),2019,(22):147-148.

学习,促进幼儿全面发展。贯彻活动性原则时要做到以下两点。

1. 给幼儿充分的活动机会

幼儿的发展是幼儿通过不断获得各种经验而实现的,经验的获得是通过自身的操作,与人、物交互作用实现的。因此,要给幼儿充分的活动机会,让其在活动中动手、动脑、动嘴,获得经验。

2. 激发幼儿主动活动

为幼儿提供丰富的物质材料,创设能引发幼儿活动的环境,把游戏作为基本的活动,激发幼儿参与活动的主动性和积极性。如小班健康活动中对幼儿"爬"有明确的目标和要求,让幼儿机械地练习爬显得枯燥无味,难以引起幼儿的兴趣,如果设计一个"蚂蚁爬爬爬"的主题活动,创设蚂蚁妈妈带小蚂蚁散步、游戏、搬食等情景,让幼儿置身于游戏之中,在一系列游戏场景的变换中练习手膝着地自然协调地向前爬、倒退爬,从而激发幼儿爬的兴趣,提高幼儿爬的能力。

(四)整合性原则

整合性原则是指在设计教育活动时,不仅要充分发挥活动内容、形式、过程等各因素的功能,还应加强各因素间的协调、配合,发挥其整合效能,从而促进幼儿的整体发展。贯彻整合性原则时要做到以下三点。

1. 注重教育内容的整合

把各个教育领域的内容以合理的方式整合起来,或将每一教育领域的内容有机地加以整合,使之形成合理的、科学的网络结构,发挥整合教育的效应,实现多方面的发展目标。

2. 强调教育活动形式的整合

将上课、游戏、休息、日常生活的安排加以整合,将集体活动、小组活动、个别活动加以整合,将统一活动、自选活动、自由活动加以整合。这些活动形式互相配合,发挥各自的优势,实现教育目标。

3. 实现教育环境的整合

注重班级环境、园内环境、室外环境的优化和组合,注重环境中物质因素和精神因素的整合。

二、幼儿园科学教育活动的分类

幼儿园科学教育活动可以有多种多样的方式。仅仅按教师指导程度的不同，就可以将专门的科学教育活动分为预成式科学教育活动、选择性科学教育活动和生成式科学教育活动三种。

(一)预成式科学教育活动

预成式科学教育活动也称正规性科学教育活动，是指由教师根据幼儿园科学教育的目标和任务，有计划、有目的地选择课题，确定学习内容、学习方法和技能，并提供相应的材料，以达到实现教育目标的目的，是在教师指导下开展的科学教育活动。例如，在认识"电"的活动中，教师要预先选择课题，设计活动方案，准备相应的材料，如家用小电器、电珠、电池、电线等，并指导开展活动。

预成式科学教育活动是在教师预先计划好的、确定一个统一目标的前提下开展的。教师在整个活动中起了重要作用。从根据幼儿的情况确定目标、精心选择内容、创设环境、准备材料，到组织、实施活动计划的整个过程，都离不开教师的指导作用。虽然教师要考虑到幼儿的不同差异，因人施教，但更要保证每个幼儿都参与到预先设计好的活动中。

(二)选择性科学教育活动

选择性科学教育活动又称非正规性科学教育活动，是幼儿在科学活动室、自然角或活动室的区角等设施内进行的科学教育活动。选择性科学教育活动需要教师为幼儿创设一个轻松和谐的环境，提供丰富的材料和设备，供幼儿按自己的意愿和兴趣，从自己的发展水平出发选择活动的内容，决定学习的方法。例如，在一个科学活动室内，有的幼儿选择了放大镜和各种种子，运用放大镜比较各种种子的不同；有的幼儿选择了电池、电线、电珠，做会发光的小电珠，在这样的活动中，幼儿的探索活动比较自由，教师除了为幼儿创设条件、准备设备外，也可做少量指导。

因为选择性科学教育活动是根据幼儿自己的意愿和兴趣来选择并进行操作的，所以更能激发幼儿学科学的积极性与主动性。当发现了自己从未注意到的科学现象或使问题得到圆满解决时，幼儿充分感受到自己的能力和成功的喜悦，并能因此增强自信心，发展良好的个性品质。选择性科学教育活动还有利于幼儿独立能力和交往能力的培养。由于这种活动形式往往以幼儿个人选择活动方式出现,因而是通过独立操作来完成任务的。在这样不断的独立操作、积极探索中获得发现、表达交流的过程,充分培养了幼儿独立的能力。选择性科学教育活动又是自由宽松的活动,可以三三两两地与同伴商量、合作,进行各方面的信息交流。幼儿在这样的活动过程中,学习了如何合作,如何交流、表达,这对发展幼儿的交往能力及社会适应性都有很大的促进作用。

(三)生成式科学教育活动

生成式科学教育活动是指由外界情景诱发引起的,并围绕着偶然发生的科学事件展开的一种科学探索活动,是科学教育中特有的一种活动。例如,初冬的早晨,突然起了大雾,教师立即组织幼儿对这种不常见的天气现象进行观察、交流。生成式科学教育活动与幼儿的日常生活、周围物质世界紧密联系,在不同的时间、不同的地点都可能发生。这种活动延续时间的长短,由幼儿的探索兴趣和教师指导来决定。生成式科学教育活动的参加人数也比较宽松,可按集体、小组、自由结伴或个人单独的形式进行,全凭幼儿的意愿进行组合。

由于生成式科学教育活动是由外界情景中偶然发生的事件引起的,因此教师事先既没有活动计划,也不可能为活动提供设备和材料。因为是偶然发生的,所以幼儿都极具好奇心,愿意进行探索,这有助于发展幼儿对科学的兴趣及探索精神。生成式科学教育活动的内容十分广泛。周围环境中的各种事物现象都可以成为幼儿观察、探索的对象。例如,突然飞进教室里的一只小鸟,下雨前池塘上空低飞的蜻蜓、搬家的蚂蚁等。有很多内容是教师不能设计和准备的,例如,天空中的彩虹等。这种是预成式科学教育活动、选择性科学教育活动都不具备的。

综上所述,科学教育活动的三种形式,即预成式科学教育活动、选择性科学教育活动和生成式科学教育活动,对完成和实施幼儿园科学教育的任务起了重要作用。它们三者是密不可分的,三种活动形式在幼儿的一日生活中,彼此联系、相互补充,又可以相互转换。选择性科学教育活动可以是预成式科学教育活动的前期导入活动,也可以是预成式科学教育活动的扩展和延伸;在选择性科学教育活动、生成式科学教育活动中,幼儿感兴趣的、有教育价值的活动内容也可引入有计划的预成式科学教育活动。三种活动的有机结合,既能发挥各自的特殊作用,又可促进幼儿智力技能和情感态度等方面的发展。例如,在进行预成式科学教育活动"沉与浮"之后,当有些幼儿兴趣仍未减时,教师可以把内容放入科学活动室让幼儿继续探索。又如,当幼儿发现了正在搬家的蚂蚁并很感兴趣时,教师也可以将这一内容纳入计划,进行预成式科学教育活动,帮助幼儿探索。

三、预成式科学教育活动的设计

预成式科学教育活动是指教师根据幼儿园科学教育的目标和任务,有计划、有目的地选择课题,决定学习的内容、学习的方法和技能,并提供相应的材料以达到教育目标的形式。预成式科学教育活动一般以集体的组织形式开展,活动设计一般包括:活动目标的设计、活动内容的设计、活动材料和活动过程的设计等方面。

(一)设计活动目标

活动目标的设计是预成式科学教育活动设计的初始环节,是教师根据幼儿园科学教育总目标、该年龄段目标、幼儿身心发展的特点、班级幼儿的实际水平,并结合本次活动内容的具体特点,对幼儿提出的全面的、恰当的要求。在理论上,这些要求应在幼儿活动结束时都能达到。

在制定科学教育目标时,首先要考虑的是幼儿已有的经验水平。这一点对制定活动目标、开展活动非常重要。这里,首先要了解幼儿已有的经验。教师在引导幼儿学习科学时,要为每个幼儿学习科学提供一个教学情境。这个教学情境反映出他们的已有经验,以便使科学活动一开始幼儿就能较快地辨别将要学习的内容,并用已有的经验,来解决教学情境中展示的问题,帮助自己学习新的知识。例如,在学习有关"电"的知识时,幼儿以往对电的了解,主要是从家庭生活中经常使用的电器来认识的,而这些电器的电是通过电路而获得的,却是大部分幼儿所没有的经验。但是,对于手电筒等使用电池的小电器却不同,大部分幼儿都有相关的方法经验,甚至有的幼儿还会拆装电池。通过了解幼儿对"电"原有的经验准备情境化的教学,可以确保幼儿获取新的"电"的知识与技能。

教师还应该了解幼儿已经掌握的日常生活用语。日常生活用语使用不当,容易造成幼儿概念上的混乱。例如"蒸气"这一概念,很多幼儿会以"水蒸气"这一日常生活用语来描述,教师如果预先能了解两者之间可能混淆(凡是液态的物体散发都有它的蒸气,如酒精、碘等,也包括水的蒸气),就能帮助幼儿学习避免这一不规范的用语的运用。教师可以采取一些办法,检查日常生活用语与规范生活用语间可能的差异点。例如,教师要向幼儿清楚地指出两者之间可能的混淆之处,使幼儿在生活的任何时候,都能确保规范化用语的使用,以便幼儿运用这些规范化用语去描述、命名他们的经验。

确定适应幼儿已有的发展水平的目标。预成式科学教育活动是为特定的幼儿群体设计的。制定目标的基础是对幼儿的了解。只有在对幼儿的认知水平兴趣、个性特点各方面都有充分了解的基础上,才能设计目标。在设计活动目标前,首先应分析本班幼儿的特点,然后再将科学教育活动学期或日计划中的目标具体化,以此作为确定目标的主要依据之一。在此基础上,考虑目标的筛选与确定。一般来说,班级教师对班级幼儿的一般情况还是比较了解的,因此,要把重点放在与本次活动内容相关的知识、技能、情感态度上。例如,"光和影子"活动内容的重点是在其关系上,那么探索能力光和影子的关系就成了活动的主要目标。

(二)设计活动内容

活动内容的设计,是在已确定学习内容以后,针对内容本身,确定应该和可以让幼儿了解的内容有哪些。例如,已经确定在班级"大班"中进行"电的用处大"的预成式科学教育活动,活动内容的设计要考虑的有:向幼儿介绍哪些有关电的知识,包括电的哪些性能、哪些用处,以及与电有关的其他哪些知识(如安全用电)等;通过活动可以让幼儿发展哪些能力,或学习什么方法;在活动中可以培养幼儿什么样的情感或态度等。

活动内容的设计可以从以下几个方面入手。

1. 有助于幼儿获得最基本的科学经验、能力和情感态度的内容

预成式科学教育活动一般是以集体活动的方式进行的,即要求全班幼儿在教师的安排下,集体性地开展活动。虽然在活动过程中,会照顾到个

别差异,因人施教,但是总体来说,是在统一的目标指引下活动的。集体性质的教育活动的特点,就是要求所有的幼儿都必须参与到活动中来。因此,所安排的内容范围应该是最基本的、最具有代表的内容,包括知识经验、能力方法和情感态度,以此引导幼儿行为的培养。

最基本的、最具有代表性的内容,应该是绝大多数幼儿感兴趣的、有需要的内容。"兴趣是最好的老师",不仅是幼儿,即使是成人也是如此,当我们面对的是我们喜爱的东西时,学习起来绝不会感到劳累。设计活动时,教师必须要充分考虑到幼儿的兴趣和需要,将这些内容转换成活动的内容。因为幼儿感兴趣的内容中,有不少蕴含着丰富的教育价值,所以教师要善于发现、分析。幼儿的兴趣与需要虽然是十分重要的内容,但是并不是所有的内容都是从幼儿的兴趣和需要来的。还有一些内容,虽然因为幼儿的年龄、经验、生活的空间等现在并未被幼儿关注,但是并不等于这些内容不重要。相反,这些内容从幼儿的长远发展来看是必要的,但是并不是所有的幼儿都感兴趣。因此将科学领域中的一些内容转化为活动内容,也是活动内容的设计中需要关注的方面。只是在设计这部分的内容时必须谨慎,需要运用一些方法,使幼儿能对其感兴趣。例如,同样是关于"土壤里有什么"的主题,一般幼儿会对土壤里的昆虫等小动物感兴趣,但是对土壤里腐烂的叶子沙子就不那么感兴趣了。

在设计最基本、最具有代表性的内容时,注意不要忽略了能力方法、情感态度方面的问题。这些方面的内容和知识经验同样重要,甚至超越了知识经验的重要性。能力方法的特性之一就是"问题性"。也就是说,他们只有在解决问题的过程中、在实际"做"的过程中才会出现并活跃起来。情感态度是伴随着活动过程而产生的体验,类似的体验积累得多了,就形成了有关的情感和态度。情感和态度不是教师教出来的,而是潜移默化的结果。在预成式科学教育活动中,设计一些需要幼儿思考的问题,创设一些问题情境,使幼儿自始至终地去感受探索发现的快乐、体验科学探索需要的理性思考。在这样的内容中,幼儿的能力、情感态度会得到很好的发展。

2.容量合适的内容

内容的容量问题,在活动内容的设计中经常被忽视。我们现在以一节活动为单元来考虑量的问题。容量合适与否,有时并不能很明显地表现出来,但是经常会在活动设计中发生。内容的容量表现在两个方面:①内容的超载;②内容的不足。

内容的超载是现在活动设计中比较严重、明显的一个问题。在这里,我们不对课程内容的超载进行探讨,仅就活动内容的超载进行一些分析。活动内容的超载表现为两点:第一,容量过大。在一节集体活动时间内,从小班15分钟左右到大班最多35分钟,幼儿是疲于奔命,从一个内容转换到另一个内容,结果是幼儿什么也没学到,反而浪费了时间。如果在有限的时间内无法完成预定的内容,教师就将时间延长,将幼儿的游戏时间、自由活动时间都变成了集体活动时间。第二,难度过高,内容的设计已超出了幼儿所能接受和理解的程度。幼儿在无法理解的情况下,只能运用死记硬背的方法来将需要学习的东西记住。运用这种学习方法的结果是只能记住一些概念(幼儿期称前概念)、名词,至于能力情感态度的发展,就大大地被削弱了,甚至会因为被动的学习,而产生对学习的厌恶感。

内容的容量不足同样是活动内容设计中应当把握的问题。在一个科学活动中,满足于让幼儿把玩一些物品,或者是设计了许多不同形式但却是指向同一内容的活动虽然一遍又一遍地在进行,却是没有意义的,是低水平的重复。例如,让幼儿进行多次"沉与浮"的实验,但是每一遍都是同样的要求,让一个小组的幼儿一起进行,只是准备的积塑、积木的颜色不同而已,没有任何挑战,幼儿也没有自己思考的需要和机会,导致幼儿对科学与活动兴趣索然。内容不足的原因是过于考虑幼儿的兴趣,简单照搬教材的内容,不考虑幼儿园所在地区的特点,以及幼儿的已有经验,没有好好地把握幼儿的年龄特点。

要避免内容的超载和不足,第一,要把握幼儿的年龄特点,了解幼儿不同年龄阶段所能够学习和应该学习的内容,避免过难过深的内容出现;第二,要了解达成活动目标的关键经验是什么。预成式科学教育活动,是目标指引下的集体性的科学活动。在内容设计时,应该考虑为了达成这些目标,有过哪些相关经验。例如,在科学活动"手的大小"中,其目标是让幼儿学习测量手的大小的方法,而不是了解手是有大有小的。在活动中,通过幼儿自己的讨论与实验,对两种方法进行了验证并得出了结论。

要了解幼儿已有的经验,不要进行无意义的重复。对于幼儿生活中经历过的事物,要进行扩展、整理和提升,同样是关于鱼的主题,如果教师考虑到幼儿已有的经验,就可以让幼儿对几种鱼进行比较。在比较活动中,虽然幼儿对这些鱼已经比较熟悉,但是比较活动可以使幼儿学习观察方法,学习了解鱼的一些平时不被注意的细微方面,也使幼儿的细心、耐心等方面得到培养。

以上是一些关于内容设计方面的建议,在实践中,还要求能根据不同的情况来进行设计。内容的设计不能仅从一节活动来考虑,还需要从整个课程内容的总体来考虑,即要考虑整个课程内容的均衡性。

(三)设计活动材料

由于活动时所用的材料是幼儿园科学教育的外部条件之一,因此教师应在科学教育活动前准备好安全、充足的能够激发幼儿探索兴趣的材料。

1.活动材料必须紧扣具体活动目标

科学教育活动目标确定以后,考虑设计哪些材料,以达到这些既定目标并配合活动内容。整个活动中出示的材料,都必须围绕活动目标选用,不要有任何多余的材料出现。例如,要使幼儿能仔细清晰地观察蚂蚁的外形特征,就要为幼儿选择设计装蚂蚁的小盒子,盒子的上面是用玻璃封住的,既便于幼儿观察,又防止蚂蚁爬出,盒子的边上要钻有细细的透气孔,使盒子里保持氧气充足;另外还要为幼儿准备放大镜,以便更清楚地观察蚂蚁。这些活动材料的准备为幼儿的活动成功,乃至达成目标提供了保障。有些活动材料确实很有吸引力,确实能吸引幼儿的注意力和兴趣,但是在活动中并不是必需的(如幼儿观察鱼的形状,如果鱼缸里有假山、水草等,会分散幼儿的注意力),因为一些过于花哨的材料,容易使幼儿分心。幼儿会因为过于注意材料本身而忽略了探索活动。这样的材料就需要教师有所取舍。

2.活动材料应具有趣味性

选择、设计具有趣味性的活动材料,能激发幼儿的好奇心和探索欲望,增强活动效果。具有趣味性的材料特别适合较小年龄的幼儿,也适合于刚参与探索活动的幼儿。事实上,任何一套好的材料都能适用于不同年龄或能力悬殊的孩子们。例如,在"会滚的轮子"中,教师设计了缺少一个或两个轮子的拖拉玩具。拉牵绳时,该拖拉玩具东倒西歪,不能往前,使幼儿在大笑之余,直观地感受到了缺少轮子的不便,体会到了轮子的作用。

3.要为幼儿提供充足的材料

充足的材料是科学活动开展的保证,特别是供幼儿操作的材料。材料充足与否,直接影响到幼儿探索过程能否顺利进行,影响到幼儿能否顺利获得科学经验。数量足够的材料可以减少幼儿的等待、闲逛和攻击性行为,提高幼儿学习科学的积极性和效率。要为幼儿提供数量充足的材料,并不是意味着给予幼儿的材料越多越好,也不是说每样材料的数目必须和幼儿人数相当。应根据活动的具体性质,确定材料数量与幼儿人数的比例关系。活动材料的设计既要从幼儿科学探索过程的需要出发,又要考虑客观条件的限制。

一般认为,操作性、实验性的活动需要每个幼儿一份材料,例如,在"有趣的玻璃片"活动中,应为每个幼儿准备一份包括凹、凸、平三片玻璃的活动材料;有的活动可以给个人或小组一份材料,例如,在认识鲫鱼的活动中,每组有一份包括了鱼缸、渔具、鱼食等在内的材料;而有的活动则可以全班一份材料,例如,认识家用电器。全班共用一份材料的情况,一般来说是属于不易让幼儿进行操作的或材料本身不易收集的情况。

4.提供具有典型性的材料

在准备材料时,教师还必须考虑到其具备的典型特征。特征鲜明的、能直接感受到的突出事例,能使其在幼儿的头脑中形成表象,从而获得科学经验。例如,菊花的品种很多,近年来,园艺家们研究开发了很多新的品种。有些菊花的品种外形、颜色与本来的菊花品种已相去甚远。在让幼儿进行观察时,特别是在进行与预成式科学教育活动时,应先提供一般的具有典型特征的菊花。这些具有典型特征的菊花,也就是在幼儿周围环境中、他们的生活中经常接触到的,如白色菊花、黄色菊花等,而不应先让幼儿观察各种"奇花"。以后在参观花展,或是第二次活动中,再让幼儿了解菊花还有许多新的品种。由于科技的发达,反季节植物很多,因此教师进行幼儿教育时需要特别注意这一点。

(四)设计活动过程

科学教育活动过程是为实现教育目标,而对教育内容的具体展开,以及教育方法的具体运用,是整个预成式科学教育活动的核心环节。所以,预成式科学教育活动过程的设计是整个设计中的关键。

1. 设计活动结构

活动结构是指一次教育活动的基本组成部分以及各部分的顺序和时间分配。活动结构受教育活动内容、活动方法、活动对象等因素的制约,是教师、幼儿、教育信息三个因素多重组合的不同表现。简单地说,活动过程应包括哪几个步骤,通过这些步骤,最后达成什么目标,就是活动结构的设计。

在确定活动目标以后,设计者应对整个活动过程有大体上的安排,以使活动展开的线索清晰,更符合教育规律,最终使幼儿在有条不紊地安排下,开展活动。

科学探索有其相应的规律。科学探究的过程有四个互相联系的步骤。这四个步骤包括从问题开始到得出结论的全过程:①引起注意或者说是提出问题,即开始关注要研究的问题,引起了探究的动机。②引起思考。为什么会这样?还会怎样?等等。③提出假设。假设是利用已有的知识经验。以及当前的问题提出假设:什么样的?为什么会这样?采取什么方法可以知道?等诸如此类的假设。④得出结论。根据假设去寻找答案,或观察,或实验,或收集资料,以获得对假设的验证。⑤还要将所获得的结果,以及如何获得结果的过程,与别人分享和交流。

由于预成式科学教育活动往往以集体活动的组织形式开展,因此经常有其大致的时间限制。上述所谈的科学探究活动,是指人对科学事物、科学现象探究的整个过程,而不是一次性活动。因此,集体性的科学活动根据其探索的不同阶段、科学对象的不同性质,可以分为不同的类型。有人认为,集体性科学活动主要分为四种类型:观察认识型、实验操作型、科学讨论型和技术操作型。无论哪一种类型,主要活动过程一般都要经历以下三个阶段:

(1)引起动机阶段

幼儿学习科学的先决条件,就是对所探索的对象有兴趣。幼儿只有有了活动的动机与心理准备,才能积极主动地去学习探索和发现。在预成式科学教育活动中,这个阶段也可称为导入活动阶段。这个阶段活动开展得成功与否,往往会影响活动的整个过程。

在设计这一阶段时,教师首先应注意这个环节的目的是引起幼儿的学习动机,而不是真正地开始探索。因此,此阶段活动时间宜短,一般在2~3分钟。为引起幼儿的学习动机,这个环节应设计有趣的活动。根据幼儿的心理特点及一般的心理规律——凡是新奇、变化的事物都容易引起他们的注意,使幼儿的注意力集中于活动内容上。其次,在这一阶段中所设计的活动只有一个目的:将幼儿的注意力学习积极性导入课题。例如,在小班认识"五官"的活动中,教师一开始便说:小朋友,看看老师放在桌子上的是什么?(小镜子)请小朋友照照镜子,看看自己的脸上有什么? 短短几句话,符合幼儿心理——照镜子,马上就导入了活动课题——"认识五官"。

(2)初探

这个阶段是整个活动过程中最重要的阶段,所用时间也最多,大多数的活动在此阶段中展开。在这个阶段中,教师要考虑如何让幼儿活动,用什么方法活动,如何提问,如何出示教具等。在这个阶段中,如果是探索活动,则教师首先要让幼儿提出假设,然后再进入观察或实验。特别要注意的是,问题可以由教师提出(也可由幼儿提出),但是假设必须由幼儿做。同时,在设计这一阶段时,教师首先要考虑的是如何使这个过程中的每一个步骤、每一个活动都有序。如果是观察活动,则教师要考虑引导幼儿先观察对象的什么方面,再观察什么方面。教师出示教具要有序,先出示什么,再出示什么;教师的提问要有序,先提问什么问题,再提问什么问题等。其次,教师的提问、幼儿的活动都应设计得有趣,以激发幼儿的学习兴趣并使其始终得到保持。再次,教师的提问要有变化,例如,"认识五官"中的提问,在问到"五官"的作用时,不能完全用同一种办法,"眼睛(鼻子)有什么作用?"可改变一下提问的方法或语气,可以问:"眼睛用处真大,那眉毛呢?""眼睛、鼻子、眉毛、嘴巴的用处都很大,那么,耳朵可以要吗?"活动的环节要有变化,各个活动有详有略,突出重点,解决难点。最后,所设计的活动都应通过启发引导幼儿,使其获得科学经验,发展各方面的能力,而不是灌输注入式的教学。

(3)综合阶段

又称整理阶段,在主要活动阶段过程中,幼儿已经获得了丰富的经验和深刻的体验。这时教师需要引导幼儿发表自己的见解,让其进行讨论与交流、评价等活动。在这个阶段中,第一,考虑如何让幼儿整理小结,提升经验。对于中班、大班幼儿来说,可考虑让他们自己整理小结,而对于小班或小中班的幼儿,或者认识对象较复杂、内容较多的事物则可采取分段整理和教师整理的方法。因为对于幼儿来说,经过前两个阶段的活动,到此时精力已不够,注意力也开始分散,所以此阶段不适合再用大量的时间整理小结。当然,这里所说的整理小结,形式可以多样化,不仅仅是运用语言整理小结,例如,用图像表现、动作姿势等进行。在时间上也可灵活掌握,有时可以让幼儿休息一会儿再进行交流或整理,有时候可以及时进行。第二,综合阶段往往既是这一个活动的结束,又意味着下一个活动的开始,或者只是这一活动的暂时结束。幼儿园的科学教育活动是一个连续体,每一次的集体活动是这个连续体的一个点。因此,教师可以设计一些延伸活动,以导入幼儿再活动。例如,将本次活动的实验内容放到选择性科学教育活动中,导入幼儿再实验;又如,教师布置一些再观察的任务等。总之,要设计开放性的活动结尾,以使幼儿始终保持强烈的求知欲望。

活动结构的设计只是对整个活动过程作一个大致的规划,在设计好活动结构后,就需要对结构中的各个要点做进一步的设计。

2.设计导入活动

如前所述,导入活动的目的在于"导",导出幼儿的学习积极性,将幼儿的注意力导入活动课题。教师在设计导入活动时,可以考虑以下几种方法。

(1)利用多种物质材料导入

科学教育活动往往为幼儿准备了丰富的物质材料,而这些材料会引起幼儿的求知欲望。教师可以利用这些材料导入活动。例如,利用实物、图片、模型、可操作的材料等。这时,教师只要辅以简单明了的说明、提问或指令,幼儿就能很快地随着教师的设计思路进入科学活动过程。

(2)利用各种文学艺术作品做导入

文学艺术作品为幼儿所喜爱,活动的阶段可根据需要利用儿歌、谜语、歌曲等文学艺术作品作为导入的方法。例如,利用谜语"远看像只鸟,近看像只猫,晚上捉老鼠,白天睡大觉",来导入认识猫头鹰的活动。

(3)利用情境表演做导入

科普情境表演是近年来国外向我国推广科普知识常用的一种方法,后又被引入幼儿园科学教育活动。例如,活动开始,由几名幼儿表演一段情境,引出一个质疑,或提出一个问题,然后由全班幼儿针对这个问题进行假设、讨论、实验、观察,来解决或回答这个问题。

(4)利用环境设置做导入

教师预先布置一个可以引出课题的环境,然后带领幼儿进入这个环境,由此导入活动。例如,在一个门窗紧闭的屋子内,放着一锅冒着热气的汤,幼儿一进入这间屋子,纷纷说:"好香,好香。"教师问大家:"闻到些什么气味?你们是怎么知道的?"由此引出用鼻子闻到香味儿,从而提出认识鼻子这个主题。

(5)利用直接指令或提问做导入

有时也可以利用直接指令或提问,开门见山地开展活动。例如,在认识交通标志的活动中,教师一开始就问:"马路上有各种各样的标志,你认识哪几种标志?"有时也可利用直接指令,如在观察蚂蚁活动中,教师带幼儿到花坛边,提出要求:"仔细地找一找,看看哪里能找到蚂蚁?"直接使用或提问的方式,一般比较适合于大班幼儿。

以上几种方法应根据具体活动内容来灵活选择,可选用一种或两种方法。但不管是使用什么方法,都应从幼儿已有的经验入手,使幼儿可以比较自然地进入活动主题。

3.设计幼儿的活动

在幼儿园科学教育中,幼儿活动的设计是至关重要的。没有幼儿的活动,科学教育活动的结果一定是失败的。由于幼儿年龄小,还不能自己独立地学习科学,因此教育活动的设计应强调教师的外部推动。同时,幼儿是一个发展的能动的主体。任何外在教育环境都必须通过幼儿主体的努力,才能促使幼儿发展。因此,在科学教育活动的设计中,要把幼儿放到主动发展的位置,将思考教师如何教变为思考幼儿如何学,从研究幼儿入手,设计幼儿学科学活动,引导幼儿发展。幼儿在科学学习中的活动包括身体动作和大脑思维两方面。而身体动作又包括动口在内。同时,动口又是动脑的外在表现和结果。所以,幼儿园科学教育活动要努力改变"教师讲、幼儿听,教师做、幼儿看,教师教、幼儿记"的消极被动的学习模式,充分地让幼儿动手、动口、动脑,积极地去活动、去探索、去发现。

(1)操作活动

操作活动就是让幼儿充分利用周围环境、各种设备材料,进行各种尝试,获得直接体验与感受的活动。例如,在小班"有趣的鸡蛋"的活动中,教师设计了以下操作活动:为孩子收集准备了许多碎海绵、沙子碎布、各种各样的瓶子、油泥、珠子等,让幼儿操作探索:"怎样让鸡蛋站起来?"孩子通过操作,让鸡蛋站在沙子里、油泥里、瓶口……以此了解鸡蛋的形状。又如,在"各种各样的电池"的活动中,教师设计了让幼儿操作、摆弄各种电动玩具,引导幼儿了解电池的作用。在活动中,教师为幼儿准备了各种各样的电动玩具以及各种规格的电池,让幼儿通过自己的观察,了解装电池的地方及电池的大小配对,装电池时还必须注意电池两极不能装反才能使电动玩具动起来。幼儿的操作过程就是一个学习发展的过程。孩子们在操作过程中还发现了电池的型号……电池有正负极符号……孩子们通过操作、思考后找到了装电池、玩电动玩具的窍门,增强了对科学探索的兴趣。

幼儿是在动手操作、动脑思考的活动中学习和发展的。教师在为幼儿设计科学活动时,要特别考虑该活动是否能使幼儿动手操作。当有些内容是不容易让幼儿动手操作的时候,我们应想方设法让幼儿操作起来。例如,在"认识眼睛"的活动中,一般来说,很难让幼儿进行操作活动,但教师可以通过"照一照"——用镜子照眼睛;"画一画"——用纸、笔画眼睛;"比一比"——和小朋友比较一下;"找一找"——找脸谱上的眼睛有没有画错;"改一改"——脸谱上如有画错的地方就改一下等各种办法进行操作。

动手操作活动要反复多次,让幼儿在多次操作、反复感知思考的基础上认识事物、了解自然规律。例如,在认识"电"的活动中,教师设计了三次不同类型的操作活动,让幼儿通过不同内容的操作,了解电的作用。第一次,让幼儿自己玩一些家用小电器(电吹风、录音机……或电动玩具),让其了解怎么玩。第二次,让幼儿试一试电是否真的能让东西发光、发热、发声或使机器转动。第三次,让幼儿操作,这次操作主要是让幼儿玩儿一下没有操作过的东西。这样就能使幼儿充分感知、经历科学发现的过程。

操作活动的形式是相当多的,如小实验、小制作、采集、记录、种植、饲养、测量、分类等。教师要考虑在整个科学教育活动过程中幼儿的操作活动,提供充分的机会以及工具、用品、材料等,尽量让每个幼儿都动手体验。

(2)讨论活动

讨论活动就是把教学内容中的重点难点和幼儿的疑点作为问题向幼儿提出,或由幼儿自己提出,让幼儿自由地讨论。互相补充、互相启发、充分思考,以发展幼儿的思维能力和语言表达能力。

教师把重点、难点、疑点作为问题向幼儿提出后,不要急于让幼儿回答,而是让幼儿先互相商量,然后进行讨论。例如,在"洗涤剂"的活动中,当幼儿了解了有各种各样的洗涤剂后,教师提出问题:工人叔叔为什么要生产出这么多不同的洗涤剂?每个孩子都积极地参与讨论,在充分讨论的基础上得出:工人叔叔生产出这么多的洗涤剂,是为了使我们洗东西干净、方便、省力。

(3)发现活动

发现活动即不直接把答案告诉幼儿,而是创设环境,准备材料,组织各种活动,带领幼儿寻找答案,让幼儿多动脑的活动。幼儿园科学教育的主要目标不是获取知识,而是激发兴趣、陶冶情感、发展能力学习探索的方法。教师的注意力不应只放在学习结果上,而应注重学习过程。在教师精心设计的科学活动过程中,活动、尝试、观察、比较分析、概括、找出答案是培养幼儿兴趣和能力的重要途径。例如,在认识棉花的科学教育活动中,教师并不是直接指导幼儿去得出棉花有何特性的结论,而是通过为幼儿准备各种材料:棉花、小瓶子、小盘子(内装有水)、剪刀等,再鼓励幼儿用各种方法来玩棉花的办法让小朋友在玩棉花的过程中发现棉花的特性。幼儿通过撕棉花、吹棉花、往空瓶子里塞棉花、往有水的瓶子里放棉花等活动,发现棉花能吸水、有弹性、很轻、能用手撕开等特性。所以,在科学教育过程中,凡是幼儿能想的就让他自己想,凡是幼儿能做的就让他自己做,尽量设计一些能让幼儿多动脑、多思考的活动,使其体会到作为发现者的自豪,并学习到各种探索方法。

以上三类活动是从不同角度来阐述的,三者之间有交叉重合的部分,如发现活动的同时也可以操作活动。另外,此三种活动也没能完全展现科学教育过程中幼儿的所有活动。如除了动手以外,还有身体活动等。

4.设计活动方法

在设计科学教育活动时,活动方法的设计是很重要的一个环节。它既包括教师教学的方法,也包括幼儿学习的方法。

在科学教育过程中,教师既要发展和研究每一次科学教育活动的目标,还要对各种教学方法加以比较,从中选择对于实现教育目标最为有效的一种或几种方法。一般来说,设计活动方法时应考虑以下几点。

(1)根据活动目标设计方法

科学教育的方法是教师为实现科学教育目标而采取的方法,是为活动目标服务的。由于在每次科学教育活动的过程中,具体的活动目标是不同的,因此应采用不同的活动方法。例如,在介绍新知识时,教师可以安排一些观察、实验的方法,同时还可穿插一些信息交流的方法。在幼儿掌握一些知识内容的基础上,可以采用巩固知识能力的方法,例如,采用游戏的方法来复习巩固等。又如,在以发展分类能力的目标指引下,应采用分类的方法进行活动。

(2)根据活动内容设计方法

科学教育内容具有广泛性的特点,涉及自然科学的许多学科领域。各部分的教育内容有不同的性质,这对方法的选择和运用存在一定的制约。从总体上看,研究有关动植物、人体的内容多用观察的方法,动植物又可用饲养种植的方法;研究非生物的内容多用观察、实验、测量、分类的方法。

(3)根据本班幼儿的特点设计方法

总而言之,前面所介绍的教学方法之所以成为科学教育中常用的基本方法,是因为他们既体现了教育的普遍规律,又符合幼儿的年龄特点,能为幼儿所接受,在实际工作中也是行之有效的。此外,还应看到各种方法之所以构成一种独特的方法,是因为他们所采用的基本手段(直接感知、语言交流、动手操作等)各不相同,而这些不同的手段对幼儿的经验基础、认知能力有不同的要求。要使各种方法在使用时能达到预期的效果,就必须考虑幼儿的实际水平能否适应这些方法的需要。

一般认为,幼儿年龄越小,直观的游戏方法就越重要,随着年龄的增长,以语言为主要手段的方法可以适当增加;同时,年龄越小,在一次活动过程中采用一种方法的时间就要越短,因为年龄幼小的幼儿注意力不易长时间集中;幼儿的科学经验基础不同,在运用方法时,要有所区别。当幼儿对某些知识已有一定了解时,教学时可以采用信息交流等间接的方法;当幼儿对知识和现象缺乏感性认识时,教学时应尽量运用直观的手段。在设计方法时,还要注意班级特点,如幼儿的知识水平差异、思维灵活性、表达能力等。总之,要从幼儿的实际出发设计方法。

(4)根据幼儿园设备条件设计方法

由于各地区、各幼儿园的地理环境和物质条件有差异,因此教师在设计方法时,必须因地制宜,从幼儿的实际出发,选用切实可行且有效的方法。例如,农村的幼儿园和城市的幼儿园环境条件就有不同。农村幼儿园,可充分利用周围的自然条件进行实地参观、观察、种植、饲养等方法认识环境;而城市幼儿园对一些诸如城市交通、现代建筑等内容的认识也可运用实地参观的方法,而对一些田地、饲养场等自然场地的了解,有时只可通过图片、幻灯片、录像等方法进行。同样地区的幼儿园的活动条件也不尽相同,有的幼儿园设备较齐全,使用实验方法时得心应手,而有的幼儿园设备仪器很少,则要求教师必须从实际出发,自制必要的教学用具,或设计其他的方法。当然,有些环境条件是靠人去创造的,教师应积极创造条件,以便更多地设计那些适合幼儿且效果明显的方法。

(5)配合使用各种方法

教学论的基本观点:教育活动既然是幼儿认识周围世界的一种特殊形式,就必然受到人类认识规律的制约。心理学在研究人类的认识过程时,既分析了人类对客观世界的认识需要通过感知、记忆、想象、思维由简单到复杂、由感性到理性的种种活动,又指出这些活动从来都不是单独存在,而是互相联系不可分割的。这就要求我们在设计方法时,不能孤立使用各种方法,而是要把多种方法配合起来使用,以便更好地完善整个认识过程。例如,外出参观(观察方法)可以使幼儿直接接触周围环境,获得丰富的感性印象,但却因客观环境干扰的因素太多,使得幼儿得到的印象比较零散。又如,信息交流的优点在于帮助幼儿加深印象,巩固知识经验,但如果是在幼儿没有一定经验基础的情况下,这种方法是无法使用的。

另外,在一次活动过程中,如果单纯使用一种方法,也会使幼儿感到厌烦,注意力难以持久集中,可能导致最终达不到预期目标。各种方法除了有自身特点外,它们之间还有着互相渗透的关系,不能截然分开。例如,在运用观察的过程中,离不开教师的提问和幼儿对观察结果的回答,即离不开信息交流中谈话的方法。又如在小实验过程中,也离不开观察法的运用。因此,在实际活动过程中,只有把各种方法配合起来灵活地运用,才能保证全面达成活动目标。

5.设计教师语言

教师语言对科学教育活动起着至关重要的作用。在科学教育活动过程中,教师的语言主要表现在讲解、对话和提问上。为使教师的语言发挥应有的作用,设计教师语言时应注意以下几点。

(1)有明确的目的性

教师语言要围绕科学活动的目标来进行,使幼儿的注意力始终集中在活动目标上,使科学教育活动过程始终保持应有的意识水平。例如,组织幼儿观察季节特征时,教师应抓住季节与动植物的变化、与人们服装变化的因果关系进行引导观察,而不必去深入认识某一动植物的特征和描述人们的服装。

(2)要具有形象性

由于幼儿的思维具有具体形象性、情绪性和情景性的特点,因此在科学活动过程中,教师运用生动形象的语言,不仅便于幼儿接受和理解,而且还可以激发幼儿探索的兴趣和积极性。为使语言具有形象性,教师可以抓住科学物体与现象特征,选择幼儿易于理解的词汇进行恰当的描述。例如,在描述小白兔身上的毛时,可以说"小白兔身上的毛是雪白雪白的。"又如,描述雨后的彩虹时,可以说"天空的彩虹真像一条七色的彩带"等。

(3)要富有启发性

所提的问题或讲解能揭露事物一定的矛盾,能激发幼儿在解决一定的矛盾的过程中进行积极的思维活动。教师对于幼儿科学探索过程的指导,主要是通过提出有质量的问题实现的。教师语言要抓住要害、逐步深入,要简单明确、难易适度,并且少用暗示性语言,如问:"公鸡身上有什么?"还要注意进行引导,避免用否定式的语言,如"你不知道吧,这缸里有什么"。总之,在科学活动中要多用开放式语言,少用或不用封闭式语言。

(4)要有逻辑性

教师要运用确切的语言,按照语法规则,层次分明、有条不紊正确地表述,引导幼儿逐步分析,达到概念明确、判断恰当、推理合乎逻辑的目的。例如,在"捕捉、观察蚂蚁"的活动中,教师可向幼儿逐步提出下列问题:"仔细地找一找,看看哪里能找到蚂蚁?""捉一只蚂蚁看看,它长什么样?""仔细地看一看,蚂蚁在地上爬来爬去在干什么?""蚂蚁的家在哪里?""蚂蚁发现食物后会做些什么?它用什么办法告诉同伴前面有食物?""蚂蚁怎样搬食物?怎样搬小的食物?"等。

6.提问的设计

教师对于科学活动过程的指导,主要是通过提出有质量的问题实现的。有质量的问题能推进幼儿思考,促使幼儿去探索、去发现。科学教育活动的问题主要有两大类:①理论性问题和操作性问题;②封闭式问题和开放式问题。

(1)理论性问题和操作性问题

根据解答问题需要的努力或操作方式的不同,可以将问题分为理论性问题和操作性问题。

第一种是理论性问题。理论性问题是一种需要高度的理论来解答的问题。或者是答案相当复杂,孩子无法真正理解的问题。这类问题通常以"为什么?"开头,例如,"为什么现在世界上没有恐龙?""为什么月亮是圆的?"这种答案只能运用阅读的方法或请专家来找出。无论是哪种方式,很少幼儿能从它所找到的答案得到什么进步,因为他们根本没有那种认知结构或经验背景去理解。

理论性问题是典型的幼儿在遭遇新奇科学现象时会问的问题。虽然理论性问题的答案难以真正理解,但阅读科学性读物可以充实这方面的知识,可作为日后进一步深思或探讨的基础经验。在整体科学素养的培养上,理论性问题仍有其价值。

第二种是操作性问题。操作性问题是一种可以通过幼儿自身的操作来寻求答案的问题。这一类问题以直接或暗示的方式指出,应该怎样利用科学材料去得到问题的答案。例如,问"如果把纸放到水里,会发生什么事情?"解答问题的方式可以是让幼儿把纸放在水中试一试。又如,问"蜡烛放在不同大小的玻璃瓶里燃烧,有怎样不同的结果?"只要有这些材料,就可以试一试。幼儿可以通过亲自观察、实验等操作活动,对操作性问题找出答案。幼儿在操作过程中不仅可以形成科学经验,熟练各种科学过程技能,而且可培养科学情感和态度。因此理论性问题难以回答,其原因是幼儿无法理解科学理论,所以在活动中教师要避免向幼儿提出理论性问题,而尽量地提出操作性问题。但是运用操作性问题时,也需要注意它的适合性。操作性问题涉及的是能力技能活动的层面,不是单纯的教师提问、幼儿回答,而是一种需要在活动过程中,通过幼儿自身的探索活动,得出答案的过程。因此,在设计教师的提问时,要考虑一个活动中,哪些环节是可以提出操作性问题的,因为一个操作性问题的提出,带来的是一系列的操作。

(2)开放式问题和封闭式问题

根据问题答案性质的不同,可以将问题分为开放式问题和封闭式问题。

第一,开放式问题。开放式问题是指问题的答案应具有开放性,一个问题可出现多种答案,答案不是固定的、唯一的。例如,问:"你怎么发现的?"每个幼儿的回答会不一样,即使相似也不会完全相同。又如,问:"石头有什么用?"由于石头的用处有很多,因此问题不只有一个答案。在科学活动中开放式问题的功能表现在以下几点。

提醒探索发现:"蜗牛吃什么东西?"

诱发预测:"如果……结果会怎样?"

引导深入探索:"为什么你认为天平那边会低下去?"

促进推理:"说说看,为什么会这边感觉干,那边感觉湿"?

鼓励另一种尝试:"想一想,你可以用什么办法,使蚯蚓从哪一边爬出来?"

激发创造性思考:如……将会怎样?

流露感情和价值:"这项活动,你们最喜欢的是什么地方?"

第二,封闭式问题。封闭式问题和开放式问题正好相反,正确答案是固定的、唯一的。例如,"母鸡会游泳吗?""这种昆虫的名字叫什么?""刚才我们看到的是什么?"等。这些问题的正确答案只有一个。虽然在科学活动中,教师大多会考虑如何提出一些开放式的问题,让幼儿能充分地、开放式地思考,而且有时甚至认为封闭式问题是错误的、是和注入式教学联系在一起的。其实封闭式问题在科学活动中仍有其必要性。在科学活动中封闭式问题的功能表现在以下几个方面。

引导注意焦点:"哪一杯水最热?"

协助回忆所学知识:"你刚才最先做的是什么?""这些材料中,哪些被磁铁吸住了?"

回忆先前的观察:"豆子泡水一天后,和原来一样吗?""哪一棵树比较高?"

开放式问题和封闭式问题在科学教育活动中都有其各自的功能。封闭式问题是在直接指导一些主题内容、概念或过程中提出的,与之相应的教学方法包括讲解、说明和示范等。由于它们的解题空间有限,因此答案明确,可以预测。开放式问题不仅指向知识经验的获得,而且指向幼儿的操作活动,指向科学探索过程。在教师的启发性问题下,幼儿不仅需要回答问题,而且还能发现问题、提出问题。但是所学的结果,却不易被预测和评估。虽然在现代科学活动中,比较强调以开放式的问题为主,但是封闭式问题得到解答后的追踪问题,也常常是开放性的,例如,"你怎么知道的? 你怎么发现的?"这些问题往往是在"是什么?""什么样的?"之类问题后提出的,特别对于年龄小幼儿来说,封闭式问题更有其必要性。

7.活动结尾的设计

幼儿园科学教育活动应该在幼儿情绪还未低落的时候结束,形式可以是多种多样的。如采用故事式结尾、游戏式结尾等。无论是采用哪种形式,教师都应该鼓励幼儿在集体活动结束后,继续在科学角、科学活动室、园地或家里等地方进行探索活动。因为预成式科学教育活动是受时间限制的,一般小班不超过20分钟,中、大班不超过30~35分钟,但是幼儿的探索欲望是无止境的,所以预成式活动的结束应该是开放式的,一般多采用布置任务、鼓励幼儿继续发现的方式结束。教案格式示范如表5-1所示。

表5-1 教案格式示范

授课科目:幼儿园科学教育	授课班级:	授课教师:
活动名称:		
活动目的:		
活动重点:		
活动难点:		
活动准备:		
活动过程: 一、引起动机阶段 二、初探阶段 第一层次: 第二层次: 第三层次: …… 三、综合阶段 四、师生小结 五、活动延伸		

四、选择性科学教育活动的设计

选择性科学教育活动是指幼儿在科学发现室或自然角、科学桌等场地进行的科学教育活动。幼儿园的区角活动中,特别是学习性区角,包括了部分科学探索活动,但并不是所有的区角活动都与科学探索活动有关。同样,区角活动中除科学活动区角以外,还包括了为幼儿特别创设的科学探索室的活动、在室外散步和采集等活动。在选择性科学教育活动中,教师主要进行间接指导,为幼儿创设环境、提供材料,并在活动过程中给予必要的指导。但这并不等于说,教师在活动前不需要对选择性科学活动进行设计,任其自然。选择性科学教育活动同样要求教师进行精心设计,只是设计的重点与角度有所不同而已。

需要说明的是,选择性科学教育活动的设计,因为其特点的关系,往往是从一个时间段去考虑活动设计,系选择性科学教育活动设计不能如同预成式科学教育活动设计那样,以一次活动为时间单元。一个时间阶段的长短,要根据班级所在幼儿园的情况而定。

(一)活动目标的设计

选择性科学教育活动是幼儿园科学教育的重要组成部分,起着预成式科学教育不能起到的作用。由于科学的特性,很多科学活动内容都需要以个体和小组的形式进行探索。在选择性科学活动中,同样需要对幼儿进行全面发展的培养,所以除了设计预成式科学教育活动目标时需要注意的方面外,设计选择性科学活动目标时,还要特别注意以下几个方面。

1.根据幼儿个别情况设计目标

选择性科学教育活动的特点,决定幼儿在活动中具有较大的自由度和灵活性,可以根据自己的兴趣和需要,从自己的水平出发,用自己的方式进行选择与探索。这些特点决定其选择性科学教育活动没有全班统一的活动目标,也没有如同预成式科学活动那样,每一次活动都有明确的目标。教师往往只为孩子提供、准备各种科学活动所需要的材料和设备,创设时间和空间,营造科学探索的气氛。但是作为教育活动,必定是有目标的,只是这个目标比较笼统、宽泛,是方向性的目标。例如,在某个阶段中,教学侧重点是培养幼儿科学探索的兴趣,但究竟要幼儿对哪些具体事物或者探究活动感兴趣,幼儿的这种兴趣水平如何定位,教师一般无法给予确定。在这样的活动中,教师可以在对幼儿观察了解的基础上,有意识地特别对一些幼儿进行重点的指导,例如,有些幼儿比正常的幼儿发展快,有些是有特别需要的幼儿等。教师可以针对这样一些孩子的特殊情况去设计具体的目标。例如,班上新来了一名幼儿,从未上过幼儿园,或刚从其他幼儿园转来,教师应根据他的情况进行专门的指导。

2.根据前次活动情况设计、调整目标

选择性科学教育活动的另一个重要特点,就是需要教师事先为幼儿准备各种设备和材料,供幼儿进行科学活动。这些材料和设备的准备当然不是无依据的,而是根据活动目标、幼儿的探索兴趣和需要而来的。目标的设计既要根据每一阶段活动的总体目标,但是又要根据前几次活动的具体情况来确定和调整,即本阶段活动目标的提出,往往是建立在前几次活动的结果基础之上的。例如,教师注意到前几次活动中,部分幼儿对透镜发生了浓厚的兴趣,他们发现凹凸的不同,活动结束时,还不肯放弃探索。有一个幼儿提出:"透过平的玻璃看到的东西又是怎样的呢?"据此,教师调整了活动目标,提出了"让幼儿玩平、凹、凸三种玻璃,并比较其异同点。"教师在选择性科学教育活动过程中,应仔细观察幼儿的活动,观察幼儿在活动中的需求,了解幼儿对材料的兴趣;观察幼儿在探索活动过程中的情况,包括幼儿的探索方法、发生的困难,幼儿之间的互动情况,以及个体幼儿的个性差异、情感态度特点、认知水平等;不断地寻求幼儿学习的最近发展区,对幼儿提出进一步的发展要求。

(二)活动内容的设计

选择性科学活动可以根据场地大小、材料的丰富性等条件进行内容设计,还可以结合班级的活动主题来设计。当科学活动室场地比较大时,可多设置一些不同的内容,每样内容可多准备几份材料供幼儿选择。当科学角、自然桌的场地面积相对较小时,设置的内容就只能在数量上减少,在品种上也要考虑不宜摆放某些占地较多的内容。但无论是怎样的场地,以及是否与活动主题相结合,选择性科学教育活动的内容设计一般可归纳为以下几类。

1.观察阅读类

观察阅读类的内容主要是通过眼睛观察,不易用手摆弄操作,有的适用于对科学探索室进行的墙面、门窗的布置,有的适用于幼儿进行早期科学阅读的材料,也有的适用于幼儿参观。

(1)适用于墙面布置的内容

壁画:是挂、贴在墙上的有关科学内容的画面,例如,未来世界、古代动物、春夏秋冬的景色、最冷最热的地方、科技发现史、天空海洋,以及与之有关的物体。

悬挂:在屋顶、窗口、门前悬挂各种模型、图片的飞机、飞船、火箭,各国国旗、小动物柳条、桃花瓜果等或布置成太空,垂吊各种星球、卫星等。

(2)适用于参观的内容

模型：大地球仪、地图拼图，还可以制作各种模型箱，如海底世界、森林里的野兽、鸟的家、猿人的生活、南极、北极等。模型箱的制作可在一面为玻璃的大木匣里，用背景图、玩具和废旧材料制作模型，组成各种场景。

标本：如动物、植物的标本。这些标本大都是无法让幼儿触摸到的，只能用眼睛观察。

(3)适用于早期科学阅读的内容

图书：如书架、书袋里的科学丛书，各类科学图书。

音像：录音故事科学幻灯故事、录像、VCD、CD、DVD等。

幼儿期阅读的各种材料，可以结合活动主题的安排，也可以独立安排。科学发现鼓励幼儿接触真实的事物，但是不可能将整个世界都带到活动室里来。在这里，幼儿可以学习通过利用资源性的材料来扩展知识。如果需要结合活动的主题，则可以在一个主题开始前，去图书馆、资料室挑选与主题相关的合适的书本。例如，在"蚯蚓主题"开始前，教师就可以选择有关蚯蚓的图画书，来配合主题的开展。

2.科学玩具类

科学玩具类的内容大多为买来的玩具成品。目前市场上有很多新颖的科学玩具，这些玩具有的是利用一种科学原理建造并进行游戏的，有的是利用建造材料的新颖性。如电动玩具、机动玩具、声控玩具、遥控玩具、磁性玩具、学习玩具、插拼玩具、其他(水车、电子琴……)玩具等。

3.操作实验类

操作实验类的内容是可供幼儿自己实验、操作、观察、探索的材料、物品。这些物品是幼儿最喜爱的内容，也是选择性科学教育活动中最关键的部分。通过对这些材料的使用，幼儿能够越来越娴熟地使用天平、放大镜、测量工具。幼儿需要使用这些工具来处理各种各样的自然材料和人工材料。操作实验类的材料，是有关电磁等物理、植物系列的材料。

幼儿可以用这些材料来进行实验、操作，获得各方面的经验。如下面的例子。

光：如各种镜子(平面镜、三棱镜、凸面镜、凹面镜等)、各种透镜(凸透镜、凹透镜)、调配颜色、三色镜、变色陀螺等。

电:如会亮的电珠、摩擦起电、手电筒等。

声:如音叉、响铃等乐器、小电话等。

力:如天平、弹簧秤、转伞、搭纸桥、斜面板等。

空气:如不湿的手绢,哪支蜡烛先灭等。

水:如冻冰花、沉和浮等。

种子:如黄豆、稻子、麦子地发芽等。

4.制作创造类

操作试验类的内容是可供幼儿自己制作各种物品所需的材料工具。制造创造类的材料则有两个方面。一方面是某一种制作所需的特殊材料。幼儿可以用这些材料来进行制作创造,获得各方面的经验。例如下面的例子。

各种玩具制作(科学玩具):如风车小电话等。

标本制作:如树叶标本、种子标本、花的标本、昆虫标本、树叶画等。

陈列品制作:如萝卜小猪、泥娃娃等。

另一方面是一些基本的工具。这种材料是可以用于各种制造创作活动的,是一些必备通用的材料。例如,安全护目镜;绘画时用的工作裙或罩衣;天平、勺子、滴管和镊子;纸板或泡沫塑料的餐盘。

(三)设计活动材料和设备

选择性科学教育活动中材料和设备的设计是关键。在设计材料和设备时,除了在性能上安全可靠等要求外,还应考虑以下几点。

1.材料的探索性

为孩子们准备的材料应该具有探索性,即材料应该和科学上一个重要的概念有关;使用这些材料应该能揭示许多有关的现象。例如,一盆水、一些小石子和几片塑料片放在一起的这组材料,与"沉与浮"这个概念有关,能使孩子理解科学现象:有些东西放在水里会沉,有些东西放在水里会浮,换言之,通过对这些材料的探索,能让幼儿初步了解一些科学概念和发展相应的能力。材料的探索性还表现在所设计的材料有多种组合的可能,能激发幼儿运用自己的方式操作、组合、改变它们。这些材料有较广的用途,能用多种不同的思路进行探究和发现。

2.材料的新颖程度

新颖有趣的材料容易引起幼儿的注意,吸引他们去探索。例如,探索电的用途时可以准备各种电动玩具或家用小电器,让幼儿通过玩这种新颖玩具或小电器来了解电的用处。幼儿在活动中,每个人都亲手将电池装上卸下,以了解电动玩具的玩法,同时也了解了电的用处。这些新颖有趣的材料,吸引了幼儿的注意力。有的材料表面上看也许并不觉得特别,但是只要使用得当,会使幼儿从中发现无穷的乐趣。例如,主题"物体的不同与相同",教师准备了许多材料让幼儿探索,其中有一种材料是这样准备的:纸袋、各种各样的羽毛,一些物体,如贝壳和树叶。幼儿会将自己的一袋羽毛用各种方式分类:如漂亮的羽毛和不起眼的羽毛。"漂亮的羽毛"就作为一种新颖的材料吸引了幼儿。

3.材料的易理解性

材料的易理解性是指操作方式的易理解性。幼儿对材料的操作方式是否理解,会影响他们对材料的最初探索。对于幼儿而言,特别是小班幼儿,设计的材料要能使幼儿一看就明白其操作方式,使幼儿拿到材料很快就能进入探索过程。幼儿如果不知道怎样玩操作材料,则很容易放弃或去做与探索无关的事情。例如,当一个天平秤和一组不同重量的材料呈现在幼儿面前时,幼儿就容易理解。对材料的理解对于不同年龄的幼儿来说是不同的,除了在材料设计时应考虑这点以外,在指导活动时也可以教师介入的方式减轻幼儿因对材料的不理解而带来的困难。

4.材料的丰富性

材料的丰富性是指要为幼儿的选择科学性活动提供种类丰富和数量充足的材料,以给幼儿提供较多的选择机会,并有效地减少幼儿相互间争执的现象,同时也为幼儿根据自己的需要选择材料提供物质基础。一般来说,一个科学活动室可提供不超过8~10个种类的材料,每组材料以3或4份为宜。如果材料种类过多,也会造成幼儿因为新刺激过多而不断变换内容的情况发生。每组材料需保证一定的数量,以使幼儿之间可以进行交流,获得有关活动方法、活动对象、结果等各方面的信息,继而使其自身的探索活动不断深入,并能在一段时间内维持对该活动的兴趣。需要注意的是,新近投入的材料的数量一般要稍多些,因为幼儿会对最新的材料关注较多,关注时间也会较长。如果新投入的材料过少,则不利于幼儿的选择。

5.材料的层次性

材料的层次性是指要为幼儿提供符合不同层次需要的材料,以便于不同水平的幼儿按自己的需要进行选择。材料是选择性科学活动的物质基础,什么样的材料,就可以引发什么样的活动,达到相应的目标。例如,在"斜坡"的一组材料中,教师提供了平面板、小球,另外还提供了一些积木,可供幼儿放在条板之下,构成不同坡度的斜面,使幼儿可以发现在不同的坡度上滚下的小球的速度会不同。为了增加层次性,教师还可以提供不同平面的条板,如光滑的木板面、比较粗糙的贴有布面的条板等。还可以为幼儿提供三角形、正方形等不同形状的材料,让幼儿尝试比较不同材质平面小球滚下速度的不同。因为幼儿的认知水平层次不同,所以教师在设计材料时,将要投放的材料与幼儿通过材料可能达到的目标之间进行不同层次的分解,以适合不同幼儿的不同需要。幼儿在多层次的材料中进行选择,既适应了幼儿经验的需要,又能在幼儿发展过程中,不断地提供最近发展区,使幼儿面临新的挑战,以此得到不断的发展。当然,这种层次性也是在动态发展的,需要一直根据幼儿的发展作出调整。如同上述的例子中所提到的,不同的板面可以在活动前进行一次性设计、提供,也可以根据幼儿的实际情况,逐渐地提供。圆形、三角形、正方形等不同形状的材料的提供也是如此。

五、生成式科学教育教学设计

生成性教学作为一种尊重幼儿主体性地位,并以唤醒幼儿内心创造潜能为使命的教学方法,体现了基础教育改革的基本观念。

(一)加强认识、提高能力

教师要理解生成课程的涵义。清楚为什么要这样设计和组织课程,这样做的意义价值在哪里,特别是对生成课程的基本特征的认识,强化教师生成课程的意识。处理好"生成"与"预设"的关系,不断提高生成性教学价值判断的能力、生成回应策略的能力以及反思能力。

幼儿园教学是在师幼互动过程中,通过教育者对儿童的需要和感兴趣的事物的价值判断,不断调整活动以促进儿童更加有效学习的课程发展过程。因此,价值判断作为教学中关键的环节,要求教师具备敏锐的价值判断能力,把握广泛的生成性教学的资源,利用教学机制建立动态健康的生成课程观。当孩子生成问题时,教师的回应方法直接影响幼儿的探索热情,教师应依据不同的活动形式、根据幼儿的发展水平随时调整教育目标与教育策略,如鼓励引导策略、设置悬念策略等。教师要在教学中不断反思,结合教育理论,总结成败得失,反省教育行为。

(二)尊重兴趣和需要,捕捉生成活动的契机

教师要善于发现幼儿感兴趣的事物和偶发事件中所隐含的教育价值,把握教育的时机,提供适当的引导。幼儿的观点和兴趣常常与教师不同,接纳和支持幼儿的兴趣和观点会使幼儿有安全感。教师要有教育机制,要随时关注孩子的兴趣,根据孩子的兴趣和生活中突然发生的、有教育意义的事件来调整教学计划。

如有一天中午,吃完午饭的小朋友,像往常一样拿着自己的小椅子坐在教室门前的走廊上,有几个小朋友围在走廊外的花圃边,在边看边说着什么。教师没有立即去打扰他们,而在旁边听着……"这是什么呀?""这是小虫""它在这里干什么呢?""你看它在动呢,""它没有脚用什么走呢?"小朋友一:"老师,这边有条小蛇呢!"教师笑着告诉他们:"这不是蛇是蚯蚓,是一种生活在地里的小动物。"这时其他的小朋友也走过来七嘴八舌地说开了:"小蚯蚓你怎么会在这呢?""它是不是生病了?"等,小朋友的兴趣越来越高,教师立刻意识到这是一个非常好的科学活动,就设计一个关于"蚯蚓"的主题活动,结果取得良好的教育教学效果。

遇到这样的情况,这就需要老师有一双识别生成活动契机的慧眼,善于把握教育契机。在心理安全的探索环境中,幼儿作出的回答和解释会真诚地来源于自己对事物的真实感受。因此教师要走进幼儿的内心世界,去耐心倾听孩子在说些什么,去仔细捕捉孩子的兴趣,揣摩孩子的需求,使每个孩子在最近发展区内得到最大限度的发展。

(三)自主游戏,建构生成经验

游戏是幼儿的基本活动,表演游戏更是幼儿喜爱的活动方式。教师要

为幼儿创设一个宽松、自由的游戏环境。游戏计划是根据幼儿在游戏中的表现,根据幼儿的需要及存在的问题来制定下一次的游戏计划,幼儿在游戏中不断生成新的问题,促使游戏的开展更加能满足幼儿的需要。教师要仔细观察幼儿的游戏情况,捕捉到其中隐含的教育价值,并巧妙地运用一定的策略、帮助幼儿建构生成经验,促进幼儿主动发展。

如在"走进美食城"的游戏中,孩子们扮演顾客到各家小吃馆吃小吃,每个馆子里都人满为患,嘈杂声也很大,看样子各馆子的生意都十分红火。娃娃家的成成打电话给饺子馆的服务员姗姗,要求买一碗饺子,姗姗拿起一碗饺子送进娃娃家,自行搞起了外卖,可是却得不到伙伴的共鸣,孩子们照挤不误,此时,教师便以顾客的身份加入游戏中,给饺子馆的服务员姗姗打电话要求送一碗"鱼丸"到家(有意将自己的声音放大),有几个馆子的服务员和顾客听到之后转过头,只见姗姗将饺子装进瓶子送到教师家,教师的这一举措,引起幼儿极大的共鸣,有些顾客也拿起电话要求外卖了,就这样外卖走进了"美食城"。在游戏中,由于幼儿外卖经验不足,具体的操作程序不够明白,活动结束后可以一起讨论、调查有经验的店铺如何外卖,以获悉经验。幼儿受无意注意和形象思维等特点的制约,对事物的探索往往缺乏深度,这时教师就要适当的"引"。教师在观察个别幼儿的生成活动中,把握住幼儿待解决的问题,创设相适应的环境,帮助幼儿扫清游戏发展中的潜在障碍,使教育有的放矢,同时也将幼儿的生成活动中有意义的个体经验引发为群体经验,将个别生成的活动引发为小组或集体的学或游戏活动。

还有一些游戏活动,一开始孩子们往往表现出浓厚的兴趣,但随着活动进程的不断深入,由于知识经验及能力水平有限,如果经常受到干扰或遇到困难,就会放弃活动,从而失去值得研究的主题。在这个时候,教师要及时给予行为上的支持与引导帮助幼儿获得了克服困难和解决问题的方法,同时幼儿的坚持性和意志力也得到了锻炼。

第六章 学前儿童科学教育的指导与评价

第一节 学前儿童科学教育的指导

在幼儿园开展的各类科学教育活动中,教师的指导十分重要。教师应根据科学教育活动的类型、本班幼儿的特点、实际水平等对科学教育活动进行有的放矢地指导。这里的活动是指对各类科学教育活动过程的指导。

一、预成式科学教育活动的指导

预成式科学教育活动是在教师指导下开展的活动。教师在活动过程中的指导,体现在教育活动计划中既定的要求、设计的程序上,使幼儿获得科学经验、学习科学方法等。为了使活动达到预定目的,得到最佳活动效果,教师应在活动过程中更多地注意自己的教育对象。教师要随时根据幼儿的表现情况,调整自己的角色身份,有效地指导科学教育活动。预成式科学教育活动的指导,可以从以下几个方面入手。

(一)明确任务,引起兴趣,导入活动

教师指导幼儿进行预成式科学教育活动,从一开始就明确活动的任务,激发幼儿的兴趣,使幼儿在好奇心的驱使下积极地投入到科学探索活动中去。教师在进行导入活动时,应注意简短、有趣、有指向性。导入活动对于整个活动过程的开展很重要。成功的导入活动未必会影响整个活动是否开展得成功,而不成功的导入则有可能成为一次混乱活动的开始。教师要以对科学活动的热情,生动而简短的谈话,或以启发提问、儿歌、谜语等引起幼儿活动的兴趣和愿望,明确活动的目的和要求,将幼儿的注意力集中到活动对象上。如果是在活动开始时出示了活动对象,则要让幼儿对对象整体观察片刻。不要以过多的语言分散幼儿的注意,以免打扰幼儿的观察;更不要制止幼儿对活动对象的自由讨论和交谈,而要注意倾听、观察幼儿的言行,以便有针对性地引导幼儿观察。

(二)引导幼儿运用多种感官、多种方法进行感知、操作

在预成式科学教育活动中,教师的重要角色在于刺激、引导,而不是示范、说明知识,也不是纠正错误。当幼儿遇到困难时,教师的主要工作是安排情境或提出问题,以暗示幼儿注意线索。直接给予正确答案可能无法说服幼儿,因为幼儿只有在自己的经验中才会被说服。幼儿是通过自身探索活动学科学的,因此,应重视幼儿自身的活动。因为预成式科学教育活动就是让幼儿在活动中运用各种感官、多种方法接触或发现客观事实,从事感官探索、观察、实验、测量等活动。伴随着这样的活动,幼儿内心就会产生好奇、猜测、感动及欣赏。在预成式科学教育活动中,教师应指导幼儿运用多种感官去感知客观事物。客观事物的特征是多方面的。在幼儿探索时,应尽可能地让幼儿看清观察对象的全貌。这就需要指导幼儿运用自己的各种感官来感知事物多方面的特征,使幼儿能比较全面地认识事物。通过视觉器官感知物体的形状、颜色、大小、高低;通过听觉感知物体的声音;通过嗅觉感知物体的气味;通过触摸觉感知物体的轻重、手感、温度;通过味觉感知某些物体的味道等。教师还应当允许和支持幼儿用他们自己的方法进行操作感知,比较发现,引导幼儿从多种角度去思考问题,从而获取答案[①]。

(三)有效提问和应答

1.提问有助于引起和促进幼儿的探究

在教学中,有经验的教师已经感觉到,提问是教学成功的基础。日本著名教育家斋藤喜博甚至认为,教师的提问是"教学的生命"。幼儿园教学中的提问技术同样重要。同样的情境,教师提出不同的问题,或在不同的时期提出问题,幼儿探究的主动性、深度和广度是完全不同的。提问是教师引导幼儿主动探究的主要技术之一。活动开始之前的提问能引导幼儿注意到一个新的探究和学习领域。活动过程中的提问有助于幼儿注意到某种关系,使操作变得更有意义。活动结束时的提问有助于幼儿反思探

[①]董英伟,陈文凯.学前儿童科学教育[M].长春:东北师范大学出版社,2018:102-105.

究的过程和澄清已发现的问题的关系,并能使幼儿注意到新的探究领域。

2.提出能引发幼儿思考的问题

(1)教师提出问题的不同类型

与科学探究有关的四种问题:①认知记忆性问题。例如,这种动物叫什么?兔子有几条腿?②推理性问题。例如,树和菊花有什么不同?③创造性问题。例如,不用手伸进瓶子里,你有几种办法把里面的东西(铁制品)取出来?④批判性问题。例如,这几种办法哪种最好?哪种最不好?

(2)教师提问存在的主要问题

在我国幼儿园科学教育的实践中,教师的提问常常因缺乏技巧,而不能有效地引发幼儿思考,甚至给幼儿增加了压力。

机械地发问。教师在走到每一个幼儿身边时,不问问题似乎觉得失职,于是教师机械地、不假思索地、形式主义地,或者说是习惯性地提出问题,"你这做的是什么?"这类问题老师最常提。有时,教师并不关心幼儿的回答。事实上,这种提问没有建立在深入了解幼儿意图的基础之上,只能使幼儿觉得老师不了解他们,只能做出粗浅的、机械的回答,起不到激励和引导的作用。

提问过多、过频。教师在幼儿进行探究过程中提问过多。这种状况,会打断幼儿的思维过程和操作活动。

启发性问题少。教师的提问多为认知记忆性的,而真正能引发幼儿思考深入探究和发现关系的问题很少。

3.对幼儿回答的处理应具有激励性和引导性

(1)注意倾听

教师注意倾听幼儿的回答,眼睛注视着幼儿,身体与幼儿保持同一高度,这能使幼儿体会到关心和重视的态度,具有激励作用,使幼儿乐于表达自己的看法。

(2)认可幼儿的全部答案,使每个幼儿受到鼓励

如果教师坚持要得到"正确的"答案,则是要幼儿做难以做到的事。当教师认为他们不完善的回答是"错误的",幼儿很快就会怀疑自己的能力,而相信正确的答案只存在于教师的头脑中,开始盯着教师的眼睛,而不是通过探索材料来寻找答案,并用一种拐弯抹角的语调回答,仿佛在问:"这

是你要的答案吗?"例如,在幼儿测量了自己投沙包的距离后,教师问:"你们说,是3块砖长呢,还是5个尺子长?"幼儿回答:"5个尺子长。"教师又说:"再想想。哪一个长?"幼儿看着老师的眼睛,沉默了片刻,回答:"3块砖长!"没想到老师又说:"再好好想想。"有几个幼儿马上回答说:"一样长!"因此,要创设一个鼓励幼儿探究,并使思维质量大大提高的环境氛围,教师必须认可和尊重幼儿不正确的回答,把它们作为幼儿在学习和探索中的诚实的尝试。

(3)给予幼儿出错的权利,并分析错误背后的原因

皮亚杰告诫过我们,不要为幼儿靠记忆、字面上的水平作出"正确的"回答的能力所迷惑。其实,他们并没有内化那些知识。皮亚杰主张要有一种智力的自由,要给予幼儿出错的权利;在看待幼儿的回答时,要撇开它的所谓"正确性"。可以将幼儿的"错误的"回答看成符合他们当前的发展水平。也可以通过这些明显的错误,更多地了解幼儿的思维情况。因此,幼儿在回答错误时,教师不应去马上纠正或通过语言(包括语气)和表情让幼儿感到自己出了错,而是要迅速判断幼儿的经验水平,调整对幼儿提出的问题。

(4)给予幼儿具体的反馈,促进幼儿认识的主动建构

教师只有对幼儿的回答做出具体的反馈,才能鼓励幼儿提高他们的探究和操作水平。给予幼儿具体的反馈可以有以下具体做法。

描述幼儿的回答,扩展幼儿的某种经验或澄清某种关系。

提出新的问题,引起幼儿进一步地思考和探究。教师要创设教育情境,使幼儿感到学习对自己的意义。

在预成式科学教育活动过程中,应发挥幼儿的主动性、积极性和创造性,使幼儿真正成为学习的主体。有些内容对幼儿生存有着社会意义,但幼儿往往意识不到。这样的问题不可能成为他们感兴趣的事物,这就需要教师寻找适宜的教育时机,并创设相应的教育情境,使幼儿感受到学习的意义。

幼儿在活动过程中,有一些新的想法和意愿。教师应允许幼儿表达,对于一些大多数幼儿需要的、有教育价值的想法。要给予支持和鼓励。

(5)引导幼儿学习用各种方式进行表达

幼儿科学学习的目的并非将成人的知识堆积在他的头脑中,而是培养"成长的动力",作为其日后正式学习的基础和准备。因此,科学教育就是让幼儿在活动中接触或发现科学事实,伴随着科学活动,产生好奇猜测、感动及欣赏,这些都为幼儿的表达提供了丰富的材料。而幼儿也乐于将自己的发现、感受体验表达出来,相互交流、互相补充,并与同伴共享。因此,在幼儿充分探索的基础上,引导幼儿用各种形式表达、交流自己的发现,描述操作的过程、方法和结果,是预成式教育活动的重要部分。通过活动,幼儿所产生的触动或想法获得抒发,形成深刻的经验,也是幼儿继续探索科学的兴趣源泉。

在预成式科学教育活动中,教师引导幼儿表达的形式可以是多样的,可用言语、姿态、绘画、造型、音乐、律动等,也可以运用故事戏剧、智力游戏等。幼儿表达的内容也是丰富多彩的,可表达自己的经验(包括感知觉、运动觉、内部感觉和情绪体验);也可表达自己的发现和创造;还可以表达自己感知操作的方法过程和结果。例如,在"认识水果"的活动中,幼儿说:"我吃了香蕉,可没吃到种子,香蕉是怎么种的呢?"这是幼儿在表达自己的发现和疑惑。又如,蜗牛爬在手臂上的感觉是"痒痒的""黏黏的",这是幼儿在交流他们的经验和感受。

(6)要注意结束活动的时间及方式

预成式科学教育活动有一定的时间限制,当活动达到了一定目标,幼儿的活动也达到一定的高潮时,可以考虑结束活动。结束时应注意以下几点:第一,为了不挫伤幼儿探索的积极性,以及考虑到幼儿的年龄特点,活动不要突然结束;第二,教师可采用多种方式结束活动,如简单小结、传递某些幼儿不可能通过自己探索得到的知识、安排继续学习的任务等;再次,可安排一些延伸活动,让幼儿继续探索,如让幼儿在科学桌或科学区继续活动、提出一些新的问题,让幼儿思考探索等;第三,可以指导幼儿一起整理活动材料,培养幼儿良好的科学探索的习惯。

二、选择性科学教育活动的指导

选择性科学教育活动是幼儿学习科学的重要途径。在选择性科学教育活动中,教师的指导可以从以下几个方面入手。

(一)善于利用区域活动,开发和利用幼儿的需求和兴趣

支持幼儿的需求和想法,利用和实现其中已有的教育价值。例如,教师在自然角中摆出了实验材料(酒精、白醋和水)。孩子们发现水与酒精和白醋相比显得"不太干净",有点发黄。"发黄的是什么?"成了孩子们关注和感兴趣的问题。教师顺应孩子们的兴趣,支持孩子们的想法和做法,这有利于实现"使幼儿了解生水不干净,懂得喝开水的实际意义,养成喝开水的习惯"的目标。

孩子们通过讨论,借助工具,得出黄的东西是"细菌"的结论。孩子们发现生水看着很干净,但其实并不干净,明白了不能往开水里加生水饮用。(以前有很多孩子因为水烫,为了凉得快,偷偷地往开水里加生水)

(二)应向幼儿提供探究和操作所需的材料

在选择性科学教育活动中,摆放在幼儿面前的是丰富多彩的活动内容。活动内容的丰富性使幼儿的自由选择成为可能。在活动过程中,教师要积极地为幼儿提供能够构成问题或任务的材料,并让幼儿按自己真正的兴趣和意愿,以及自身水平和需要来选择活动内容与材料。

例如,想办法不用手把鱼缸中的曲别针和小钉子取出来。构成问题或任务的材料:装有很多水的鱼缸,里面放有曲别针、钉子、小铁片等。解决问题或完成任务所需要的材料:小碗、勺子磁铁、小棍、绳子、钩子、捞鱼虫用的小抄子等。这些材料会引发幼儿尝试多种解决问题的方式:①用碗和勺子把水弄出来,再把东西倒出来。②用绳子拴着磁铁把里面的东西吸出来。③用绳子拴上小钩子把其中的一些东西钩上来。④用勺子往上捞;用小抄子往上捞。又如,教师在自然角投放了"接亮灯泡"的游戏材料。

(三)观察了解幼儿的活动,及时提供指导和帮助

在选择性科学教育活动过程中,教师应随时关注幼儿的操作情况,耐心观察、了解他们的需求和水平。第一,要看整个活动环境是否能激发起幼儿的活动兴趣,材料是否适合不同水平的幼儿。第二,要看个别幼儿的探索情况,需要、态度、个性等,针对个别幼儿提出问题或要求。教师对幼儿提出问题或要求,是激发幼儿探索欲望和引导幼儿深入探索的重要原

因。如玩磁铁时,教师先提出:"请你试试看,磁铁有什么用?"当遇到幼儿不能耐心仔细地去探索时,教师也可提醒他"你是不是把所有的东西都吸过了?找找看,有没有漏掉的?"但并不是对所有幼儿都提出相同的问题,要根据幼儿的不同情况有的放矢地提出各种问题。在活动过程中,幼儿会遇到各种困难,一些幼儿会对教师提出问题;教师对幼儿的提问做出不同形式的反应,对幼儿的探索活动会产生不同的影响。

例如,自然角中两个罐头瓶分别装着相同体积的液体,一个是清水,一个是盐水。它们里面同时都盛有鸡蛋。孩子们看了老师提供的材料说:这个水多,所以它漂着。教师问,你们用什么方法搞清楚它呢?

孩子们:这里多放水。哇!它还是沉的。

幼儿1:我认为它沉是因为水凉。

幼儿2:不对,是因为鸡蛋重,咱们换个位置试试。

孩子们:我们试过了。看,它们都是在这边漂着,在那边沉着。

幼儿1:这边水里有东西,所以它使鸡蛋漂起来。

幼儿2:是糖。

幼儿3:是肥皂粉。

幼儿4:它像是海水,不是肥皂,又没有泡泡。

教师问:有人认为是肥皂水,有人认为是糖,有人认为是海水,我们用什么办法搞清楚它呢?

幼儿5:盐水比清水更浓。

孩子们很谨慎,不去尝。教师提议只尝一点点儿,并做示范来担保无毒。

孩子们发现是盐!

教师问:为什么鸡蛋在盐水里漂着,在淡水里却沉到底呢?

幼儿1:盐把水变"重"了。

幼儿2:因为盐使鸡蛋漂在水上。

幼儿3:盐水像海水,因为它里面有盐。

幼儿4:盐水让鸡蛋待在上面。

教师不应直接把问题的答案或解决的方法告诉幼儿,不能代替幼儿完成,也不能对幼儿的问题不做反应或不提供帮助。应先肯定幼儿的成绩。

再鼓励他们继续尝试或用提问的方式去引导,使幼儿通过自己的进一步探索去解决问题。

(四)要求幼儿遵守活动规则

在选择性科学教育活动中,制定相应的活动规则是很有必要的。应让每个幼儿都了解活动规则,并在每次活动中提醒幼儿去遵守。例如,要求幼儿在活动时保持安静,不影响同伴的探索活动;又如,提出互相谦让和轻拿轻放实验材料的要求。这些活动规则应一直坚持,并可以作为活动结束时评价的内容之一,以保障选择性科学教育活动的顺利进行。活动时可以直接要求幼儿遵守规则,也可以通过运用一些办法让幼儿遵守规则。例如,对于一些材料较少的活动,可以利用一些标识来控制人数,如规定椅子的数目就是控制人数、培养幼儿遵守规则的办法。

三、生成式科学教育活动的指导

由于受认知水平、生活经验的局限,幼儿自发的科学活动,如果没有教师适时的关心和指导,任其自由发展,可能会降低他们对科学现象的热情。为了进一步保护幼儿学科学的兴趣和好奇心,发展幼儿学习科学的积极态度,在幼儿的生成式科学活动产生后,教师要对幼儿进行支持、鼓励以及灵活的指导。

(一)顺应支持幼儿提出的问题和疑问,生成科学教育

好奇好问是幼儿的突出特点。在幼儿园的一日生活中,幼儿会产生很多疑问和问题,会抓住老师问个没完,如为什么树上的叶子两面颜色会不一样?树上的苹果为什么有大有小?蜗牛的嘴到底在哪里?

在幼儿的疑问和问题点上生成科学教育,鼓励引导幼儿通过自己的探究找到答案。

(二)在幼儿的兴趣和关注点上不断开发、生成和深化教育

有时候,幼儿虽然有明显的兴趣和关注点,但并没有直接提出自己的疑问或问题,也没有明确的设想。在这种情况下,老师无法从幼儿的疑问、问题和设想中直接看出教育价值,因此,就需要其在幼儿的兴趣和关注点上不断开发、生成和深化教育。

(三)变教师预设为师幼共同生成、预设相结合

生成活动的产生，必须有主题来源。而主题的来源有幼儿兴趣、教师兴趣和儿童发展阶段的任务三个方面。

1. 幼儿兴趣

幼儿兴趣必须得到承认和支持，因为只有这种内在的动力才能促进幼儿主动学习。同时，不同幼儿有不同的兴趣。它们是主题生成的基础，但并不是所有的兴趣点都可以生成主题活动。如许多幼儿对奥特曼、怪兽等非常感兴趣，但这一内容对幼儿发展并没有太大的教育价值，因而不需要对其设计生成活动。

2. 教师兴趣

因为教师在幼儿面前是一个真实的人，所以他们个人的兴趣可以与幼儿分享。同时教师的兴趣和热情可以激发幼儿探究的欲望。如教师从家里带来一只自己非常喜欢的风筝，让幼儿观察、欣赏。幼儿受到教师的影响，也纷纷从家中带来各式各样的风筝，于是活动室成为风筝的世界。在逐一介绍、分类摆放的过程中，幼儿的兴趣被自然唤起，于是一个以"风筝"为主题的活动生成了。

3. 儿童发展阶段的任务

幼儿在每个发展阶段都有一些必须完成的任务。如：涂鸦、想象、表达等。既能提供机会给幼儿选择自己练习发展技能的活动，又能促进个体不同阶段的社会情感的发展，因而也成为主题生成的重要来源。如：小班的"好吃的花生"、中班"好玩的纸"、大班"有趣的光"等，都是依据幼儿的年龄特征和发展需要制定的。

在新的教育理念的指导下，随着管理观念的转变，教师可以营造自主发展的空间，根据本班幼儿的实际需要、兴趣、水平选择教育内容，调整教学计划。在同一阶段所选定的主题各不相同，如有"纸""鸟""恐龙""汽车""蝴蝶的秘密""有趣的光"。虽然所选主题内容各不相同，所获知识经验有所差异，但在探究活动的过程中，对培养幼儿良好情感、主动学习的态度、善于发现的能力以及敢于创造的品质等目标却是相同的。因此，只有给教师更大的教学自主空间，才能更好地促进幼儿主体性的发展。

当活动主题确定后，编制主题网络成为生成活动的主要环节。例如，大班主题活动"鸟的秘密"，在认识"鹦鹉与猫头鹰的生活习性"这一活动中，教师可以通过预设活动采用集体谈话的方式讲述并帮助幼儿理解，也可以指导幼儿通过翻阅资料、参观、询问等方式进行生成活动的探究。在预设活动中，幼儿可能更加系统地了解、掌握鹦鹉和猫头鹰的知识；而在生成活动中幼儿将会感知更多鸟类的知识经验，甚至在探究的过程中还会涉及更多更有价值的内容。将预设活动转化为生成活动或将生成活动转化为预设活动，关键在于教师如何把握好预设和生成的关系。值得注意的是，我们并不提倡主题活动全部生成，因为那样教师会完全被幼儿的兴趣主导，很可能会出现重复低效的教育情况。因此，在制定主题网络时，我们将幼儿自发、教师预设、师幼共同创设等不同方式有机地整合在一起，以多方互动的形式完成主题网络的设置。

（四）变静态环境为动态环境

由于幼儿的认知、情感和探究活动始终来源于和环境的相互作用，幼儿与环境相处的方式直接影响活动的质量，所以创设适宜的环境成为生成活动的又一重要环节。在过去的教育活动中，教师是环境布置的主角，主要目的是完成预定的教学计划。在材料的提供上也多是为一次或一种活动而准备的，活动结束了，材料也收走了，留给幼儿的只是一个简单的记忆。即使在区域活动中提供多种操作材料，但缺少幼儿的互动，也很难引起幼儿的探究兴趣。而生成活动发生在某种特定的环境中，是一个系列的探究活动，需要一个既稳定又不断发展变化的环境来支持，所以在生成活动中，要将过去静态的环境变为动态的环境，即：家长、幼儿、教师随着主题活动的发展变化不断提供适宜的材料，使环境创设随时得到补充和调整。例如，在中班"纸"的主题活动中，教师、幼儿及家长共同为活动提供了名称不同、厚薄不同、材料不同的纸，布置成"纸张展览区"，让幼儿通过摸、画、剪、染、撕、折等方式充分感知纸的不同。家长提供古代造纸过程与现代造纸过程的图片，让幼儿了解纸的来源及造纸的过程。当幼儿萌发了造纸的想法时，教师及时提供纸浆等材料让幼儿体验纸浆造纸过程。在这个过程中，环境如同"教师"一般，对幼儿的认知起着激发、指导的作用。

因而,各班为了将生成活动深入有效地开展下去,应依据不同的主题,不断创设和提供丰富多彩的环境与材料,使幼儿走进活动室时就如同置身于一个探究的世界。

第二节 学前儿童科学教育的评价

《幼儿园教育指导纲要(试行)》中指出:科学教育评价是幼儿园教育工作的重要组成部分,是了解教育适宜性、有效性,调整和改进工作以促进每一个幼儿发展,从而提高教育质量的必要手段。科学教育评价对学前教育起着导向、质量监控、调整等诸多作用,了解它的本质和意义对幼儿教师来说十分重要。

一、学前教育评价的含义

所谓评价,即对某项活动的成效进行价值判断。教育评价是一个极为广泛的概念。广义的教育评价包括对于教育活动的一切评价,幼儿科学教育评价就是对科学教育课程与幼儿发展做出判断的过程,具体包含了幼儿科学学习与发展评价、教育教学评价等。

教育评价是以检验科学教育的价值实现程度和学生的学习成效为基础,它的重要目的是通过评价了解学习者的发展状况或发展潜力,以促进受教育者更好地发展。教师通过教育评价这一手段来评价教育对象的发展水平,修正教育方法,提高教育效果。教学和评价是一个事物不可分割的两个方面,评价指导教学,教学指导评价。

教育评价也伴随幼儿科学教育的全过程,具体来说,幼儿科学教育评价的目的包含以下方面。

(一)了解幼儿科学学习的特点和发展状况

现代教育评价理论认为,应当将评价看作一种教学或学习活动。评价的目的是了解、支持、激励幼儿科学学习,使其获得成长。

通过评价对幼儿科学学习的状况有较为全面和客观的描述:了解幼儿

已有的科学经验、情感态度和科学学习能力；幼儿学习科学的方式和风格，如认知方式和表达方式；预测幼儿学习或探究某一科学现象可能存在的错误概念。

通过评价了解幼儿群体特征，也通过评价了解幼儿的个体差异，为教学活动的开展和因材施教提供支持。

伴随评价，了解和分析幼儿在科学活动中的表现、发生的改变、获得的成长，积累幼儿科学学习表现和成长的印记。

(二)改进教学，提升幼儿科学教育教学质量

幼儿科学教育评价在教学中的运用一般有以下两种情况：运用于教育教学的后期，来鉴定是否达到教育目标；运用于教育过程中，了解教育教学的进程以及状况，建立反馈机制，促进教育教学。评价作为教育过程的一个环节，起到监督、反馈和调节的作用。通过幼儿科学教育评价发现教育过程对幼儿发展的有效性和适宜程度，确定改进的方向和途径，使教育成为螺旋渐进、不断上升的过程。通过评价也帮助教师积累和总结幼儿科学教育教学经验，反思和分析教育教学过程中的不足，进一步改进教学方法，促进教师的专业成长。

二、幼儿科学教育评价的原则

近年来，随着教育评价理论与实践研究的不断深入，在教育评价的理念以及评价方式方法等方面都出现了新的变化。所以为了与之相适应，幼儿科学教育评价应遵循以下原则进行。

(一)全面性

幼儿科学教育评价应全面反映幼儿科学教育的目标，评价内容应该覆盖幼儿科学态度与精神、科学方法与技能、科学知识与经验等方面。与中小学科学教育评价相比，幼儿科学教育评价更加注重幼儿的科学态度和精神的表现。

具体来说，在科学态度与精神方面，重点评价和考察幼儿对周围环境和事物进行探究时所表现出来的好奇心、想象力、对科学的兴趣、与他人的合作分享等态度与精神方面的表现；在科学方法与技能方面，重点评价幼儿观察、操作、分类、测量等基本的探究能力和初步的思维能力；在科学

知识与经验方面,重点评价幼儿对周围生活中熟悉的事物或现象的感知、体验和认识水平。

(二)发展性

幼儿科学教育评价的目的不是为了选拔和甄别,而是为了促进幼儿的发展,通过评价激发幼儿内在的发展需要,激励幼儿自主学习和探究。正如教育部《基础教育课程改革纲要(试行)》中对教育评价所提出的改革要求,即评价要发现和发展学生多方面的潜能,了解学生发展中的需求,帮助学生认识自我,建立自信。发挥评价的教育功能,促使学生在原有水平上的发展。

建构主义认为,评价不仅仅应当关注学习的结果,还应当关注学习的过程。幼儿科学教育评价应当注重形成性评价和结果性评价相结合。传统的评价强调结果性评价,注重幼儿在某一个发展阶段所达到的标准或要求,是终结性的评价。而形成性评价则强调幼儿在日常生活过程的表现和体验,是基于对幼儿学习科学全过程的持续观察、记录、反思而做出的发展性评价,其目的主要在于激励幼儿,帮助其在科学学习过程中获得成就感,增强自信心,培养合作精神。在评价过程中要尊重个体的尊严和差异,用积极的眼光从多方面、多角度观察分析幼儿的表现,发现每个幼儿身上的优势和闪光点,使幼儿充满自信地探索科学,体验成功的快乐,在自尊自信中获得发展。正如美国学者加德纳所指出的那样,每个幼儿都有其独特性,而且这种独特性应该得到尊重。承认每个人的独特性,充分展示每个人的独特性,促进每个人的独特性的发展,应该成为教育以及教育评价的新取向。

(三)多元化

幼儿科学教育评价方式是多元的。应当通过多种幼儿科学教育评价方法的运用,注重在生活和游戏中持续观察幼儿的表现,广泛搜集和积累有关信息,真实客观地了解幼儿科学教育教与学的状况。

幼儿科学教育评价主体也是多元的。要改变传统教育评价中教师是唯一评价主体的局面,鼓励幼儿、家长主动参与评价,使教育评价成为教师、幼儿、家长三者互动的动态过程,使评价成为教学和学习的一个部分。

在幼儿科学教育评价中,应当支持和鼓励幼儿进行自主评价,评价自己在科学探究活动中的表现,更好地计划下一步如何学习等。如在"磁力穿透性"的探究活动结束时,请幼儿选出自己认为制作最成功的磁力玩具,并说明有哪些成功之处,使评价也成为幼儿科学学习的一个部分。

三、学前儿童科学教育评价的特点和意义

(一)学前儿童科学教育评价的特点

"评价"在《现代汉语词典》中的动词性解释为"评定价值高低",名词性解释为"评定的价值"。不同的学者对"评价"的内涵有不同的界定。有学者认为,评价是指评价主体在对评价客体的属性、本质、规律等认识的基础上,对价值客体能否满足并且在何种程度上满足价值主体需要做出的判断活动。也有学者认为,评价即评定价值。就本质而言,评价是一种价值判断活动,是为判断事物的价值而系统地收集资料和分析资料的过程。总体而言,评价是一个过程,在这个过程中,评价主体(即评价者,发起和进行评价活动的人)对评价客体(即评价对象,评价活动所指向的对象)依据某种标准或自身需求进行的价值判断。

教育评价是指在一定教育价值观的指导下,依据确立的教育目标,通过使用一定的技术和方法,对所实施的各种教育活动、教育过程和教育结果进行科学判定的过程。我们将教育评价视为根据一定的教育价值观或教育目标,运用可行的科学手段,通过系统地搜集信息和分析整理,对教育活动、教育过程和教育结果进行价值判断,从而不断自我完善和为教育决策提供依据的过程。

学前儿童科学教育评价是以科学教育为对象,根据一定的目标,采用一切可行的评价技术和方法,对学前儿童科学教育的对象及其效果进行测定,分析目标实现程度,做出价值判断的过程。学前儿童科学教育中的所有要素都能成为评价的对象,包括教学目标、教材、教学过程、幼儿的发展、教师的指导方式等。其中,对幼儿的发展的评价是学前儿童科学教育评价的核心内容。学前儿童科学教育评价具有以下特点。

1.学前儿童科学教育评价具有独特的价值取向

科学教育的价值主要体现在三个方面:科学观的培养、科学知识的习

得、科学方法的掌握。在中小学的科学教育中,系统的科学知识的习得和科学方法的掌握是主要的教育目的,占据了多数时间。但在幼儿园阶段,对于学前儿童来说培养其对科学探究的兴趣才是最重要的目标。幼儿对科学情感和态度的形成是学前儿童科学教育的主要价值取向。

2.学前儿童科学教育评价更注重对过程的评价

由于价值取向的特殊性,情感和态度往往体现在幼儿的学习过程中,所以对学前儿童科学教育评价来说,过程比结果更重要。学前儿童的科学教育评价应贯穿在教育过程的始终,而不仅仅在教学活动完成之后。

3.学前儿童科学教育评价的形式多种多样

在整个科学教育活动中,由于幼儿的表现具有多样性和灵活性,因此评价形式也灵活多样。评价的形式主要包括口试法、笔试法、观察法、谈话法等。

(二)学前儿童科学教育评价的意义

学前儿童科学教育评价有着极其深远的意义和广泛的使用价值,不仅能激励幼儿的科学探究热情,促进幼儿的全面发展,还是教师反思和改进教学的有力手段。虽然其最大的受益者是幼儿,但同时也有利于教师教学水平的提高和自身业务能力的提升。

1.为改进科学教育提供依据

通过学前儿童科学教育评价,教师可以判断科学教育的有效性和适宜性,从而反思和改善自己的教学计划和教学方法。对幼儿发展的评价,也可以帮助教师判断幼儿的接受程度和学习状况,从而随时调整自己的教学行为。科学、完整的教育方案应包括评价环节。

2.强化激励的作用

科学合理的教育评价可以调动幼儿进行科学探究的内部动因,提高幼儿学习的积极性,提升学习效果,调动教师教学工作的积极性,使教师和幼儿都能将注意力集中在科学教育活动中,从而达到最优的教学效果。

3.有利于端正教育思想,全面提高科学教育质量

科学教育评价以教学目标为依据,对教学进行全面检查,并予以价值上的判断。它的目的不在于区分幼儿科学活动中的等级差别,而在于测评

每个幼儿对教学目标的达到程度。其最主要的目的在于评价幼儿的科学态度、情感等方面的情况，因而有利于社会、家庭、幼儿园对教育价值的认识，克服目前存在的只重科学知识和方法的价值观念，更好地对学生实施全面教育，促进学生全面发展，提高科学教育质量。

四、学前儿童科学教育评价的步骤

（一）确定评价的对象和类型

在这个阶段，评价者要确定"评价什么"和"使用的评价类型"。"评价什么"即所要评价的是教师的活动指导状况、是科学活动本身的质量，还是幼儿的发展状况，其中科学活动本身的评价还包含对活动方案的文本评价和对实施过程的现场评价，而活动方案的评价则包含对学期方案、月方案、周方案和一次活动方案的评价。

按照不同的标准可以将教育评价分为不同的类型。按照评价在教育活动中的目的不同，可分为诊断性评价、过程性评价、总结性评价和改进型评价；按照参与评价的主体不同，可分为自我评价和他人评价；按照评价的分析方法不同，可分为定性评价和定量评价；按照收集评价信息的方式不同，可分为观察分析法、访谈法、问卷调查法和作品分析法，等等。评价过程中，可以选择单个方法的评价，也可以选择几种方法综合运用[①]。

（二）设计评价方案

该阶段最为重要的是确定评价标准，选择评价工具，规定具体收集评价信息的方法和步骤，安排时间进度和评价人员的分工。在方案设计中，应尽可能考虑到如何有意识地积累评价过程本身的资料，做好备忘录，以便使评价工作更科学、更客观。

（三）实施评价方案，收集评价信息

该过程是按照评价方案的安排，由评价人员采用一定的评价工具和方法，依据规定好的评价标准来收集信息，为后期的评价分析做准备。就一次活动的评价来说，由评价组的教师或者组织教育活动的教师自己通过观察、访谈、测量等方法记录该活动从方案设计到具体实施的全面信息。

---

①蒋路易. 幼儿园教师儿童观察与评价能力的测评工具研制[D]. 华东师范大学，2022.

(四)分析评价资料

分析评价资料没有固定的方法,按照收集资料的性质不同,可以归纳总结进行质的分析,也可以采取数据统计进行量化分析,或在数据统计分析的基础上进行质的分析。

(五)解释资料,得出结论,提出建议

通过各种方法收集到的幼儿科学教育活动的资料是评价的信息来源或者依据。我们需要参照评价标准对这些资料进行解释并得出结论,对其符合标准的方面进行经验总结,对其出现的问题进行反思和提出建议,其中"解释材料"的过程最为关键也最为复杂。尤其是当我们对情景观察法、轶事记录法、访谈法和作品分析法收集的资料进行分析时,评价者对这些资料的解读能力很重要,要做到"胸有标准""大胆质疑""敏感发现""不断归纳"。

五、学前儿童科学教育评价的内容和方案

随着教育评价目的、方式、内容等方面的发展变化,学前儿童科学教育评价也在不断发生着变化。但无论发生何种变化,都关注到了幼儿的发展和教师的教育教学指导两个方面,而且出现了一些比较系统的学前儿童科学教育评价方案,在评价的原则和基本维度等方面达成了一些基本共识。

(一)学前儿童科学教育评价的内容

学前儿童科学教育中的所有要素都能成为评价的内容,如教学目标、教材、教学过程、幼儿的发展、教师的教育教学策略、幼儿园的物质环境等。下面着重介绍学前儿童科学教育评价的核心内容,即幼儿的发展和教师的教育教学策略。

1.幼儿的发展

教师对幼儿在进行科学探究过程中和完成后进行的评价直接影响幼儿在科学领域的发展方向和教育目标的实现。我们对幼儿发展的评价应当以科学精神品质和科学探究能力为核心,倾向于可持续性的且有益于幼儿终身发展的教育目标和价值。

(1)评价的基本原则

第一,发展性原则。儿童的发展是一个不断进步且速度很快的过程,

没有终点。因此,我们要以发展的眼光看待幼儿,也就是在评价过程中,重点了解、判断幼儿目前的发展水平,为进一步引导和促进幼儿的发展提供依据,而不是鉴别幼儿智力的高低。评价是了解幼儿发展水平的手段,最终目的是改进教师的工作方式,促进幼儿发展。评价不仅指向儿童的现在、过去,还要指向儿童的未来,应该是动态的,更应该作为教师反思自己工作中问题的参照标准。

第二,差异性原则。在进行幼儿发展评价的时候,我们要充分重视每一个幼儿在发展过程中存在的个体差异性,重视幼儿由于身体素质、认知能力、情绪情感、社会能力、生活能力和生活习惯等因素而产生的个体差异,不能用同一标准来衡量所有的幼儿,要有针对性地进行评价。避免在传统的评价模式中采用一刀切的评价模式,多采用个体化评价标准,尊重幼儿的个体差异。在评价的过程中,尽量少用横向式评价,保护孩子的自尊心和自信心;尽量多采用纵向式评价(如成长档案评价法),增强儿童的自信心,促进每一个儿童的全面发展。

第三,动态性原则。传统的幼儿发展评价模式只注重幼儿静态知识获得的结果和结论,对于幼儿是如何获得知识的积累关心甚少。而现代的幼儿发展评价讲求的是评价者对于幼儿在解决问题的过程中所进行的观察、思考、假设、选择、推理等动态过程,关注幼儿在这个过程中能力的提高、学习迁移能力的展现、在解决问题中所展现出来的学习兴趣、课堂注意力和为了解决问题所付出的努力程度。教师要学会关注在个别活动和小组活动中幼儿科学探究能力和科学精神品质的表现,通过观察幼儿的行为,倾听幼儿的言语,与幼儿交谈、询问等多种方式,全面了解幼儿的发展状况。

(2)评价的指标体系

对幼儿在科学领域获得的发展进行评价,评价的指标体系应包括科学精神和品质、科学探究能力、科学知识三个方面。其中,科学知识的评价应根据不同的探究主题和内容来确定,科学精神和品质、科学探究能力两方面的评价指标见表6-1。

表6-1 科学精神和品质、科学探究能力两方面的评价指标

科学精神和品质	科学探究能力
明显的探究兴趣 1.喜欢接触新事物,经常想一些与新事物有关的问题 2.常常动手、动脑,探索物体和材料,并乐在其中 3.探索中有所发现时感到兴奋和满足	分析和观察能力 1.能对事物或现象进行观察比较,发现其相同与不同之处 2.能通过观察、比较与分析,发现并描述不同种类物体的特征或某个事物前后的变化 3.能发现事物间的因果关系
创造精神 1.经常会创造出新玩法,开发新内容 2.为解决问题,会尝试新的设备、材料,改变解决方案 3.能根据观察和探究结果,总结形成新的结论	对材料的操作能力 1.能用比较适宜于解决问题的方式操作材料和使用工具 2.能寻找独特的方法,发现事物间的各种关系 3.能寻求教师提供没有的材料和工具
求实与批判精神 1.善于思考和揣摩,能使用证据作为结论和解释的理由 2.善于反思,能将新发现与既有事实进行比对,敢于提出反问 3.敢于依据证据改变自己的想法	探究的深度 1.能保持平稳的探究进程 2.能热切而专心地深入探究材料,尝试不同角度的探索 3.对感兴趣的活动能提出接下来的活动建议,连续不断地深入研究
吸收精神 1.能够接纳和吸收他人的合理意见,修正和完善自己的想法和做法 2.按自己的想法完成后,能尝试使用别人的想法和做法解决问题	记录和统计能力 1.能用简单的图画记录自己观察和探究的事物 2.能用简单的计算、图表等方式对观察和探究的结果做简单的统计整理 3.能使用自己的记录和统计结果形成合理的解释
坚持性和独立性 1.不怕失败,能不断尝试 2.有自己的看法,对自己感兴趣的东西能坚持很长时间 3.自己的事情尽量自己探索,会适当拒绝帮助	表达与交流能力 1.能清楚地叙述自己在做的探究和发现的结果 2.能有条理地描述自己观察和操作的程序,以及事物间的相互作用关系 3.能对他人的发言做出自己的反应,提出新问题、新想法,并能和他人进行交流

2.教师的教育教学策略

教师的教育教学策略是否适宜直接影响着幼儿所获得的发展,也影响着教育的成效。教师的教育教学策略评价是学前儿童科学教育评价的重要组成部分。

(1)评价的基本原则

第一,全面性原则。对教师的评价不仅应该涉及活动设计、活动实施、教育目标的达成等教学的具体方面,还应该包括教师的教育反思能力、家园沟通能力、师德素养等隐性方面,以保证评价的公正性和客观性。

第二，多种评价方式并存。提高教师的教学评价，往往关注的是管理者的他评，教师大多是被动地接受批评或表扬。要发挥教育评价的真正作用，必须改变这种片面的评价方式，将自评和同事间的互评作为主要的评价途径。把评价作为研讨、反思和改进、提高自身教育水平的有力工具，形成教师自我发展和共同提高的氛围和条件。坚持以教师自评和教师间的互评为主，以检查性的他评为辅的评价方式。

(2)评价的指标体系

教师的教育教学评价见表6-2。

表6-2 教师的教育教学评价表

指标维度	具体内容
教育内容的意义性	1.教育内容符合幼儿的兴趣和需要，能有效引起幼儿的兴趣和关注 2.与幼儿的已有经验相关联，幼儿经过努力可以达到新目标，获取新经验
物质环境和材料的启发性	1.材料能引发幼儿的探究活动 2.材料有益于幼儿发现和获得相关经验，达到教育目标
教育过程的探索性	1.能有效引发幼儿的好奇心和探索欲望 2.充分调动幼儿已有的知识经验，进行新的猜想和预测 3.接纳幼儿的想法，鼓励幼儿按照自己的想法去操作和验证 4.鼓励和引导幼儿将新的发现与预想进行比较，并和同伴交流
教育结果的可持续性和多向性	1.注重长远教育目标和价值，重点考察幼儿乐学的态度、科学的品质和精神、解决问题的能力等方面 2.注重促进每个幼儿在原有基础上的成长，接纳幼儿不同的发展进程和速度，给予每个幼儿富有启发性的指导以及充分适宜的探究时间

(二)幼儿园常用的几种评价方案

1.作品取样系统

作品取样系统是一种连续推进的教学性评价方法，通过使用发展指引与检核表、档案和综合报告来帮助教师记录和评估儿童的知识、技能和行为等，是一种可靠的观察性评价方法。作为一种表现性评价，它帮助教师通过观察儿童在解决实际问题、搭建积木、用各种素材绘图、与同伴互动与探索时所展现的所知所能，搜集幼儿在教室内参与各种活动的真实表现以及他们的各种作品，来记录和评价儿童的知识、技巧和行为。同时，作品取样系统也是一种教学评价，通过在多种活动情境下持续记录与评估儿童在多个领域上的知识技能及成就，进一步协助教师为教学做出决策。

作品取样系统是一个系统性的架构,包含三个基本要素:发展指引与发展检核表、档案和综合报告。这三个基本要素相互关联、相互支持,共同组成作品取样系统。

(1)发展指引与发展检核表——评价活动的前提和基础

发展指引与发展检核表不但提供了一个观察3—6岁儿童发展的架构和一套观察的指标,协助教师观察、记录和评价学生的技能、知识、行为与成就,而且提供了一个有目的、系统化的观察框架。该指标是依据美国的国家课程标准和儿童发展知识制定的,用来增强和确保教师观察的可靠性和一致性。

发展指引呈现对每个年龄阶段儿童发展的适宜期望,可以让不同地方的教师用同一种标准来执行专业的判断,评价儿童的行为、知识、成就。发展指引将每一个特定的技能、行为或成就以一个单独的表现指标来呈现,在每一个指标之后,接着陈述该指标的重要性,并列举几个表现或行为的例子,以便教师观察和评价。

发展检核表是为了促进发展指引在教室里的使用,列出了所有表现指标及提供一年三次评价儿童表现的观察记录表格。教师对儿童的观察可以记录在发展检核表内。发展检核表采用等级评定的方式,所有的评定等级分为尚未发展、发展中、熟练三级,分别代表儿童在各项表现指标上的发展程度。

作品取样系统作为一种依据教师对儿童行为的观察来记录和评价儿童的观察性评价系统,其前提和基础便是拥有一个观察的参照标准,使教师的评价活动有标准可依。发展指引与检核表通过对儿童发展各个领域中不同功能分项及表现指标的界定,来帮助教师系统可靠地观察、记录和评价儿童,使教师的记录和评价工作更具可信度。发展指引与检核表是整个评价工作实施的基础和前提。

(2)档案(或作品集)——评价活动的核心要素

档案是有目的地收集可以展现儿童努力、进步与成就的作品。它详细、深入地记录了儿童所取得的成就以及进步的过程。档案是作品取样系统的核心要素,目的在于提供有关儿童思考与学习的实质性信息。相比于检核表,档案提供了更多描述性和个人化的信息。

作品取样系统主张以结构性的方法来收集两种儿童的作品:核心项目和个人项目。核心项目用来显现儿童跨时间的成长和儿童在不同课程领域的作品质量以及儿童的进步。它主要收集语言与文学、数学思考、科学思考、社会文化和艺术五个领域的儿童作品,而儿童在"个人和社会发展"及"体能发展与健康"两个领域的指标由于很难用作品的形式呈现,因此由教师直接观察并进行描述。个人项目主要用来展现儿童个人独特的特质,以及儿童整合各领域知识的能力。与核心项目不同的是,个人项目不需要教师事先规划,也不限于特定领域,只要是能展现某位儿童兴趣、才能、学习方式、重要成就或跨领域知识运用的作品都可以收集。

发展检核表和档案提供了两种不同的信息:发展检核表侧重检查孩子能够做到什么,档案侧重检查孩子如何去做的。二者相互支撑、相互补充,既记录了儿童能做什么,又体现出儿童如何去做,从广度和深度两个维度全面记录儿童的发展情况。

(3)综合报告——评价的结果

综合报告是教师根据儿童一段时间的表现,统整发展检核表、档案以及他们自己对儿童发展的了解与期望,来判断儿童在各个领域的表现与进步,并书写一段"综合述评"来描述儿童的优点和需要关注的地方。综合报告是一种取代传统成绩单,用来向家长和学校呈现儿童表现与进步信息的形式。由于综合报告可以呈现每个儿童在各个领域发展的详细信息,所以它既可以为教师的教学规划作出指引,又可以为教育管理者提供关于儿童的发展信息。综合报告一年需要填写三次,分别是上学期开始时、上学期结束时和一学年结束时,每次填写三份,一份给家庭,一份给学校,第三份由教师保存。

综上可以发现,在作品取样系统中,三个要素相互支撑,共同组成一个完整的评价系统。教师运用发展指引与发展检核表观察儿童的行为表现,将儿童作品收集在档案中,最后形成综合报告。发展检核表以教师期望和国家标准为评价的标准,记录儿童的成长;档案以视觉的方式呈现儿童作品的质量以及儿童跨时间的进步;综合报告将上述资料统一整理到一张报告表中,不仅幼儿的家长能了解,行政主管也能应用。其中,发展指引和发展检核表对于各年龄阶段孩子应有的学习期望进行了充分的说明,让老师们在建构评量项目时有一个清楚的依循架构。因此,发展指引和发展检核表是实施作品取样系统的前提和基础。档案作为该系统的核心要素,在发展指引提供的框架下,通过有计划地收集可以展现儿童努力、进步与成就的作品,来呈现每个儿童的个人特点、进步情况,其目的在于提供有关儿童思考和学习的实质性资料。档案与发展检核表是作品取样系统的两个重要组成部分,发展检核表更多地记录了儿童在各个方面的学习发展情况,档案则提供有关儿童如何学习与应用知识的学习历程。

作品取样系统包括个人与社会发展、语言与文学、数学思考、科学思考、社会文化、艺术和体能发展七个领域,每个领域各自涵盖数个表现指标,并且这些表现指标在三个要素中都有出现。

2. 观察分析法

在自然状态或准自然状态下,有目的、有计划地对幼儿的科学活动行为进行现场观察、记录,从而获得幼儿科学领域发展、教师科学领域专业发展信息,并通过信息资料分析对评价对象做出评价的一种方法。

(1)轶事记录法

"轶事记录法"就是在自然状态下,评价者或者教师自己详细记录教师、幼儿在某个特定的科学活动中的完整过程并作出评价的方法。一般在观察前,观察者就已经明确了欲观察的行为或者事件的类型,在观察时只需要等候这些行为或事件的发生就可以了。这种记录法的优点是,能全面详实地收集活动信息,全面反映教师、幼儿和活动本身的问题。但轶事记录法对观察者的要求比较高,没有现成的记录表格,完全靠事件发生时的速记。以下是对某大班幼儿在区角活动中自主探索的记录和评价。

5岁4个月的松松在结构区用纸卷了两个长短不一定的桥墩,然后将用积塑插成的桥面放在桥墩上,桥塌了。他又试了两次,桥还是塌了。松松停了下来,拿起桥墩看了看,又竖着比了比。他站起身,左右瞧瞧,最后目光停在了明明搭的桥上。一会儿,松松举手对老师说:"高老师,我想要纸杯子。"松松将老师给的一次性纸杯子排起来,再把桥面小心地放上去。这一次,桥没有塌。

评价:这次区角活动中,幼儿遇到困难,老师并没有急于帮幼儿解决困难,而是耐心等待,给幼儿充分思考和探索的空间。幼儿通过"试误"和观察,发现了桥塌的原因,并能通过借鉴别人的经验和向老师寻求支持解决问题。在幼儿自主探索、克服困难的过程中,解决问题的能力得到了发展。

另外,教师在日常工作中的评价,也可以通过轶事记录的方法进行,通过日积月累,能掌握丰富的活动资料。比如,幼儿在园一日生活中经常会表现出各种科学探究行为,或者向老师提出各种问题,教师如果能及时把这些事件详细记录下来,就可以了解幼儿对周围的哪些事物比较感兴趣,他们提出了哪些问题,他们是怎样探索的,哪些幼儿更富有科学探究精神。以下是某中班男孩在"宝贵的土壤"活动中关于科学探索行为的记录和评价。教师把幼儿带到户外长堤上,让每个幼儿寻找土壤里有什么。有个幼儿就埋头寻找,发现了一只小小的西瓜虫,于是他把西瓜虫捡起来,放在手心里,一会儿看看远处老师和小朋友,一会儿看看自己手心的西瓜虫,但是没有把自己的发现告诉别人,也不再寻找土壤里的东西。在集中谈话时,他对教师的问题也没有反应,一心注意他手中的西瓜虫,虫子在他的手里慢慢爬动起来,当西瓜虫快要爬到手掌边时,他马上用另一只手接过来。这时教师开始注意他的举动,走到他面前,终于知道了他的发现,就对他说:"等一会儿,把西瓜虫放到班上的自然角,好不好?"他点点头,依然低头照看他的西瓜虫。

评价:从以上事件记录中,我们可以具体看到这位幼儿的探究行为,他的发现、兴趣和态度等。

(2)行为观察检核法

在观察评价对象之前,我们可先依据评价的项目来确定观察的行为目标,并制成一份行为观察检核表,将要观察的行为列入表中。在实际观察时,只需要对照检核表的各个项目进行逐条检核,并在符合的条目上记号即可,但这些条目的设定必须反映出要评价的内容,具有代表性才行。

在使用中,行为检核可以通过现场观察和记录进行,也可以通过向幼儿提问指定问题的方式进行,记录幼儿对问题的行为反应并做出评判。

(3)情景观察法

情景观察法就是由评价者创设一个特殊的情景,将评价对象置于其中,通过观察和记录评价对象在该情景中的行为反应,来获取评价资料。

这种方法的特点是在有目的、有控制的情境中进行,而轶事记录法的特点是在自然的状态下进行。另外,情景观察法可以借助轶事记录法对评价对象的行为进行详实的记录,也可以借助行为检核表来记录信息。比如,某中班教师在科学探索区投放了一个新奇的玩具——惯性车(幼儿平时没有见过这种玩具)。教师先向幼儿展示小车后,告诉幼儿:"如果你想玩的话,随便怎么玩都行。"在幼儿玩过5分钟后,教师令其停止,并询问有什么问题要问。幼儿在该情景中可能有不同的表现,如果幼儿明确表示不想玩,则说明他对新异刺激没有好奇心;如果幼儿想玩,则观察其在规定时间(5分钟)内的探究行为并予以评价;如果幼儿在5分钟内提出不想玩了,则根据其在一段时间内的表现评价。

3.访谈法

访谈法又称谈话法,是指评价者通过直接和访谈对象进行交谈来获取信息资料,并通过信息资料的分析对评价对象做出评价的方法。相比前面的方法,访谈法获得的资料更为真实可信,也更为具体生动,富有个性。

由于访谈获得的资料比较难以标准化,而且访谈的实施费时费力,所以访谈法难以取得大样本的资料。随着近年来对质的研究逐渐受到推崇,访谈法的应用也越来越普遍。然而访谈法对访谈者的素质要求非常高,不仅要求对访谈内容非常熟悉,也要求访谈本人有较高的语言能力和敏锐的洞察力,善于倾听对方和理解对方。通常情况下访谈前要准备好由一些问题组成的访谈提纲,但题目不要过多。另外,访谈的形式多种多样,可以进行小组访谈,也可以进行个别访谈;可以访谈教师和家长,也可以访谈幼儿。在访谈幼儿时,问题的表述要具体形象,要适合幼儿的语言理解水平。

4.问卷调查法

为得到大范围的评价信息,评价者可以根据评价目的,向评价对象发放问卷,广泛收集信息,通过对获取信息的分析对评价对象做出评价。问卷法不受空间的限制,能在短时间内获得更多的资料。编制问卷是应用该方法的关键,问卷包含一些符合评价目的的问题,通过这些问题的回答,评价者就能做出评判。在幼儿科学领域的发展评价中,问卷调查法一般是用来向家长和教师了解本班或本园幼儿在园内和家庭中的科学领域行为表现,为评价提供信息;在教师科学活动指导效果的评价中,幼儿园管理者用问卷法广泛收集教师的科学教育理念及行为的信息,并对此做出评价。

5.决策导向或改良导向评价模式(CIPP评价模式)

CIPP评价模式是由美国著名教育评价专家斯塔弗尔比姆于20世纪60、70年代提出的一种教育评价模式。CIPP评价模式的基本观点是:评价最重要的目的不在证明,而在改进。它主张评价是一个系统工具,为评价听取人提供有用信息,使得方案更有成效。此模式包括四个评价阶段,即背景评价(Context Evaluation)、输入评价(Input Evaluation)、过程评价(Process Evaluation)、结果评价(Product Evaluation)。CIPP是四个阶段英文表达的第一个字母的组合。

(1)背景评价

背景评价,即确定课程计划实施机构的背景,明确评价对象及其需要,明确满足需要的机会,诊断需要的基本问题,判断目标是否已反映了这些需要。背景评价强调应根据评价对象的需要对课程目标本身做出判断,看两者是否一致。教育目标不是主观随意的行为,它必须依据社会的需要、幼儿的发展规律、教育的规律等来制定。如果没有背景评价,教育目标本身的可靠性就会遭到怀疑。

(2)输入评价

输入评价主要是为了帮助决策者选择达到目标的最佳手段,而对各种可选择的课程计划进行评价。在这一步骤中,评价者要确定达到教育目标需要投入的资源。例如,某一科学活动要动用大量的精密科学仪器,用到复杂的标本和模型,需得到博物馆的大力支持。尽管这个课程目标制定得更加科学,教学效果很好,但是对于一个缺乏资金支持和良好社区资源的幼儿园来说,很难通过输入评价。

(3)过程评价

过程评价主要是通过描述实际过程来确定或预测课程设计本身或实施过程中存在的问题,从而为决策者提供如何修正课程计划的有效信息。伴随教学过程的推进,评价会及时发现课程方案和教学过程中存在的问题,并反馈给方案制定者,以便于改进。它克服了目标模式重结果不重过程的弊端。

(4)成果评价

成果评价,即要测量、解释和评判课程计划的成绩。成果评价的目的:收集对结果的描述与判断,使之与目标背景、输入和过程信息联系起来,并对其价值与优点做出解释。

6.多彩光谱评价法

多彩光谱评价法的理论基础是霍华德加德纳教授的多元智力理论和大卫·亨利·费尔德曼教授的非普遍性理论。多彩光谱采用的是对各种智能一视同仁的公平测量方法。不同于传统测试的智能评估,它是一套依据更宽阔的智能观展现儿童智能多样性的评估方法。这种评估方法创造条件让儿童在多个领域活动,与真实的情境互动。它用一系列涵盖各个领域的、与儿童的日常生活相联系的学习活动,通过儿童完成任务的过程来评价和培养儿童。在使用多彩光谱项目的评价过程中,幼儿是主动的参与者、积极的展示者,而不是被动的测试接受者。

多彩光谱评价法的评估策略如下。

(1)向儿童全面展示七个学习领域

光谱方案采用的是课程与评价相结合的方式,方案设计了七个学习领域,以满足不同儿童展现和发展自己不同智力特征的需要。选择以领域而不是智力来设置课程内容,凸显出光谱方案对儿童整体性的理解,也体现了光谱方案尊重儿童认知差异的本质。

(2)通过多种方式,从多角度挖掘儿童的强项

从儿童自身的智力组合或非普遍性领域的发展来看,每个儿童都有其相对的强项。教师可以以光谱评估中列出的八个关键能力为依据,观察儿童在不同领域的强项和弱项,同时关注儿童的兴趣和能力差异。

(3)在具体的情境下发展儿童的强项

光谱方案通过合作的方式有针对性地发展儿童的强项。例如,每星期邀请导师来学校指导儿童,使儿童有机会与成人合作;学校与博物馆合作,使两种独具特色的学习环境相互促进;设计可以带回家的活动,让家长参与光谱活动;让儿童轮流担任强项领域活动的领导,扩大儿童之家的合作交流。

(4)为儿童发展搭建桥梁

为儿童发展搭建桥梁,即利用儿童的强项促进其弱项发展。搭建桥梁的方式有迁移学习内容迁移工作风格、迁移关键能力等。在搭建桥梁的过程中,教师必须向儿童全面展示工具和材料的使用方法,并通过提问的方式来帮助儿童对他们的工作进行反思。

多彩光谱评估法是通过多种渠道、多种形式,在多种不同的实际生活情境下进行的,考察儿童解决实际问题的能力和创造出初步精神产品和物质产品能力的评价。在多彩光谱评估中,儿童积极主动地协助收集、记录多彩光谱活动中的材料,主动参与评估活动。该评估法旨在揭示儿童意想不到的强项领域,能够为儿童带来自信。它特别适用于在传统学校课程中表现不佳的儿童。

在评价模式多元化的今天,只采用单一的评价方式已不能适应幼儿多元化的发展。不同的评价模式具有不同的特点,适应于不同的评价领域。对学前儿童科学教育评价而言,最重要的是了解不同评价模式的特性,根据实际情况选择或组合不同的评价模式,让评价工具在学前儿童科学教育中发挥最大的作用和价值。

第七章 实践性教育法在学前儿童科学教育中的应用

第一节 学前儿童科学教育中常见问题的分类与概述

一、学前儿童科学教育中常见的问题

根据当前社会发展需求,科学教育发展形势较好,但总体而言,我国科学教育起步较晚,幼儿园一直普遍注重常规知识课程,存在为入小学打下基础的想法,而忽视了科学教育的重要性。就算及时开展,课程内容也是跟其他课程一样,幼儿动动手操作,基本跟平时的常识课没有什么大的区别了。这种课程开展,很难实现有益于幼儿终身发展的价值,也很难发展幼儿的主动积极性和创造性。幼儿园内容安排不合理,教育方法不恰当,教师素养匮乏等,都影响到了幼儿园科学教育发展,影响到幼儿培养出科学教育的积极性,现将主要问题呈列出来。

(一)对科学教育的认识不够

1.科学教育被等同为知识教育

长期以来,我国幼儿园科学教育一直把对知识的掌握放在教育目标的首位,教育目标所追求的价值主要指向为幼儿入小学做准备;教育目标的表述基本上以知识为主要线索,目标具体到各个年龄阶段时,就分成为小、中、大班儿童应掌握的庞大的知识体系。这种知识本位的教育理念根本上并不利于幼儿的终身发展,也难以培养幼儿的主动性、积极性和创造性。但受这种观念的长期影响,至今仍有很多幼儿园在实施科学教育时出现了明显的"小学化"倾向,使幼儿早早地便受到传统教育的浸染。这种严重违背幼儿生理和心理健康成长的教育模式,已经背离了科学教育活动

的根本目的,只会严重阻碍儿童的身心发展[1]。

2.科学教育被认为是要尽量地缩短儿童童年期的教育

在幼儿教育发展史上,儿童曾一度被当作"小大人",但这种忽视儿童童年生活、成长规律的教育理念很早就得到批判,并逐渐被人们所摒弃。但就当前幼儿园科学教育活动的开展现状看,儿童的童年期被人为地缩短,儿童被当作"小大人"的问题又以各种新的形式表现出来。如一些幼儿园和幼儿家长对"神童"培养十分迷恋,片面地强调幼儿智力的发展,强调在幼儿园科学教育活动中设计许多纯智力性的科学游戏,旨在超前发展幼儿的应变能力与智力。儿童在这种由成人从自身视角出发打造的环境中进行科学探索活动,肯定是难以真正体会到自由探究的乐趣的。

3.科学教育被认为是成人教育者主导的教育

在科学教育活动实践中,教育者普遍对科学教育本身缺乏科学合理的认识,他们往往认为幼儿科学教育就是让幼儿进行各种科学实验以及动手制作,教师在科学活动中则要处于"权威"的地位,由教师来决定活动内容的选择与安排、材料的提供与使用、场地的布置与安排、活动形式的选择与运用、活动的开始与进行时间的长短、活动结果的反馈与评价等。这种完全由成人教育者主导的科学教育模式既无利于构建平等和谐的师生关系,更难以使科学教育活动真正成为儿童自主体验和探究的活动。

(二)科学教育目标的设定与学前儿童发展水平不相符

1.目标设定不适合当前幼儿发展水平

科学教育根据幼儿兴趣水平随时调整,引导出和指向最为适宜的目标。科学教育内容涉及广泛,上至天文下至地理,以及自然社会科学实验都是其中之一。当前幼儿园科学教育涉及大、中、小三个年龄段,教师在教育活动中,由于自身素养问题,设计的课程目标不符合幼儿发展特点,但是为了完成既定的目标,硬要把这些知识强塞给幼儿,使孩子失去了学习科学的兴趣和动力。

2.注重精确性,忽视幼儿理解能力

幼儿年龄小,理解能力弱,不能够了解深奥的科学道路,对科学现象也

---

[1]曹广芹.关于幼儿园科学教育与活动指导课程思政的思考[J].中国现代教育装备,2022,(20):65-67.

只是初步认识。在课程中,老师有时候会把自己的经验带入给幼儿。比如在给大班做膨胀的课程,教师直接让幼儿用不同的材料去做实验,最后请幼儿说出哪些东西能膨胀,对于不常见的材料,幼儿无法说出他的名字,也就无法说出他的实验结果。所以进行课程之前,老师应该让幼儿认识一下各种材料,做好铺垫后再进行下一项操作。所以,我们在科学实验中,应该给幼儿单独开展一些认知工具和各种材料的课程。有了知识积累,幼儿更容易了解,也有益于课程的开展。

3.重视正规性教学,忽视非正式随机的教学

正规性教学是幼儿园提供的教学目标,是有计划有目的地选择课程内容,提供相应的材料,有步骤地开展科学教育活动,学习内容统一、固定。老师直接指导较多,时间和自由度受限。教师给全班幼儿指导,大家共同操作实践,幼儿思维方式、学习方式都是固定的。这种做法重视幼儿认识事物的特点,无法使幼儿科学活动成为幼儿自主探究学习活动。应该给幼儿创设一个自由环境,提供丰富多样的材料,幼儿选择自己感兴趣的活动内容,并用自己的方式去围绕偶发性事件开展科学活动。因此幼儿才有兴趣性、主动性和迫切性。

(三)科学教育教学过程没有以幼儿为主体

1.重视目标的完成,缺少实际操作过程

幼儿园科学教育普遍倾向小学化,注重数学内容,而不重视科学教育内容。即使开展科学教育,次数也是少之又少,都依照所发课本按数教完,不注重生活中的科学教育,只追求局限的知识累积。在幼儿园课程中,一说到科学教育主观就是小实验、小制作。教师只追求幼儿动手完成的一致目标,而不是幼儿在实验制作中,能够动脑去思考探究,通过实验失败积累经验。教师都是给幼儿一系列的正确引导得出所需结果,幼儿操作自由性不强,再加上内容选择匮乏,生活中一些有趣的科学现象,认识大自然、爱护小动物等课程也不受重视,自然而然造成幼儿对科学内容提不起兴趣。

2.幼儿园科学教育评价缺乏合理性

科学教育中,很多问题都和评价有关,都需要通过评价做出判断。幼儿园中,教师都重视总结性评价,忽视诊断性评价与形成性评价。教师以

"权威"身份评价幼儿的探究对错。总是以自己的总结性评价来判断整件事的对错,幼儿遇到什么困难不是自己去思考解决,而是问老师我该怎么办。久而久之,老师才是得出科学结果的人,而不是以孩子为主。幼儿探究欲望不高,兴趣不浓。教师应该转换身份,作为一个一起和幼儿探究的身份角色,积极支持促进幼儿,而不是作为一个判定者的身份,让幼儿说出总结性要点,教师只需要归纳总结出即可。

(四)家庭资源利用不足

家园共育促进幼儿发展,教师往往只重视课堂教育,家长也普遍没有共育理念,造成教师累、家长闲的情况。教育不仅仅是幼儿园的义务,也是家长的义务。共同合作能使幼儿快速成长,合理利用家园共育,教育会事半功倍。我们可以将科学育儿理念宣传灌输给家长,配合我们去开展各项工作。

二、提升学前儿童科学教育有效性的策略

(一)改变思想,更新幼儿园科学教育观念

树立好新的教育观念,将科学活动纳入正常的教育活动。突破传统教育,提倡"开放教育、发展适宜教育、合作教育、生活教育"理念。关注每个幼儿个别差异,尊重幼儿个别发展差异。培养幼儿科学好奇心、主动性,让幼儿在观察、尝试、操作中得到发展,给予幼儿自由空间,教师引导幼儿学习,师幼相互理解共同发展。

(二)幼儿园科学教育目标的儿童化

幼儿园科学教育目标的"儿童化"指在进行幼儿科学教育的目标定位和确定其价值取向时,要站在人的终身学习和持续发展的高度,一切以幼儿的全面发展为出发点,把激发幼儿爱科学、学科学的兴趣、情感和探究科学的欲望放在首位,引导幼儿学习简单的科学方法,让幼儿在自主探究的过程中获得有关周围事物及现象的科学认识,从而形成初步的科学素养。幼儿园科学教育的过程并非短期行为,其目标体系应当以人的全面发展为根本目的,为培养具有积极主动性、探究性、创造性的人才奠定基础,因此,幼儿园科学教育要注重对幼儿科学兴趣、科学态度的培养,使儿童

获得"科学精神"和"科学方法",愿意并知道如何去认识事物。

(三)幼儿园科学教育内容的儿童化

这指的是在选择和编排幼儿园科学教育内容时要考虑内容的广泛性和启蒙性、实用性和生活性、季节性和地方性、趣味性和可接受性、科学性和综合性等,使之符合幼儿的兴趣与实际需要,贴近幼儿的生活实际。维果茨基认为:"学龄儿童按照教师的大纲学习,而学前儿童的学习则是按照教师的大纲变成自己的大纲的程度而定的……大纲实施的次序应符合儿童情感丰富的兴趣,符合他的与一般概念相联系的思维特点。"科学教育活动首先要实现"教育目标的需求化",即教师的大纲要变成幼儿自己的大纲,这种转变的程度即两者的结合程度决定着幼儿学习与发展的程度;其次是大纲实施的次序应符合幼儿的兴趣和水平。这个次序不应是预先定好的、不可变动的次序,而应根据幼儿的兴趣与水平随时调整。总之,幼儿园科学教育活动的内容要来源于幼儿的周围生活,教师所挑选的科学活动素材无论从内容还是深度而言都要与幼儿成长有关,都要指向幼儿日后的发展与生活。

(四)幼儿园科学教育方法的儿童化

科学教育方法的儿童化指的是科学教育活动的方法、组织形式和手段都要以幼儿自身的特点和规律为前提,既适合幼儿发展,又为幼儿喜欢,且易于接受。马克思主义认识论认为,"人类的一般认识过程是由实践到认识,再由认识到实践。这种形式循环往复以至无穷,这是认识发展的全过程"。教学过程即是一个包括认识和交往实践两个方面的活动过程。幼儿园科学教育活动要能吸引幼儿并引导其主动探索,必然依赖教师与幼儿的互动。因此,科学教育活动的"儿童化"就是要尽量创造条件让幼儿多动手、动口、动脚、动脑,教师则要有准备地"教",提供的学具应具有直观形象性和灵活多样性。

(五)幼儿园科学教育评价的儿童化

第一,评价要经常化。幼儿园各种类型的科学活动是经常进行的,如教师组织的有计划的和随机的科学活动,此外幼儿在科学区角等环境中还会进行各种自主的游戏活动。因此,教师需要对科学教育活动进行经常性的评价,它既有利于教师自身的专业成长,又有利于教师及时调整教育目标和策略,以促进幼儿的发展。

第二,评价应以促进幼儿的发展为目的。教师的评价应是为了解、判断幼儿当前的水平,并为进一步引导和促进幼儿的发展提供依据,而不是要判断幼儿智商的高低,给幼儿标上上、中、下或好、中、差的标签。

第三,评价要接纳和尊重儿童之间的差异。不同的儿童在各自发展的优势领域、发展的起点、发展的速度和最终达到的发展水平等方面都有很大的差异。他们的思维特点和学习方式也各不相同。为此,教师要尊重幼儿的这些差异,尽可能少地做横向比较,而更多地看到儿童在原有水平上的发展与进步。

第四,要结合幼儿真实具体的探究活动评价幼儿的发展。长期以来,在幼儿园科学教育实践中,教师往往注重在学期初为了解幼儿的基础水平而进行的诊断性评价和学期末为了解幼儿本学期的发展水平所进行的终结性评价,对于幼儿在科学探究方面的发展进程则了解较少,对于幼儿在每次探究活动中获得了什么发展和怎样获得发展的重视不够。鉴于此,教师必须树立发展性、全面性、科学性的评价观,要学会关注并评价幼儿在自发的个别或小组活动中,以及在教师组织的集体或小组活动中表现出来的科学探究能力和科学精神品质。

(六)家园共育合作

家庭教育是幼儿教育必不可缺的,实质上教师要与家长共同合作,这样才能帮助幼儿接受科学教育。父母是幼儿最好的启蒙老师,学校的一些科学教育也是在幼儿家庭教育的基础之上进行的。比如认识橘子,幼儿在家中结合品尝过后的经验,父母教育中的引导,在课堂上就能够知道橘子的颜色、形状和味道,老师再加以拓展到橘子的生长地和妙用,达到教育双赢。而幼儿课堂上学会的等量分类,运用到家庭生活中分配碗筷、食物,这些都是通过家园密切配合,使幼儿受益的。那么在家园共育中家长要做到哪些呢?

1.正确对待幼儿好奇发问

对于孩子的提问,正确对待,积极回答,如果不知道,可以通过参考一些资料来解答,保持幼儿好奇心和探究欲望。也可以直接回答、引导幼儿思考探索和指导幼儿阅读来解决。启发幼儿联想,加深幼儿求知欲。

2. 利用家庭生活条件,引导幼儿观察周围事物

例如,吃的食物、家中电器、微波炉的作用等,都可以引导幼儿观察。着手培养幼儿观察能力和习惯,并可以通过感官去验证。

3. 鼓励幼儿探索活动

幼儿在进行挖沙建造、养殖动物植物等,给予鼓励和帮助。不认为孩子调皮而制止。给予合理的物质条件,父母也可以和幼儿共同参与进去。

总之,在科学教育活动中,教师要多让自己成为一名和幼儿一样的探索者,尽量去了解幼儿的内心世界,了解他们的疑问,尊重他们的想法,引导幼儿进行大胆尝试,支持和鼓励他们的探索兴趣。只有这样,才能在科学教育活动中激起幼儿强烈主动的探索欲望。

第二节 学前儿童科学教育的课程演练和案例分析

一、关于人体

(一)示范教案1

教案如表7-1所示。

表7-1 我们的皮肤

教学科目:幼儿园科学教育	授课班级:大班	授课教师:
活动名称:我们的皮肤			
活动目标: 1. 萌发探索人体的兴趣 2. 在观察和操作中,初步了解皮肤的构造和功能,提高观察能力和触觉感受力 3. 知道注意保持皮肤的清洁,并使皮肤不受损伤			
活动重点:了解皮肤的特征与功能			
活动难点:知道如何保护皮肤和保持皮肤清洁			
活动准备: 1. 幼儿已认识过人体的某些器官 2. 操作材料:冷水、热水、夹子、羽毛、石子、玻璃球、绒毛玩具、木块、放大镜、印泥、白纸、记号笔			

续表

活动过程:
一、引起动机阶段
小朋友,你们觉得人体中什么器官最重要?
(在幼儿已认识了人体一些器官的基础上。请幼儿自由发表意见)
二、初探阶段
第一层次:请小朋友互相找一找身上哪些地方有皮肤(幼儿观察议论,得出人的身体上每个地方都有皮肤的结论)
教师提出问题引发幼儿思考:皮肤是人体最大的器官,我们如果没有皮肤会怎么样?两分钟的时间让幼儿自由讨论。
第二层次:在讨论的基础上通过观察和操作,了解皮肤的构造和功能
1.按小组分发材料。材料安排如下:
第一组:冷水、热水
第二组:夹子、羽毛
第三组:石子、玻璃球
第四组:绒毛玩具、木块
第五组:放大镜、印泥、白纸
第六组:记号笔
请小朋友去玩一玩桌上的材料。互相说说发现了什么,感觉到了什么
2.请小朋友用自身的皮肤去操作。教师指导:说一说发现了什么?感觉到了什么?(一只脸盆里的水是冷的。一只脸盆里的水是热的;夹子夹在手上很疼,羽毛碰在手心上痒痒的;石子是粗粗的,玻璃球是滑滑的;玩具是软软的,木块是硬硬的;橡皮泥在手里捏软软的,也可以把手印到橡皮泥上,用放大镜可以看橡皮泥上的手纹,也可以看手上有毛孔、汗毛。手上还有指纹和手纹;用记号笔画一条线在手上,把皮肤拉紧,线条就变长了……)
第三层次:小朋友去交换玩一玩刚才没玩过的材料
师生小结:皮肤上有细细的毛孔和绒绒的汗毛。热了,毛孔能帮助身体排汗、散热;冷了,毛孔就缩小,不让冷空气进入体内。手上有指纹和手纹。而且每个人的指纹和手纹是不一样的;它还能感觉出冷、热、痛、痒,感觉出物体的软硬、光滑和粗糙;皮肤还具有弹性。
第四层次:师生讨论:在生活中我们应该如何保护我们的皮肤呢?
启发幼儿从以下几个方面进行讨论:要勤洗澡,洗脸、洗头、换衣,防止尖利的器具损伤皮肤;如果受伤了,要及时擦药;要加强锻炼,使皮肤更健康。
三、综合阶段
游戏《对与错》
请小朋友仔细听,如果我说的话是对的,就举起手中的红卡,如果是错的,就举起手中的绿卡
1.蔬菜和水果使我们的皮肤变得不健康(错)
2.喝水对皮肤有好处(对)
3.皮肤被划破了,就再也不会好了(错)
4.小朋友用了化妆品能使皮肤变得更好(错)
5.最薄的皮肤是嘴唇,最厚的皮肤是指甲(对)
(也可以老师说指令,小朋友指自己的身体部位,然后请小朋友说出他的结构和形态)
四、师生小结
教师提出问题,引起幼儿思考与讨论
1.仔细观察自己的手臂皮肤上有什么(可以用放大镜观察)
2.皮肤除了能感觉到冷、热外还能感觉到什么
3.想一想清洁皮肤的方法,越多越好
五、活动延伸
今天我们对皮肤了解了这么多,请小朋友回家后尝试用多种方法洗手,明天来幼儿园时和小朋友一起分享

教案评析:本次活动的目的是让幼儿了解皮肤的功能,提高幼儿的观察能力和触觉感受力。因此,在活动设计时,进行新课的三个层次都是围绕幼儿动手操作材料展开的。第四层次是"教学难点",在幼儿前三个层次动手操作获得感性经验的基础上,让幼儿讨论如何保护皮肤。这种先感性后理性的教学方式,正符合幼儿直观形象思维向抽象逻辑思维过渡的特点,使教学难点得以突破。师生小结部分又一次强调了教学重点和难点问题。教师很好地完成了教学目标。

(二)示范教案2

教案如表7-2所示。

表7-2 各种各样的声音

教学科目:幼儿园科学教育	授课班级:小班	授课教师:
活动名称:各种各样的声音		
活动目标: 1.能辨别不同事物发出的不同有趣的声音是 2.幼儿在活动中能认真倾听各种声音 3.乐于倾听各种悦耳的声音时,激发对各种声音的好奇和兴趣		
活动重点:辨别不同事物发出的不同的声音		
活动难点:回忆听到过的声音并进行模仿		
活动准备: 1.幻灯片 2.各种会发出声音的玩具(幼儿人手1~2件)		

续表

活动过程：
一、引起动机阶段
师：小朋友们，今天大森林里举办动物王国运动会，你们想不想去转转啊
二、初探阶段
第一层次：幼儿倾听自然的声音
教师带领幼儿进入活动室，播放幻灯片，展示鸟叫声、树叶的沙沙声、小河的流水声等。每次播放一种声音，暂停一下，引导幼儿说说是什么声音并试着模仿
师：听，这是什么声音？你能模仿出来刚才听到的声音吗
以同样的方式播放其他的声音，辨别并试着模仿。
第二层次：幼儿倾听玩具的声音
教师启动会发声的玩具，引导幼儿听听是什么在发出声音。教师拿出准备好的会发出声音的玩具，分发给幼儿，引导幼儿听听，是什么发出的声音。幼儿自由地玩玩具、听声音。教师鼓励幼儿互相交换玩具，听听不同的声音。然后教师任意挑选几个玩具，依次弄出声音，引导幼儿判断是什么玩具发出的声音
师：咦？是谁发出的声音？你们可以互相交换玩具，听听不同的声音
三、综合阶段
回忆听过的声音：教师引导幼儿回忆平时在公园里、马路上、家里等地方听到的声音，并模仿给大家。
师：小朋友们，你们平时还听到过哪些好听的声音呢？可以模仿给大家听，让大家猜一猜
四、师生小结
自然界中有各种各样不同的声音，不同的玩具也可以发出不同的声音
五、活动延伸
教师总结：生活中会听到各种各样的声音。同时，请幼儿留意自己听到的好听的声音，并于第二天早晨来园时与教师和同伴分享

教案评析：整个活动以《3—6岁儿童学习与发展指南》中的"喜欢接触大自然，对周围的很多事物和现象感兴趣"为目标，层次清楚，活动过程的设计环环相扣，层层递进，达到了预期的目的和效果。各种会发声的玩具激起了幼儿探索的欲望。幼儿在自由地摆弄中探索玩具发出的声音，并尝试模仿其声音，这充分调动了幼儿的视觉、听觉、触觉，使多种感官协调同用，符合幼儿的认知特点。在活动中，幼儿的情绪高涨，探索欲望强烈。

（三）示范教案3

教案如表7-3所示。

表7-3 舌头本领大

教学科目：幼儿园科学教育	授课班级：大班	授课教师：
活动名称：舌头本领大			
活动目的： 1.了解舌头的外形特点和结构 2.让幼儿在尝试、比较、讨论中了解舌头的三大作用 3.引导幼儿认识到在生活中该怎样保护自己的头 4.发展幼儿的味觉感官，培养其探索自身奥秘的兴趣			

续表

活动重点:了解舌头的外形特点及作用
活动难点:知道在生活中该怎样保护自己的舌头
活动准备: 1.每人镜子一面、调味品一份(包括酸、甜、苦、辣、咸),吸管一份 2.电脑、投影仪、多媒体课件
活动过程: 一、引起动机阶段 1.教师和幼儿一起玩"舌发出声音"的游戏 2.提问:是什么帮助我们发出这些有趣的声音 二、初探阶段 第一层次:你有没有仔细地观察过它？今天老师为每个小朋友准备了一面镜子。请你仔细地观察一下自己的舌头,看看它的上面、下面有什么 第二层次:教师把自己的手当作舌头演示,教幼儿认识舌头各部分的名称:舌头后面连着喉咙的部分叫"舌根";舌根的前面部分叫"舌体";舌体的最前面叫"舌尖";舌体的上面叫"舌背";舌背上有舌乳头、舌苔;舌体的下面叫"舌腹";舌腹上有舌系带、血管和突起。小舌头自己还想介绍一下自己,我们一起来听听它说什么(课件) 第三层次:幼儿和教师试试舌头不动。还能不能说话？舌头除了帮助我们说话,还有什么作用(幼儿讨论) 第四层次:教师请幼儿用吸管品尝各种调味品。品尝后教师提问:你尝到了什么味道？是什么帮助你知道这些味道的？舌头为什么能尝出各种味道呢？(教师:因为舌背上有许多小小的味蕾,这些味蕾对味道特别敏感。)什么地方的味蕾对什么味道反应最灵敏(看多媒体介绍) 第五层次:舌头上面那层白白的你们知道是什么吗？(舌苔)你们互相看一看你们的舌苔是一样的吗？为什么有的小朋友的舌苔会特别重 师生小结:因为舌头是反映身体状况的一个标志。我们的舌头不仅能帮助我们说话、品尝味道,还能反映我们身体的健康状况,舌头的作用真大 三、综合阶段 讨论如何保护舌头。如果舌头生病了或受伤了,我们一定会觉得很痛苦,那么应该怎样保护自己的舌头呢(幼儿讨论) 四、师生小结 舌头最怕刺激性强的食物。我们以后吃东西时要小心,不要吃太辣,太烫或太冷的东西,也不要吃得太快,不能边吃边说,以免咬着舌头;还要注意多吃一些蔬菜、水果,增强营养,保持口腔卫生,早晚刷牙,饭后漱口,让小细菌无法生长 五、活动延伸 回家找资料查查动物的舌头是不是跟人类的长得一样。它们有什么特殊的本领

教案评析:本课教学通过教师示范、幼儿尝试、多媒体辅助等多种教学手段,多层次、多角度地展现了舌头的结构及保护舌头的方法,既符合幼儿认知特点又突出了教学重点。教学难点也在师幼的讨论中迎刃而解。

二、关于自然生态环境

(一)示范教案4

教案如表7-4所示。

表7-4 各种各样的鱼

教学科目:幼儿园科学教育	授课班级:小班	授课教师:
活动名称:各种各样的鱼			
活动目标: 1.认识几种常见的鱼,并能说出其外形特征 2.要乐于观察,并萌发爱小动物的情感 3.保持积极的情绪			
活动重点:知道几种常见鱼的名称			
活动难点:能够说出几种常见鱼的外形特征			
活动准备: 1.幻灯片、PPT 2.与幼儿人数相同的鱼(如金鱼、鲤鱼等)的硬纸套卡 3.音乐			

续表

活动过程：
一、引起动机阶段
教师播放幻灯片，画面背景为蓝色的水，里面有一些具有典型特征的鱼儿，如射水鱼、金鱼、鲤鱼等，周围配有水草。教师引导幼儿观看在水里美丽的鱼儿，并激发幼儿认识鱼儿的兴趣，从而引起活动的主题
二、初探阶段
第一层次：观察常见的鱼
师：我们一起和这条鱼打个招呼吧！看，鱼儿在水里面干什么呢？（小鱼在水里面游来游去。提醒幼儿把话说完整）那我们也学小鱼游游吧！（音乐起，师幼一起做运动，学小鱼游）小朋友，我们快找个地方坐下来吧。你看，老师这儿还有许多鱼呐。我们来看看它们和这条鱼有什么不一样。
第二层次：观察鱼的特征
1. 出示PPT1（幼儿自由讲述，教师给予适当补充，注意培养幼儿的观察能力）
小结：大海里的鱼真多啊！每一种鱼都长得不一样喔。有的大，有的小，有的扁，有的是三角形的，真是有趣极了
2. 说说神奇的鱼（出示PPT2）这是什么样的鱼？（这是一条黑白相间的鱼）咦，这是什么？它在干什么呢？（引导幼儿仔细观察）这条鱼最大的本领就是能从嘴里吐出泡泡射击水面上的虫子作为食物，所以这条鱼有了这样一个名字——"射水鱼"。小朋友，射水鱼的本领是什么呀？（幼儿讲述）那你们想不想玩射水鱼射水的游戏呢？（想，我来做射水鱼。请个小朋友做小虫子，射水鱼的水射到你，你就要跌倒了喔）师幼玩游戏
3. 以同样的方式教幼儿认识其他鱼的名字及特征（鲤鱼、金鱼等）。最后，带幼儿复习一下各种鱼儿的名字
三、综合阶段
教师将准备好的屏幕上的各种鱼儿的硬纸套卡发给每个幼儿一套。教师任意说出一种鱼儿的名称。引导幼儿拿出相应鱼儿的卡片。教师及时检查、纠正幼儿出示的卡片是否正确。对于幼儿易于认错的鱼儿，教师可以帮助幼儿复习一遍鱼儿的特征，以巩固、加深幼儿对鱼儿的认识。最后，教师播放幻灯片，画面分别为各种各样的动植物。教师不必每一样都做介绍，只要引导幼儿有初步感知即可
四、师生小结
今天我们一起认识了很多鱼儿，谁能告诉老师你认识了哪些鱼儿？鼓励幼儿大胆描述鱼儿的特征
五、活动延伸
鱼儿在海洋里也是很弱小的，随时会面对各种危险，比如更危险的动物的侵袭；还有的是人们的无意伤害，比如有人把脏东西倒进水里面使小鱼生病，有人浪费水资源，让许多小河干旱，小鱼没有温馨的家等。希望我们的小朋友不要随便往水里倒各种脏东西，让鱼和人们都生活在干净优美的家中！

教案评析：从整体来看，本活动很好地实现了《3-6岁儿童学习与发展指南》中"认识常见的动植物，能注意并发现周围的动植物是多种多样的"这一目标。活动中，教师通过利用吸引幼儿注意力的幻灯片，向幼儿呈现了自然界中各种各样的动物和植物。教师通过观察、讲述、教师讲解来分散教学难点，使幼儿在欢乐轻松的环境中能够说出几种常见鱼的外形特征。整个活动环环相扣，动静结合，达到了预设的教育目标。

(二)示范教案5

教案如表7-5所示。

表7-5 认识植物身体

教学科目:幼儿园科学教育	授课班级:大班	授课教师:
活动名称:认识植物身体			
活动目标: 1.能识别植物"身体"的各个部分,知道一般的植物是由根、茎、叶、花、果实、种子等部分组成的 2.通过"拣菜"的实践活动,培养幼儿的劳动意识及动手操作能力 3.体验植物与人类的密切关系,感受植物世界的多姿多彩			
活动重点:能够正确识别植物身体的各部位名称			
活动难点:正确指出并说出植物身体的各部位名称			
活动准备: 1.集体活动前让幼儿观察多种植物,使其并对植物的"身体"有初步的感知 2.课件:一株黄豆的生长过程 3.部分植物、盛菜的篮子 4.植物"身体"各部分的分解图、白纸、胶水等			

续表

活动过程： 一、引起动机阶段 师：这几天，你们去找植物了吗？一定看到了许多植物吧！谁来讲给大家听听（幼儿描述自己看到的植物） 二、初探阶段 第一层次：主动探究，自主建构 请幼儿观看课件：一株黄豆的生长过程 老师讲解：植物的身体也像人的身体一样。是由几部分组成的。你们知道这株黄豆苗的身体是由哪几部分组成的吗？教师点击黄豆苗的各部分，逐一呈现根、茎、叶、花、果实、种子。 第二层次：提供实物 每个小组分有大蒜头、树叶、黄瓜、苹果、萝卜、花生、茄子、青椒等。让幼儿动手操作，摸一摸，看一看，切一切，教师巡回指导，（教师将黄瓜、茄子、青椒等果实切开）重点指导幼儿发现种子，并再次播放课件，提示幼儿注意种子出芽及生长的过程 第三层次：了解植物身体的各部分 1.拼植物 师：种子的本领真大。其实植物身体上的每一个部分都很重要。这里是几种植物身体组成部分的图片，它们能拼成一株什么样的植物呢（教师分发画有植物"身体"各部分的分解图） 2.幼儿展示并介绍自己拼的植物 师：谁来向大家介绍一下，你拼的是什么植物？它是由哪几个部分组成的 师：一般的植物有根、茎、叶、花、果实、种子，但也有一些植物不是这样。如竹子（放课件）有根、茎、叶、花，没有果实、种子。在自然界中，像竹子这样的植物还有很多。 三、综合阶段 操作实践，加深认识 1.幼儿自由讲述，教师参与讲评 师：我们知道了植物的身体是由各个部分组成的。但是你们知道哪些植物是可以吃的？吃的是它身体上的哪个部分吗？ 2.幼儿分小组拣菜，并互相交流 师：今天我们来帮厨房里的伯伯、阿姨拣菜。每一组的篮子里装有不同的蔬菜。大家先认一认，自己组里拣的是什么菜？再想一想，我们吃的是它的哪部分？把能吃的部分放在一个篮子里，不能吃的放到另一个篮子里。（给各小组分别提供：豆角、芹菜、菠菜、花菜） 3.各小组派一个代表上来介绍 四、师生小结 植物也是有生命的，我们可以和它们做朋友，因为它们可以给我带来健康，所以我们更要保护它，爱护它 五、活动延伸 只要留心观察，我们就可以发现。生活中的很多物品都是由植物做成的。小朋友们动动脑筋，想一想。我们可以用活动区中的这些材料做出什么样又好看又好玩的东西？（活动区提供植物的叶子、种子等，让幼儿进行操作）

教案评析：在幼儿基本掌握了植物"身体"有关知识的基础上，本节课通过让幼儿看多媒体演示，听老师讲解，和自己动手亲身体验等教学层次，调动了幼儿多个感官的参与，使幼儿做到了动脑想、动手拼、动口说。在兴趣盎然的活动中，突出了本节课的教学重点，突破了让幼儿掌握植物身体各部位名称的教学难点。

(三)示范教案6

教案如表7-6所示。

表7-6 水的溶解

教学科目:幼儿园科学教育	授课班级:大班	授课教师:

活动名称:水的溶解

活动目标:
1.使幼儿在观察比较、探究的过程中,了解日常物质哪些能溶于水,哪些不能溶于水
2.能大胆描述自己在实验中看到的现象,学会填写实验单。并增强幼儿实事求是的科学态度

活动重点:通过观察和比较理解物质在水中的现象(溶解)

活动难点:理解溶解的现象并能描述出实验现象

活动准备:
1.一组一份记录表、透明杯子若干、石头、油、方糖、果珍、白糖、咖啡、盐、醋
2.适量小勺、筷子、小网各四个(2~4人一组)
3.被污染的水的若干图片,其他可溶解于水的物质,如咖啡、奶粉、感冒颗粒等

活动过程
一、引起动机阶段
出示实验材料,激发幼儿活动兴趣
教师请幼儿走到实验桌前(桌子上准备了各种实验材料)看一看、闻一闻、说一说、摸一摸,教师要把这些实验材料发给每一组小朋友,让大家一起做实验
二、初探阶段
第一层次:教师分发材料包,每一组幼儿有石头、油、方糖、果珍、白糖、咖啡、盐、醋各一份,八个透明杯子
幼儿动手操作,把这些材料分别放入杯子,看看有什么有趣的现象发生。教师引导幼儿围绕"把这些实验材料放到水中会怎么样?谁能取出来?谁不能取出来?"进行观察。每一组选一名幼儿把大家实验的结果填写到实验单上
第二层次:教师进行演示实验,并一边实验一边和幼儿进行交流,验证幼儿所做实验是否正确。教师一边实验一边填写实验单,并告诉幼儿在填写实验单时一定要事实求是
第三层次:教师再次用白糖、咖啡、盐、醋做实验,让幼儿猜想实验的结果,让幼儿观察,并尝试说说溶解现象
三、综合阶段
老师出示面粉,并把少量面粉放入杯子,倒入一杯白水,充分搅拌,让孩子作出判断,面粉是否溶于水。在幼儿作出判断后,教师告诉幼儿,有的实验是需要时间的,我们需要等待一会,才能得到正确答案,不能过早下结论。教师把装有面粉的水杯放到一边
四、师生小结
今天通过实验,我们知道了不同的物质放在水中会有不同的现象发生。石头放在水中,会沉下去;油放在水中,会浮起来;果珍放在水中,会改变水的颜色;冰糖放在水中,最后会消失。冰糖和果珍经过充分地搅拌后,能不能利用各种小工具将其取出来?(不能)而且它们还改变了水的颜色和味道,这种现象叫做"溶解",果珍和冰糖溶解在水中了。我们用工具可以把石头和油从水中取出来,因为它们不能溶解在水中。谁能告诉我,你在生活中,还见过哪些东西可以溶解在水中
五、活动延伸
老师把装有面粉的水杯放在自然角中,下午在区角活动时,同幼儿一起观察面粉是否能溶于水

教案评析:本节课所用的实验材料是幼儿生活中常见的。只不过孩子们从未仔细观察、比较过这些材料在水中会发生怎样的变化。让幼儿在动手操作中仔细地观察、认真地比较,达到了解溶解含义的目的,并在第一、二层次中多次强调要实事求是地填写实验单,以达到培养幼儿实事求是的科学态度的目的。

(四)示范教案7

教案如表7-7所示。

表7-7 保护环境

教学科目:幼儿园科学教育	授课班级:大班	授课教师:
活动名称:保护环境			
活动目标: 1.初步了解烟尘等会污染空气,形成雾霾,影响人体健康和动植物的生长 2.在活动中学会观察天气 3.初步萌发保护环境的意识			
活动重点:了解烟尘等会污染空气,形成雾霾			
活动难点:保护环境的措施			
活动准备: 1.清水、污水各一盆,小鱼两条,香烟一支、大的薄膜罩一个 2.房屋(幼儿用积木拼搭)及手偶若干 3.雾霾天气的录像			

续表

活动过程
一、引起动机阶段 请配班教师与主班教师一起表演手偶。内容为：森林里,小动物们都在快乐地游戏着,在草地上捉迷藏,在树林里开演唱会,玩得很高兴。忽然,附近的工厂里排出大量的黑水和黑烟,使它们一个个都显得无精打采,有的甚至昏倒在地。最后小动物们纷纷逃离了森林,躲到别的地方去了 二、初探阶段 第一层次：教师引导幼儿思考小动物们为什么要遇到别的地方去,接着演示两个实验。 实验一：教师出示一盆清水和污水,引导幼儿从颜色。气味和透明度等方面进行比较：把两条小鱼分别放入清水和污水中,请小朋友们观察一下两盆水有什么不同？小鱼在水中的活动情况怎么样？观察小鱼在清水和污水中的不同活动情况(短时观察完毕后,立即捞出污水中的小鱼) 实验二：出示幼儿拼搭的房屋,用一个大的薄膜罩住它(密闭),然后在里面放入一根点燃的香烟,过一会儿引导幼儿观察发生的变化——房屋周围都是烟雾 师：请小朋友们观察一下有什么情况发生了 师生小结：小动物之所以会逃到别的地方去,是因为他们生活的环境被污染,到处都是黑色的污水和浓烟。 第二层次：观看录像 教师播放录像,引导幼儿观察大街上汽车驶过时飞起的灰尘,车尾排出的烟尘、废气,以及香烟弥漫的房子等引起的雾霾天气,动物们远离城市等。教师组织幼儿讨论废气,烟尘给人们带来的危害 教师小结：动物和人需要清洁的空气 三、综合阶段 组织幼儿讨论雾霾天气与人和自然界的关系,鼓励幼儿大胆说出自己的想法和见解 教师总结：我们都需要清洁的空气,保持空气的清洁就是保护自然,保护我们自己 四、师生小结 人和动物都需要清洁的空气。我们保持空气的清洁就是保护自然,保护我们自己 五、活动延伸 把今天在课堂上学到的知识回家后讲给父母听,呼吁我们的父母也要爱护环境、保护环境

教案评析：整个活动的实施反映了《3—6岁儿童学习与发展指南》中"初步了解人们的生活与自然环境的密切关系,知道尊重和珍惜生命,保护环境"这一目标。在活动的第一个环节中,教师通过情境表演导入活动,激发幼儿学习的兴趣。然后,由黑烟的出现造成的后果,把幼儿自然地带入对环境问题的思考中。在对清水和污水的观察、比较以及两条小鱼在不同的水质的活动中,幼儿对水污染有了直观的感受。最后的环节使幼儿意识到环境问题的严重,激发了幼儿珍惜生命、环境的情感。

(五)示范教案8

教案如表7-8所示。

表7-8 好玩的沙子

教学科目：幼儿园科学教育	授课班级：大班	授课教师：
活动名称：好玩的沙子		

续表

活动目标： 1.通过操作活动感知沙的特征,认识沙的用途 2.体验玩沙的快乐,产生参加探索活动的兴趣
活动重点:了解沙的特征和用途
活动难点:知道沙的用途
活动准备： 1.沙盘、音乐 2.沙滩(能容纳下20个幼儿的安全场地) 3.幼儿玩沙的工具,如小铲、小勺、多只小水桶、筛网、沙品、各种积木、多个大盆、毛巾 4.介绍沙的用途的图片数张,建造成品图片若干
活动过程 一、引起动机阶段 教师边放音乐,边出示沙盘,引导幼儿观察后回答问题:这是什么？它是什么颜色的？什么形状的？你在什么地方见过？(沙滩、水里、车装的、公路,运动场的沙坑) 小结:小朋友知道的真多,你们想玩沙吗？ 二、初探阶段 幼儿自由地玩沙,感知、认识沙的特征 第一层次:教师引导幼儿摸摸沙子,抓抓沙子,感知沙不仅松散,而且细小。教师播放欢快的音乐,鼓励幼儿运用自己手中的工具大胆地玩沙,交流自己用沙做了些什么 例如:我给小青蛙盖的房子,让它冬天住在里面不冷。我给汽车修的路,让车子跑得快。 我在沙子上画了好多的…… 教师小结:小朋友玩得真好。沙可以挖,还可以用来画图 第二层次:我们下面来玩玩干沙子和湿沙子,看看有什么不同感觉 师生小结:干沙抓在手中会从手指缝流出来;湿沙会越抓越紧,不会流出来 请小朋友用手或赤脚放在沙盘里,感知干沙和湿沙的感觉;用手堆沙堆,感知干沙堆和湿沙堆的大小有什么不同 第三层次:师生把等量的沙装入口径不同的沙漏中,让幼儿感受沙子流完的速度是不同的,观察哪个沙漏中的沙先漏完 教师启发幼儿思考沙子和石头的区别。动脑筋思考怎样拨离沙中的小石子 引导幼儿用筛漏开展游戏,并仔细观察(用筛漏把沙子和石子分离) 三、综合阶段 教师出示图片:引导幼儿观察每一张图片上都画的是些什么？(建房工人在修建房子、养路工人在铺路等) 请小朋友们在室外活动场地"沙坑"利用手中的工具创建你们想创建的物品。(也可参考教师准备的成品图片,分组进行,6人一小组) 四、师生小结 今天小朋友都很能干,能用你们手中的工具创作出你们想象的物品。而且今天我们还知道了沙是由许多细小的颗粒组成的,沙能流动;而且我们修房造屋,铺路都离不开它 五、活动延伸 在自由活动期间,在班级的一角,准备"沙盘",在室外活动场地准备"沙坑",鼓励幼儿积极动手、动脑,大胆创新,创新出不同的玩沙方法,进一步感知沙的特点

教案评析:在整个教学活动中,玩沙活动和科学探究活动结合了起来,使幼儿在玩沙的过程中认识了沙的粗细,学习了使用筛子、漏斗等工具,从而激发了幼儿自主探究的兴趣。教师作为隐性的指导者,在随时关注幼

儿活动的同时,能适时提出有挑战性的问题,并提供活动进行中所需的材料,让幼儿运用所学的知识动手操作、探索研究,从而有效地建构知识。在这个过程中,幼儿所学的经验和表现出的积极探究的热情,比传统教学中幼儿学到的知识更有效和更有意义。

(六)示范教案9

教案如表7-9所示。

表7-9 空气是什么

教学科目:幼儿园科学教育	授课班级:大班	授课教师:
活动名称:空气是什么			
活动目标: 1.感知空气的存在,掌握空气的特征及作用 2.让幼儿初步了解空气污染的情况及其危害性 3.培养幼儿关心和保护环境的意识			
活动重点:了解空气污染的情况及其危害,从而培养环保意识			
活动难点:理解空气的特征和作用			
活动准备: 1.器材:杯子、手帕、大玻璃缸、蜡烛、尼龙袋子、气球打火机、水 2.课件(空气污染)			

续表

活动过程
一、引起动机阶段
感知空气的存在及其特性。今天老师要和小朋友们玩个变魔术的游戏。(教师示范)将手帕团塞入玻璃杯中。杯子里有什么?杯里除了手帕还有别的东西吗?猜一猜:如果把杯子放入水中,杯子里的手帕会怎么样
二、初探阶段
第一层次:实验
把手帕放在杯中后将玻璃杯倒扣压入水中,再把杯子提出水面。取出手帕。手帕湿了吗?为什么?杯里除了手帕外还有其他东西。因为它把水顶住不让水流进杯子,所以手帕才不会湿。你们能看见杯子里的东西吗?这东西手摸得到吗?用鼻子闻得出吗?那么,杯里到底是一种什么东西呢?请小朋友仔细看老师示范。将杯口斜着浸入水中。你们看到了什么?是什么东西从杯子里跑出来吹出泡泡的?(学习词:空气)
第二层次:请小朋友拿起尼龙袋,张开袋口
看看袋里有什么?幼儿迅速将袋口拧紧,用手慢慢向袋底挤。为什么挤不动了?尼龙袋里有什么?(空气)你们刚才在哪里提到了空气?你们看得见空气吗?能摸得到吗?闻一下空气是什么气味的?
师生小结:我们的周围充满着空气。空气是看不见、摸不着、闻不到的气体
第三层次:认识空气的作用
1.将点燃的蜡烛用杯子完全罩住。点燃的蜡烛为什么会熄灭
2.请小朋友用手捂住口鼻,说说有什么感觉
3.除了我们需要空气外,还有谁也需要空气
师生小结:除了人类离不开空气外,动物、植物也离不开空气,凡是有生命的东西都需要空气
三、综合阶段
了解空气遭受污染的情况及其危害性
1.我们每时每刻都离不开空气,可是现在空气质量发生了变化。下面请小朋友们认真观看录像,想想这些物体对空气有没有影响
2.观看课件
漫天飞扬的尘土;汽车排出的废气;烧香、放鞭炮时的缭绕烟雾;工厂烟囱排放的黑烟;焚烧垃圾时产生的浓烟;正在公共场所吸烟的人
3.讨论:刚才我们看到了很多污染空气的物体,这些物体对人类会有什么危害
师生小结:如果我们吸入了被污染的空气,就容易得感冒、气管炎等,严重时还会得肺癌。污染的空气对我们人体的危害很大
4.如何让我们身边的空气变得更新鲜、清洁呢
四、师生小结
改善空气质量的办法:如种植花草树木,禁止在公共场所吸烟,不在生活区焚烧垃圾,不随地吐痰、不乱丢垃圾等
五、活动延伸
留意观察日常生活中还存在哪些污染空气的物体,并能从自身做起,保护环境,减少污染

教案评析:本次活动的实验1——将有手帕的玻璃杯倒扣入水和实验2——点燃的蜡烛用玻璃杯罩住,都存在一定的危险性,不适合幼儿操作。因此,本节课主要采用了教师直观演示的教学方法,让幼儿在一个轻松快乐的氛围中,感知了空气的特点及作用;利用幼儿的好奇心引起他们的学习兴趣,达到了预期目标。课件的播放,也增强了幼儿的环保意识。

三、关于自然科学现象

(一)示范教案10

教案如表7-10所示。

表7-10 认识地球

教学科目:幼儿园科学教育	授课班级:中班	授课教师:
活动名称:认识地球			

活动目标:
1.让幼儿了解地球在宇宙中的位置,感知我们生活在地球上
2.了解地球的基本特征

活动重点:感知我们生活在地球上

活动难点:了解地球的基本特征

活动准备:
大地球仪一个,小地球仪若干个,图画纸若干。彩色画笔若干。八大行星的课件,地球公转和自传的课件

活动过程:
一、引起动机阶段
教师出示地球仪,指导幼儿看看哪些是大陆,哪些是水,知道地球的形状,以调动幼儿对地球仪的兴趣
二、初探阶段
第一层次:探索地球
分发材料:每一组发一个小地球仪。老师提出问题:你们知道这是什么吗?地球仪有什么变化?引导幼儿说出它在不停地转动
教师小结:地球是一个适宜人类,动物,植物生活的地方,是宇宙八大行星中唯一适合人类和生物生存、繁衍的星球
第二层次:神秘的宇宙
1.出示太阳系八大行星课件,看一看,认一认
你们知道吗?我们生活的地球就是太阳系的一颗小行星,是第五大行星。宇宙是一个无限大的空间,没有边际。你们想到神秘的宇宙中去探索吗?现在你们就要好好学习,将来成为科学家,去探索神秘的宇宙与地球。
2.讨论:为什么在地球上会有白天、黑夜?
教师演示:一个手电筒的光束代表太阳,小地球仪在光束下公转的同时还要自转。太阳照到的地方就是白天,照不到的地方就是黑夜
出示课件动画,演示地球与太阳的公转和自转
三、综合阶段
给每一位幼儿分发一张图画纸和一支彩笔(各种颜色),让幼儿仔细观察地球仪上中国版图的形状后,用笔涂一涂:在纸上涂出我们中国版图的形状(雄鸡)
看一看:观察邻国的国名及邻国的版图形状(如韩国、朝鲜、俄罗斯等国)
四、师生小结
地球每天都在不停地自转,同时围绕着太阳不停地公转,太阳照到的地方就是白天,照不到的地方就是黑夜
五、活动延伸
抒发幼儿保护地球,热爱地球的情感,请幼儿充当保护环境的小卫士

教案评析:通过教师的直观演示、观看课件、幼儿的动手操作、看一看、涂一涂等教学活动,形象地向幼儿演示了地球的公转与自转,白天与黑夜

的形成,及中国版图的形状。在教学中倡导幼儿主动参与、乐于探究、勤于动手,以培养幼儿搜集和处理信息的能力、获取新知识的能力、分析和解决问题的能力以及交流与合作的能力。本活动达到了让幼儿认识地球基本特征,初步感知地球存在的教学目的。

(二)示范教案11

教案如表7-11所示。

表7-11 活力太阳

教学科目:幼儿园科学教育	授课班级:大班	授课教师:
活动名称:活力太阳			
活动目标: 1.通过观察,幼儿了解到太阳是个大火球,能放射出光和热 2.对相关生活经验进行交流与讨论,了解太阳与动植物及人类的关系,知道有了太阳,植物才能生长,动物和人才能生存 3.让幼儿积极参与观察和交流,进一步激发他们探索宇宙的兴趣			
活动重点:了解太阳能放射出光和热			
活动难点:了解太阳与动植物及人类的关系,观察,探索太阳的奥秘			
活动准备:太阳挂图。深色太阳镜或深色玻璃			
活动过程: 一、引起动机阶段 教师以猜谜形式导入:圆球红彤彤挂在天空中,雨天看不见,晴天就出现,小朋友猜猜这是什么?(太阳)今天我们就来了解一下太阳 二、初探阶段 第一层次:通过观察,了解太阳是个大火球,能放射出光和热 教师出示太阳挂图,并讲解:太阳是个大火球会发光、发热;太阳巨大的能量给我们带来了无限的光明和热量 1.观察太阳的时候我们要注意什么呢?(引导幼儿认识太阳光的强烈,不能用眼睛直接看太阳,要戴太阳镜或用深色玻璃遮住眼睛再看太阳) 2.幼儿相互间交流自己观察到的太阳 3.感受太阳会发热的特点,引导通过幼儿摸摸自己的头发、衣服等感受太阳带来的温度 教师小结:太阳像个大火球,不仅会发光,还会发出热量 第二层次:了解太阳与动植物及人类的关系,知道有了太阳,植物才能生长,动物和人才能生存 请幼儿仔细看一看图中的动物。植物和小朋友,告诉大家太阳有哪些好处。(小树大声地告诉我们:有了太阳,我可以长得更壮。小花说:有了太阳,我才有美丽的颜色。小花猫说:有了太阳,我才能晒着太阳,舒服地睡觉。小青蛙说:有了太阳,我才能活蹦乱跳。小朋友说:有了太阳,我们才有明亮的教室。老师说:有了太阳,我们才能生活) 第三层次:学习诗歌《太阳》 太阳火红太阳照四方,它的好处说不完,太阳不晒草不绿,太阳不晒花不香,太阳不晒果不熟,太阳不晒苗不长,被褥也要太阳晒,太阳晒了暖洋洋,人体更要太阳晒,太阳晒了才健康 三、综合阶段 让幼儿积极参与观察和交流,进一步激发他们探索宇宙的兴趣 四、师生小结 万物生长靠阳光,没有阳光,植物就不能生长,人和动物就没有办法生活 五、活动延伸 幼儿和太阳做影子游戏,踩影子、做手影、用镜子照太阳			

教案评析:本节课分为三个教学层次,第一层次主要由教师讲解,让幼儿感知太阳;第二层次,让幼儿多方面了解太阳的特种作用;第三层次学习诗歌《太阳》,让幼儿对太阳的好处做一个总结。每个环节设计自然、合理。活动安排层层递进、动静结合,把知识和兴趣融入一起,让幼儿愉快、深刻地理解太阳的功能同时也会对自然界产生探索欲望[①]。

(三)示范教案12

如表7-12所示。

表7-12 天冷了怎么办?

教学科目:幼儿园科学教育	授课班级:小班	授课教师:
活动名称:天冷了怎么办?		
活动目标: 1.体会环境与人的密切关系,有初步的自我保护意识 2.知道天气寒冷时,要多穿些衣服、多运动及吃热的东西 3.能正确地给洋娃娃穿戴衣物,发展动手能力		
活动重点:想出并说出各种御寒的方法,有初步的自我保护意识		
活动难点:能正确地给洋娃娃穿戴衣物		
活动准备: 经验准备:幼儿已初步感知冬天的特征 物质准备:洋娃娃人手一个,各种适合洋娃娃穿戴的夏季、冬季衣物若干		

---

① 万湘湘.基于AR技术的小学科学教育游戏开发与应用[D].江西科技师范大学,2022.

续表

活动过程：
一、引起动机阶段
教师：现在是什么季节？冬天，天气变冷了，我们该怎么办呢？启发幼儿说出：天气变冷了，要多穿衣服、穿厚衣服、戴上手套、帽子、围上围巾；要多活动，积极锻炼身体，增加身体热量
二、初探阶段
第一层次：感知"热"
1.让幼儿喝热开水。教师：喝完热水身体感觉怎么样？让幼儿体会：天冷了，喝了热开水身体好温暖、好舒服。教师：冬天里，你们还喜欢吃什么样的东西？并告诉幼儿，天气冷了，吃热的东西对身体有益
2.保暖的衣服。教师一边出示穿着薄衣服的洋娃娃一边说："天气变冷了，洋娃娃冻得直发抖。小朋友们，咱们快给她想个办法，怎么才能使洋娃娃不冷呢？"组织幼儿讨论各种御寒的办法，如穿上厚厚的衣服、戴上帽子、围上围巾、做一些活动、吃热东西等
第二层次：幼儿实际操作
请每个幼儿给洋娃娃穿戴合适的衣物，并带领洋娃娃去户外做运动。教师观察指导，帮助动手能力较差的幼儿
三、综合阶段
进行帮娃娃穿、脱冬衣比赛。幼儿分为两组，每组第一名幼儿进行帮娃娃穿衣服比赛，第二名幼儿进行帮娃娃脱衣服比赛。以此类推。
四、师生小结
取暖还有很多的办法，比如，我们多运动也会使身体产生热量，鼓励幼儿在冬天里不怕严寒，不迟到，积极参加体育锻炼
五、活动延伸
在娃娃家里玩"过冬"的主题游戏

教案评析：本次活动的题材来自幼儿生活，浅显易懂。在谈话中，多数幼儿都能想出并说出多种御寒的方法。"给洋娃娃穿戴合适的衣物"是幼儿动手操作的环节。由于幼儿年龄小，动手能力差，因此有小部分幼儿不能较好地完成，但他们非常专注，也十分乐意参与；"喝开水"环节让幼儿亲身体会了冬天吃热东西的好处。幼儿在轻松愉悦的气氛中获得了许多生活经验，感受到了环境与人的密切关系，初步懂得了要主动去适应环境的变化才能身体健康。

（四）示范教案13

教案如表7-13所示。

表7-13　四季的变化

教学科目：幼儿园科学教育	授课班级：大班	授课教师：
活动名称：四季的变化			
活动目标： 1.初步了解四季的变化及四季的典型特征 2.尝试通过寻找规律进行四季的排序 3.喜欢参与活动并能保持积极的情绪			

续表

活动重点:了解四季的变化及四季的典型特征
活动难点:通过寻找规律进行四季的排序
活动准备: 1."变化的四季"PPT课件 2."一年四季"挂图及小图片若干 3.蜡笔、彩笔、白纸、黏胶纸若干
活动过程: 一、引起动机阶段 教师播放课件,分别出示几幅描绘春、夏、秋、冬景色的图片,引导幼儿仔细观察各季节有哪些典型景色,引导幼儿在小组内交流、讨论,再以小组为单位进行交流 二、初探阶段 第一层次:经验积累 教师引导幼儿明确四季的典型特征。春天:小草发芽,桃树开花;夏天:天气炎热,荷花开花;秋天:叶子变色,食物成熟;冬天:雪花飞舞,树木干枯。边观看边讨论片中的景色是哪个季节的景色,并请幼儿说是如何判断的 教师问题设计:这是什么? 你知道这是什么季节吗? 你是从哪看出来的 最后教师进行总结,播放"变化的四季"PPT课件,并将描绘春、夏、秋、冬这四个季节典型景色的图片按顺序整体播放一遍,加深幼儿对四季变化顺序的理解 第二层次:找找贴贴 教师出示教学挂图"一年四季"的背景图以及相关的小配件,引导幼儿说说这几张图分别描绘的是什么季节,并将这些小图片放到大图里去 幼儿以小组为单位,将有明显特征的植物、服装、活动、景物分别放置到四张背景图中。然后,集体观察检验幼儿是否将不同季节的图片进行了正确放置。例如,小蝌蚪放入春天,荷花放入夏天,落叶放入秋天,雪人放入冬天等。 三、综合阶段 游戏:"四季大轮换" 听指令,选图片:如听到"春天过去是什么季节"或"打雪仗是什么季节"幼儿一边答一边用手迅速找到表示该季节的图画。如当听到"夏天过去是什么季节,再过去又是什么季节"时,幼儿找出表示秋天和冬天的图画,并说出"夏天过去是秋天,秋天过去是冬天"。依次进行,直到幼儿能准确说出一年四季变化的顺序为止 四、师生小结 一年有几个季节? 都是什么? 每个季节都有什么特色 五、活动延伸 在家里和妈妈一起整理春、夏、秋、冬的衣服,看看四季分别应该穿什么衣服

教案评析:本节课第一层次运用了多媒体课件形象地向幼儿展示了四季的景色特征,第二层次采用了让幼儿动手做一做的教学方法,符合授课班级是大班幼儿的认知特点。在综合阶段,幼儿玩的"四季大轮换"是本节课的教学难点。游戏能够提高孩子的兴趣,使其在游戏中掌握了四季的排序。在整个教学过程中,要求教师充分发挥引导者的作用,将幼儿带入学习的情境。

(五)示范教案14

教案如表7-14所示。

表7-14 认识光

教学科目:幼儿园科学教育	授课班级:大班	授课教师:
活动名称:认识光		
活动目标: 1.通过光的教学,幼儿懂得哪些常见的物体能发光以及光的一些简单的用途 2.培养幼儿对自然科学的兴趣,发展幼儿的观察能力、探究能力以及口语表达的能力		
活动重点:知道太阳光的强大以及太阳光对人类的重要意义		
活动难点:理解抽象的一种现象"光",能感受到却摸不到		
活动准备:黑板、黑布、笔、手电、蜡烛、火柴、电池、小灯泡、厚纸筒、小镜子、电脑、有关太阳能设备的各种图片若干		
活动过程: 一、引起动机阶段 教师用黑布蒙住手电筒,让幼儿观察手电筒射出的光束,引发幼儿对光的兴趣 二、初探阶段 第一层次:向幼儿讲解光的用途 师:有一天,教室里有很多光在一起争论,大家都说,它们是光,它们的用途可大了,人们谁也离不开它们。其中一个声音粗声粗气地说:"我是光,我是世界上最强大的光,我把大地照得亮堂堂,我把人们照得暖洋洋。"另一个声音不紧不慢地说:"我是光,每天晚上工作忙,不要看我身体小,满屋靠我亮光光。"最后一个声音细声细气地说:"我是光,停电以后我帮忙。"小朋友,你们说说它们是什么光呢 第二层次:分组进行不同的小实验 教师实验火柴和蜡烛,幼儿实验其他物品。让幼儿通过实验发现哪些常见的物体能发光(电灯、手电、火柴、电视机、电脑、小灯泡、蜡烛等),激发他们对自然科学的兴趣;让幼儿根据已有经验说出还见过哪些物体(月亮、星星、炉火、萤火虫等)能发光。老师对应出示图片介绍,让幼儿认识了解,并小结简单的光的用途。(月亮光、手电能照亮我们晚上的路,电灯能在晚上照明灯下我们可以看书写字,蜡烛在停电以后可以帮我们照明) 第三层次:了解太阳光 (提问:太阳光有什么用途?能帮我们干什么事情?)幼儿畅所欲言,一起和老师讨论(教师要引导幼儿表述完整) 教师小结:"世界上万事万物都要靠太阳,没有太阳就漆黑一片,我们就不能生存……"请让幼儿拿起纸筒看老师,不堵时能看到,堵住另一个口时就什么也看不到了——主要是没有光线了。 师:"没有光线我们什么也看不见。太阳光最强,我们不要在强光下看书,也不能在光线太暗的地方看书。要记住,看书时要端正、注意保护眼睛,因为没有眼睛什么也看不见…… 三、综合阶段 小游戏:击鼓传花。幼儿很快说出不同的太阳光的用途(每人一句,看谁说得不一样)。加深对太阳光用途的认识与记忆 四、师生小结 世界上万事万物都要靠太阳,没有太阳就会黑一片,我们就不能生存…… 五、活动延伸 到户外玩小镜子反光的游戏,引申对光的认识		

教案评析:本节课的教学层次从幼儿经常接触到的手电、蜡烛、火柴、电池、小灯泡,到太阳光的认识,按照由易到难展开。幼儿通过实验发现

了哪些物体能发光,他们的好奇心和探究欲望被激发,教学重点突出,教学难点也在幼儿主动探索的过程中突破。

(六)示范教案15

教案如表7-15所示。

表7-15 神奇的静电

教学科目:幼儿园科学教育	授课班级:中班	授课教师:
活动名称:神奇的静电			
活动目标: 1.认识静电现象,知道摩擦起电的原理 2.能大胆地尝试,探索与发现 3.在活动中有探索的欲望			
活动重点:知道物体摩擦后会产生静电			
活动难点:能够运用各种材料大胆探究,细致观察并总结实验结果			
活动准备: 1.彩色纸屑,气球。塑料绳若干 2.塑料梳子若干、塑料玩具若干 3.轻快的音乐一段、蝴蝶指偶一个、彩色的草地一片			

续表

活动过程：
一、引起动机阶段
邀请幼儿做"理发店"的游戏，发给每个幼儿一把塑料梳子。全体幼儿有感情地表演歌曲《理发店》，幼儿边唱边表演
二、初探阶段
第一层次：理发
1. 小洋娃娃要求理发，请一名幼儿给小洋娃娃"理发"（用塑料梳子梳理头发，引起静电）。引导小朋友发现：头发飞（飘、立）起来了
2. 幼儿游戏。给自己梳头或给同伴"理发"，看看能发现什么。教师适当指导，提示和鼓励幼儿
第二层次：草地上的活动
1. 草地上，幼儿用塑料玩具、塑料梳子在衣服上擦一擦，然后靠近地上的彩色纸屑。鼓励幼儿大胆说出自己的发现
2. 教师出示蝴蝶指偶，随着轻快的音乐，与幼儿一起翩翩起舞
启发幼儿思考：为什么会出现刚才的现象？教师根据回答解释：因为塑料梳子在头发上摩擦、塑料玩具在衣服上摩擦产生了静电，所以头发会立起来，纸屑会站上来
第三层次：气球娃娃来看你
1. 教师出示气球。将气球在毛衣上摩擦一阵以后，靠近幼儿的脸颊，结果幼儿的头发就会被吸引，气球会粘在幼儿脸上
2. 将两个气球用线捆住，然后将气球分别在毛衣上摩擦，再将两个气球提在手里。气球会分开来，就像两个气球之间生气了一样，还会贴到手上悬着。和幼儿一起分析，总结这种"静电"现象
三、综合阶段
游戏："好玩的章鱼"
教师和幼儿每人拿一个打结的塑料绳，用手捏紧抹几下（或在衣服上搓几下）。放开绳子，请幼儿观察塑料绳四面散开的现象，像章鱼一样。引导幼儿试试"章鱼"能不能粘到衣服或墙上。请幼儿带着章鱼到室外去玩，看看"章鱼"能不能钻到别的地方。
四、师生小结
小朋友们，今天你们都学到了什么？静电是怎样产生的？
五、活动延伸
在活动区中投放多种材料如毛衣、布、皮毛、碎块、胶棒、玻璃棍、铁质小棒、碎小纸片与塑料片等让幼儿自由选择操作。体验它们之间的静电现象，让幼儿通过实验操作自己去发现问题，让幼儿慢慢地了解，并不是任何东西摩擦后都能将纸吸起来

教案评析：本活动以"能感知和发现简单物理现象，如物体形态或位置变化等"为目标展开的。三个教学层次层层递进，紧紧围绕着摩擦起电的教学目标，为幼儿提供了多种方式进行探索，使其在亲身操作中认识静电现象，初步感知了摩擦起电的原理。幼儿在操作的过程中发现了问题，产生了强烈的探索和求知欲望。

四、关于现代科学技术

(一)示范教案16

教案如表7-16所示。

表7-16 认识家用电器

教学科目:幼儿园科学教育	授课班级:中班	授课教师:
活动名称:认识家用电器			
活动目标: 1.了解常用家用电器的特点、功能与人们生活的关系,形成粗浅的家用电器概念 2.通过现场操作了解家用电器的正确使用方法 3.对科技产品感兴趣,有安全使用电器的意识			
活动重点:了解常用家用电器的特点			
活动难点:了解常用家用电器的正确使用方法			
活动准备: 1.家用电器实物:吹风机、数码相机、电剃须刀、微波炉和拖线板 2.大量家用电器的图片 3.PPT			

续表

活动过程：
一、引起动机阶段
(出示吹风机)这是什么呀？你们家里有吗？后面长长的线有什么用呢？(操作一下吹风机,感受其有电工作、没电不工作。小结:像这种我们家里使用的、为我们生活服务的、要通上电才能工作的机器就叫"家用电器"
二、初探阶段
第一层次：经验分享
1.你家里有哪些家用电器呢？你还见过什么家用电器吗？
2.今天教师也把家里的家用电器带来了,让我们一起来认一认。(出示图片,集体认一一认)。谁来给我们介绍一下这些家用电器有什么用？(或者跟随孩子问:你知道它有什么用吗？)
第二层次：电器分配
老师刚刚买了新房子,准备搬家了,你们来帮帮忙,帮我把这些家用电器放到新房子的房间里,可以吗？先来看看我家有哪些房间？(厨房、卧室、卫生间、客厅)(幼儿操作将电器分别放到不同的房间里)
第三层次：经验提升
我的新房子里摆好了家用电器,谢谢小朋友！(出示数码相机、照相机和剃须刀)可是我家里还有这些东西呢,这些东西是不是家用电器呢？为什么？(鼓励幼儿大胆表述)
教师小结:这些东西不是没有电线,它们的电线在这呢。可是大家看,连着这个长长的电线我们方便吗？科学家们想了一个聪明的办法,把电充在里面的电池里,这样我们就可以拿着充好电的照相机。摄像机到处旅游拍照啦,爸爸也可以方便地刮胡子了。
三、综合阶段
1.(出示微波炉)刚刚认识了那么多家用电器,现在就让家用电器来为我们服务吧！我们应该怎样使用这些家用电器呢？(鼓励幼儿大胆发表意见)
2.这样拿插头对吗？那应该怎样拿呢？请你教教我。第二步应该做什么了呢？(有的按钮是按的,有的按钮是需要旋转的)
3.以同样的方式操作其他的家用电器
教师小结:这些家用电器真是我们的好朋友,能够给我们带来很多方便,但是使用不正确的时候还会伤害我们呢(观看PPT)
四、师生小结
今天我们认识了很多家用电器,有吹风机、数码相机、电动剃须刀、微波炉等。它们都是需要插电才可以工作的。还有的家用电器是把电充在电池里,这样用起来就会很方便
五、活动延伸
幼儿和教师一起用家用电器共同制作爆米花。香喷喷的爆米花做好啦,让我们一起分享一下我们用家用电器做出来的美食吧

教案评析：本节课的教学内容不适合幼儿亲自摆弄、操作,如不可能把冰箱、洗衣机搬到教室里。因此,本节课力求用图片、PPT展示家电,充分挖掘幼儿已有的生活经验,通过回答教师问题、小组讨论、幼儿间相互交流等多种形式,激发幼儿的好奇心、求知欲,以达到让幼儿了解常用家用电器的特点、功能与人们生活的关系,形成粗浅的家用电器概念的教育目标。

（二）示范教案17

教案如表7-17所示。

表7-17　各种各样的交通工具

教学科目:幼儿园科学教育	授课班级:大班	授课教师:
活动名称:各种各样的交通工具			
活动目标: 1.引导幼儿认识各种各样的交通工具,了解交通工具在日常生活中的重要作用,知道正确乘坐的方法,不做一些危险的动作 2.引导幼儿给交通工具分类,培养幼儿的分类能力 3.通过观察、讨论、操作,幼儿增加了对交通工具探索的兴趣			
活动重点:认识各种各样的交通工具,了解交通工具在日常生活中的重要作用			
活动难点:能正确进行交通工具分类			
活动准备: 1.幼儿自带的交通玩具 2.各种交通工具的图片若干			

续表

活动过程：
一、引起动机阶段
幼儿互相交换玩具车，互相介绍自己玩具车的名称和用途
师：今天每个小朋友都把自己心爱的玩具车带来了，哪位小朋友可以介绍一下自己的玩具车呢
二、初探阶段
第一层次：经验分享
1.教师运用游戏的口吻引发幼儿的活动兴趣："孩子们，今天我们收到了邀请卡，邀请我们去很远的地方参加森林聚会，你们想去吗？可是森林聚会那么远，我们怎么去呢？你有什么好的办法吗？"
2.引导幼儿与同伴进行讨论，说出自己的办法。如乘船、坐飞机等
3.幼儿自由选择"交通工具"（自由表演）
4.师幼共同讨论、讲述自己经常乘坐的是什么交通工具，有什么用？同伴间交流讲述
师：小朋友们，你们平时都喜欢乘坐什么交通工具呢？你觉得它有什么用处吗？
5.请个别幼儿上前展示自己的交通工具，讲述自己的想法，其余幼儿共同分享
教师总结：乘坐各种交通工具时，要注意安全，不要做危险动作
第二层次：提升经验
教师小结：汽车、轮船、火车、飞机是用来运人和东西的，大家给它们取了一个好听的名字叫交通工具。它们行驶的速度很快，为我们的外出带来了许多方便
你还认识哪些交通工具？教师根据幼儿的回答分别出示图片，请大家欣赏
三、综合练习
练习交通工具的分类
1.教师分发各种交通工具的图片。让幼儿分组进行操作。引导幼儿相互商议、然后进行分类：按照交通工具的名称进行分类；按照行驶地方进行分类；按照用途进行分类
2.在投影仪上展示幼儿分类的结果，并让其阐述这样分的理由，鼓励幼儿同伴间互评
四、师生小结
今天我们认识了很多交通工具，谁能告诉我都有哪些？你们知道它们都有哪些用途吗
师：孩子们，交通工具给我们的生活带来了许多方便，但是如果不遵守交通规则，做一些危险的动作，那么交通工具就会发火，出现一些危险的情况。谁来说说乘坐这些交通工具时要注意些什么事情，有什么要求呢
五、活动延伸
生活中有很多的交通工具，我们要和它们友好相处需要遵守哪些交通规则呢？提供一些图片，请幼儿找出图中不正确的行为

  教案评析：本节课的教学层次清晰，第一，分享幼儿原有经验。第二，提升经验，清晰地交代了"交通工具"的内涵。第三，让幼儿动手操作为交通工具分类。每个层级及教学步骤都能够紧紧围绕教学重点，通过创设情境拓展幼儿的知识经验，通过动手操作让幼儿给交通工具分类的方式突破教学难点，使教学目标得以顺利完成。

第八章 学前儿童科学教育的规范

第一节 学前儿童科学教育过程中对教师的能力要求

一、观察能力

教师的能力素质是指幼儿教师履行自己职责,完成教育任务的实际工作本质,是指教师的渊博知识、工作热情得以充分发挥,有效地开发学生潜能的必要条件。一名合格教师必须具有多方面的能力,传统的概念中教师只要有一定的知识和专业技能就够了,但现代化的教育要求教师具有更多的能力、更高的素质,在众多的素质能力中,最重要也是最难获得的就是对幼儿观察、了解及评价分析的能力。

(一)观察、了解幼儿

幼儿是教师工作的对象,善于了解幼儿是完成教育工作任务、实现教育目的、发挥教育艺术的先决条件。要想了解幼儿,就要对幼儿认真、细致地观察。观察能力是幼儿教师搞好教育工作不可缺少的能力素质,也是教师做好教育工作的基本功。观察是最直接地了解幼儿、研究幼儿最有效的办法,通过观察、了解幼儿,教师可以发现幼儿的个别特点,发现他们的长处和不足,对自己的教学进行调整,做到因势利导、因材施教,并且教师的观察力也直接影响着幼儿观察力的培养。

1.增强教育意识,加强对幼儿的观察

幼儿教师的观察能力是指能从幼儿所表现的动作、语言、表情中发现孩子身心变化、认知发展、情感需要等。意大利著名幼儿教育专家蒙台梭利曾指出,作为一名教育工作者,应该有一双敏锐的眼睛。一个不会观察的教师不是一个称职的教师,这就要求幼儿教师应具有敏锐的观察力,有观察每个幼儿的兴趣、爱好的意识,观察幼儿需要的是什么,从而避免教育工作的盲目性。

2.学会正确的观察方法,提高观察水平

教师的观察能力是一种综合性的能力,不下一番功夫是不能获得的。对于一个有观察力的教师来说,学生的欢乐、兴奋、惊奇、疑惑、窘态和其他内心活动的最细微表现都逃不过他的眼睛。幼儿教师也必须掌握儿童生理、心理发展知识,具备敏锐的观察力,细微深入地通过幼儿的外部表现来了解幼儿的心理活动,并迅速准确地予以把握、解决问题。

(1)注重观察的整体性

注意孩子在活动过程中语言、动作、思维如何,兴趣、情感、交往如何,动手动作和解决问题的能力如何,能及时了解幼儿,调整幼儿的活动[1]。

(2)学习正确的观察方法

教师先要有一个计划,包括观察什么、怎么观察,这样才能有的放矢,而不是茫然失措。

(3)做好观察记录

幼儿的行为表现是随着他们身体状况、客观环境的变化而变化的,要使观察的情况更符合实际,就要将观察结果及时记录下来,再进行汇总分析,这样能提高观察水平。

教师在观察过程中要不断增强自己的观察意识,要以科学的态度实事求是地观察和评价每个幼儿,观察、了解和评价是紧密联系的,教师通过评价能反映出观察的结果。

(二)分析、评价能力

评价能力是指幼儿教师以幼儿为对象,对幼儿的活动、幼儿在教育中的受益和所达到的水平做出判断的能力。教师具有评价能力,可以科学、客观地了解本班教育工作的情况和效果,以便总结优秀教育经验或采取更有力的措施来改善教育工作。

1.教师要学会评价,善于运用评价手段

评价有多种方法,可以是以教师为主的引导式评价,这样的评价可在

---

[1] 赵子云.基于STEAM教育理念的学前教师专业素养现状研究[D].福建师范大学,2019.

幼儿中起导向作用,使幼儿的行为更具有目的性、主动性;可以是教师与幼儿共同参与的比较式评价,以幼儿自身为基础,注重活动过程,让幼儿在活动中发现问题,针对问题进行适时的分析比较,做出评价,使幼儿不断认识自己,从而获得进步;也可以是以幼儿为主的感受式评价,应以幼儿的亲身感受为基础,它的内容并不完全来自幼儿语言,而存在于幼儿亲身的感受中。评价能反映幼儿的水平及许多心理特征,而且幼儿也能在评价中得到很大的提高。

2.教师要对幼儿进行正确、合理的评价

幼儿对教师的评价非常敏感,并且常常依据教师的评价方式作为自我评价和评价他人的重要依据。若教师对个别幼儿采取敌对态度,而且在班里形成一种影响,会引起其他幼儿对这些孩子的嘲笑,甚至影响到其他家长对这些孩子的态度;有些教师的评价没有是非,总是一味肯定,使孩子没有了衡量是非的准绳,孩子不知什么是对,什么是错;还有些教师的评价无关紧要,经常说些模棱两可的话,既不说对,也不说错,孩子也糊里糊涂,你说拍手表扬,他也拍手表扬,也不知表扬什么,极大地抑制了幼儿的创造性和主动性。

3.教师应重视教育评价的作用

正确的评价不仅能满足幼儿的成就感,还能巩固幼儿的正确行为,更能激发幼儿学习的动机,增加信心。教师要树立正确的儿童观、教育观,要学习接受幼儿的情感和个性,允许幼儿按自己的发展速度和学习方式去探索世界。教师应注意自己的情绪,避免不稳定的情绪对幼儿的暗示和作用,强化自己的责任心,要善于抓住孩子的"闪光点",注意孩子每一点的进步,评价不等于给孩子打分,要深信我们所面对的是一群充满灵性与活力、有充分发展潜能的个体。孩子由于年龄特点和语言、思维水平的限制,往往不能准确表达自己的要求,这就需要教师考虑问题时要从幼儿实际出发,善于观察、善于理解,乐于观察、乐于理解,如果教师不屑去观察、了解,就会使幼儿感到受了委屈,对教师产生失望和距离。教师平时要注意观察幼儿、理解幼儿的要求,这样才能保证师幼之间交流渠道的畅通。

二、沟通能力

沟通是幼儿教师工作的题中之义。教师在幼儿园工作的过程中要与园领导、其他幼儿教师、幼儿、幼儿家长等形形色色的人进行沟通。在这些人群中，与幼儿和幼儿家长沟通更是重中之重。只有做好这两方面的沟通工作，幼儿教师才能更好地了解对方，有针对性地处理与对方有关的事务。为了更好地沟通，幼儿教师应该采取一些创新性的沟通方式。

(一)沟通在幼教工作中的意义

儿童是社会的人，他们生来就具有人的尊严和价值，享有人的各种权利，但是在成人眼里，他们是弱小、无知、不成熟的，因而，在很多时候，成人并不能关注幼儿究竟有哪些权利需要我们尊重。事实上，这种做法是极为不妥的。童年是一个有其独特需求的人生阶段，这个阶段的孩子好动、爱玩，喜欢畅想，需要快乐，需要成人的陪伴……但是我们在这方面的了解实在是不多，我们提供给幼儿的多是为了满足幼儿的物质需要，而忽略他们精神上的需求，这种长期的漠视，会出现极为恶劣的影响，使得幼儿逐渐失去主体性，变成了只会盲目听话与服从的孩子，这对他们的成长极为不利。因此，在幼儿教育阶段，教师必须加强与幼儿的沟通，尊重他们，从多方面培养他们的能力。此外，在与幼儿沟通的过程中，教师也能就多方面的问题与幼儿家长联系，促进家园共建，共同保障幼儿发展目标顺利达成。

(二)幼儿教师应该如何进行沟通

1.与幼儿沟通

在幼儿园中，幼儿教师与幼儿的沟通主要包含两个方面：非语言沟通与语言沟通。非语言沟通包括幼儿教师通过微笑、点头、抚摸、蹲下与幼儿交流等。幼儿教师与幼儿的接触有利于安定幼儿的情绪，让幼儿消除紧张，感到温暖、安全。语言沟通是指幼儿教师和幼儿直接交谈。个别或小组中的交谈是幼儿分享情感、心灵交汇的重要途径，它需要幼儿教师在抓住机会、选择话题、引发和延续谈话、激发幼儿谈话的兴趣和积极性等环节上具有灵活机智的策略和丰富的经验技巧。

幼儿教师要想更好地做好上述沟通工作，需要具备相应的知识与能力,包括教育学、心理学、生理学等知识,以及观察力、沟通力、组织小组活动、指导游戏、指导幼儿行为、评价教育活动的能力等,这样才能真正做到有效沟通。

与幼儿沟通的方式:①不否认孩子的体会。要做到这一点,幼儿教师就要在与幼儿交流的过程中不驳斥他的感受,不贬低他的主张,不污蔑他的人格,不怀疑他的经历。②不批评孩子,而是引导他们说出错误的所在,并提出可能的解决办法。③在影响孩子生活的事情上,给孩子选择和说话的机会。

2.与幼儿家长沟通

《幼儿园工作规程(2016)》第五十二条指出:"幼儿园应主动与幼儿家庭沟通合作,为家长提供科学育儿宣传指导,帮助家长创设良好的家庭教育环境,共同担负教育幼儿的任务。"对于幼儿园教师而言,与家长沟通,积极寻找教育的最佳切入点,从而提高教育质量,这点尤为重要。这里的沟通,其实主要是指在孩子的发展与教育上,家长和幼儿教师双方要随时互通信息、交流看法,以求全面了解孩子发展的情况,取得共识,共同商讨教育策略,协同进行教育。沟通注意以下要点。

(1)真心真意,以诚相待

教师与家长沟通可以通过面谈和书面等不同方式,教师可以根据具体情况选择合适的沟通方式,但不管使用哪一种方式沟通,真诚是取得理想效果的前提。教师在和家长进行面谈时,首先要记住"微笑",因为微笑的魅力是无穷的。早晨,当家长带着孩子来到教室门口,看到教师笑容可掬,他们会觉得孩子在幼儿园就像在家一样放心;下午,当工作了一天的家长来园接孩子时,教师微笑着与家长交流、探讨,分享快乐、分担烦恼,家长一定会非常感动。所以,教师一定不能吝啬自己的微笑,要用自己的真心真诚地与家长沟通。其次,要记住三个字:细、勤、亲。"细"即沟通全面,细心细致;"勤"即沟通及时,勤问勤答;"亲"即沟通真诚,亲切亲热。这样的交流沟通一定能让家长对教师非常信任,并乐意接受教师的意见和建议,因此许多问题一定会迎刃而解。

(2)言辞委婉,以礼相待

任何一个家长都很在意教师对自己孩子的评价,都很在意自己的孩子在教师心目中的形象,因此,教师在与家长交流孩子存在的问题时要注意用词用语,不要让家长产生误解和错觉,认为教师对他的孩子有成见、不满意、不喜欢,因为这样非常不利于进一步交流和沟通。交流中教师可以用委婉的语言描述幼儿存在的问题,语气不要太过强烈,表情不要太夸张,以使家长更好地接受教师指出的问题和提出的建议。当教师和家长在某些问题或事情上产生较大的分歧的时候,教师要以礼相待,尤其是面对那些不明事理、情绪容易激动的家长,教师更要懂得"忍让",不能针锋相对,应该采取"退一步海阔天空"的方法,尽量先平息事态,然后再利用其他途径迂回处理;对于争强好胜、一味袒护孩子的家长,教师应该采取"晓之以理"的方法耐心沟通,不让矛盾激化,从而使双方在互相理解的基础上做进一步的交流,直至达到理想的效果。

(3)耐心辅导家长运用科学的育儿方式

有些家长由于对孩子年龄特点不了解,不知道如何教育孩子,所以有些时候教育孩子的方式很不恰当,一味地溺爱,甚至放纵,而幼儿教师是有一定育儿知识的专业人员,遇到问题应通过各种方式启发、引导家长,让他们了解孩子的身心特点,更新教育观念,掌握正确的育儿方法。

比如,幼儿吃饭挑剔是很多幼儿教师和家长都会遇到的问题,如何解决这一问题呢?既不应一味地满足幼儿的要求,也不应采用打、骂等粗暴的方式,而应首先教育家长,然后教育幼儿,通过较为平和的手段最终使问题得以解决。

(4)能听懂家长的话

许多家长遇到了问题不会和幼儿教师挑明,而是用暗示的方法向教师反应,这个时候如果幼儿教师没有反应过来,就会忽视问题,渐渐地,家长就会对教师产生意见。这也是幼儿教师经常遇见的一种现象:家长为了一件小事大发雷霆。其实这就是"积怨"。因此教师要听懂家长的"话中话",及时解决问题。

比如,初入园的幼儿家长,当看到孩子的不适应时,家长对幼儿教师是有怀疑和顾虑的,但是作为家长,她还是愿意相信教师的能力和爱心,所以她会用很含蓄的语言暗示幼儿教师。如果教师此时不做个"有心人",听不出话中的潜台词,只从表面上去理解问题,或者根本就忽略这些潜台词,恐怕"小误会"就会变成"大麻烦"。

(5)应以"换位"的方式与家长沟通

现在幼儿园中幼儿教师的一大特点就是年轻化,有的年轻教师还不到成家的年龄,也没有为人父母的角色体验,有的即便是已经做了母亲,在与家长沟通时,经常会遇到难以达成共识的局面,这就要求幼儿教师要了解父母的角色,并从父母的角色去体会家长的心情和需求。

比如,孩子在集体活动中有时手或头碰破一点皮,家长接孩子时十分惊讶,十分心痛是肯定的,而有的幼儿教师表现得若无其事,认为家长大惊小怪,那么,一件小事立即会使家长觉得教师对自己孩子不够关心,对工作不够负责,进而影响家长与教师的关系,给家园沟通设置了障碍。如果教师从孩子父母的角度去心疼孩子,或是换个角度想想,如果受伤的孩子是自己的,就会很自然地理解家长的心情,处事态度也会大不相同。

(6)应该采取适当的表达方式

俗话说:"一句话让人笑,一句话让人跳。"如何适当表达自己的意思,是幼儿教师必须学会的一项技巧,如一分为二,实事求是;先行肯定,再提意见;预约访谈,全面关注等,这些都是非常实用的沟通技巧。

对于那些身有缺陷的孩子,幼儿教师在与家长沟通的过程中要予以特别注意。他们的心思更加敏感,怎么说话才能让他们心里舒服些,不觉得教师是在轻慢自己的孩子,这就需要讲话的艺术了。很多幼儿教师不注意讲话方式,这会对双方的沟通造成极大的影响。

(7)针对不同类型的家长调整沟通方式

纵观来自不同家庭的家长,通常可分为放任型、唠叨型、刁难型、细腻型、高知型、托管型、特殊儿童的家长等,教师在做家长工作的过程中一般都会遇到,所以根据交流对象的特点选择适宜的沟通方式尤为重要。下面就针对与不同类型家长的沟通方式与策略进行举例分析。

第一,放任型家长。此类家长一般都是祖辈们,他们对于孙辈的疼爱全部是无条件的,有的甚至让人感觉他们是否换了辈分。溺爱、宠爱,让孩子在他们面前骄横跋扈,个个像小霸王似的。此类家长的关注点在于让孩子吃得好、睡得好,而对于孩子的行为习惯培养则不太注意,有时甚至是纵容,以至于常常会出现这样的情形:有的孩子看到爷爷奶奶或外·婆来接时,椅子不好好放,路不好好走,不愿与教师说再见等。针对这种类型的家长,教师可以当着他们的面对孩子提出要求,让他们知道幼儿园对孩子的要求是什么,教师是如何做的。同时,教师的严格要求也能让这种类型的家长知道,没有规矩不成方圆,孩子的规矩需要从小养成。相信教师的做法会对他们有所触动。

第二,细腻型家长。此类家长一般为妈妈,当然还包括少数的爸爸。从性格来讲,他们是感情非常细腻的人,对生活中的小事、细节都会有很多感触,看问题比较喜欢深究,且学历水平比较高。他们对孩子的关注度非常高,会从心理学的角度看待事件与问题,往往孩子无意的话语都会令他们思考一整夜,生怕自己的孩子心灵上受到伤害。对于这一类型的家长,教师的耐心与专业很重要。教师可以耐心地与他们多交谈,并且在他们碰到困惑的时候给予很好的建议。教师平时要多关心这类家长,时常和家长交流孩子的情况,让他们感受到教师对幼儿的关注与悉心呵护,这样他们才会对教师产生信任感。

第三,关注学习型家长。这种类型的家长自身都是高学历,他们非常重视孩子的智力开发,但是其中有一部分家长的做法违背了孩子的身心发展规律,过早地让孩子学习加减法,学写汉字,每天在孩子回家后,他们习惯于追问孩子今天学了什么,昨天学了什么,一旦发现孩子说不上来,他们就非常着急,迫不及待地问老师:"昨天学了什么儿歌,数学操作卡怎么没有得满分?"对于这种类型的家长,教师可以尝试这样做:①在家长来园接孩子的时候,和他们交流孩子在教学活动中的表现;②请家长浏览班级网页中的一周活动安排,了解孩子每天的活动内容;③和家长多谈谈孩子的关键期及发展培养目标,以及幼儿阶段的一些认知特点和学习兴趣;④建议家长观察自己孩子的兴趣所在,让孩子做些感兴趣的事情,不用急着让孩子过早接触小学的学习内容,以免伤害到孩子学习的积极性。当家长发生改变时,就说明教师的建议合理正确,并逐步影响家长,正在转变家长的教育观,改变家长的教育行为。

第四,自我中心型的家长。以自我为中心的家长,他们有着这样一种心理:觉得自己孩子是最棒的。他们往往忽略孩子的年龄特点与发展水平,通常只把孩子跟从前做比较,所以觉得自己的孩子特别聪明、能干。

教师当然会看到与家长观点相反的方面,但是教师切不可去伤害家长,打击家长的积极性,尽量不要在家长的面前多说孩子的"与众不同",而只能在某些事情上、在某个时机适度地"点"一下,点到为止。其实这些家长心中都是有数的,只是不愿面对现实。对于这样的孩子,教师要更多给予他们爱心、细心和耐心,还要及时把他们的进步反馈给家长,这样就会换来家长的放心。

(8)围绕具体事件进行有效沟通

家长最关心的是孩子每天在幼儿园的具体情况,最喜欢听的自然是发生在自己孩子身上的具体事情,因此,教师与家长交流时,可以围绕家长关心的方面、需要与家长沟通的方面讲述一些具体的事情,也可以向家长讲述一些幼儿在幼儿园发生的比较特别、有趣的事情或一些生活、活动的细节。如对进餐有问题或较困难的幼儿,可以与其家长说说午餐、点心的具体情况,需要家长关注和配合的方面;对没有良好午睡习惯或午睡情况异常的幼儿,可以与其家长说说幼儿的午睡情况,交流一下午睡时发现的问题并分析原因;对衣服穿着不合适的幼儿,可以与其家长谈谈服装影响幼儿活动的细节;对非常注重"学本领"的幼儿家长,可以说说幼儿的学习情况;对在幼儿园表现比较平稳、无太大异常的幼儿,可以与其家长说一些活动细节,让家长感受到教师对孩子的关注;对比较溺爱孩子的家长,可以说说能力培养对促进孩子发展的作用和价值,让家长知道她心目中的爱往往会剥夺孩子成长和发展的机会,和家长聊聊发生在孩子身上的有趣的事,家长会很开心;向一些比较挑剔的家长讲述你照顾孩子的过程,让家长知道虽然他们提出的要求很繁杂,但是老师都尽力做到了,从而让家长放心……总之,教师在向家长讲述具体事情时要尽量表述一些细节,让家长感受到教师对孩子的关心与关注。

(9)要多方面拓展与家长沟通的渠道

幼儿教师除了在每天上学、放学的过程中采取与家长面对面沟通、进行家访等方式之外,还可以努力思考,建立多种渠道,采用多种方法与幼儿家长沟通,这样能够让双方对幼儿的情况有更多、更好的了解,进而解决幼儿身上存在的问题,帮助他们更好地发展。

三、组织教育活动的能力

教育活动的组织，就是执行一个具体的方案以实现活动目标或教育目标，也包含在执行过程中根据实际情况对活动方案进行调整。一般来说，一个活动的具体开展，包括策划、导入、展开、高潮、结束、延伸等环节。在策划教育活动时，能够根据幼儿的思维特点，准备大量的教学工具，让他们动脑动手动口。活动开始时，充分调动各种感官，以启发诱导的方式和发散式的提问形式，激发幼儿学知识的愿望，要变"让我学"为"我要学"，真正形成以教师为主导，幼儿为主体的正确的师生关系。活动开展的过程中还体现出一定的节奏，并且活动开展的节奏还是影响教育目标的重要因素，因此，教师要具有能根据各环节在实践操作中的难易程度及对目标实现的价值水平进行自由调控的能力。

第二节 学前儿童科学教育过程中教师的行为准则

学前教育教师的行为准则指的是学前教育教师对学前教育工作的态度与行为，具体包括以下几方面的内容。

一、学前教育教师对职业道德、职业理想与职业价值的理解与实践

学前教育教师对于职业道德、职业理想和职业价值的认识，是培养学前教育教师的职业意识和信念的基本前提，也是学前教育教师对自己所从事的教育事业的性质、任务、作用、价值以及自身角色和责任的认识。学前教育教师首先应该是有强烈的职业意识和信念，认同学前教育工作这个职业，理解学前教育教师的职业价值，才能树立自己的职业理想，而遵守职业道德规范是实现职业理想的唯一途径。

（一）学前教育教师的职业道德

学前教育教师的职业道德，就是学前教育教师在教育教学工作中必须遵守的各种行为准则和道德规范的总和。它集中体现了学前教育教师的

思想觉悟、道德品质和精神面貌,也是学前教育教师最基本、最重要的职业准则和规范。具体来说,学前教育教师良好的职业道德主要体现在以下几个方面。

第一,热爱学前教育事业,能够对学前教育事业倾注满腔的爱和热情,任劳任怨,不计较个人的得失。

第二,热爱、尊重学前儿童,保护学前儿童的合法权益。

第三,关心、团结集体,尊重同事,与全体同事在协同合作中完成自己的教育教学任务。

第四,尊重家长,理解家长对子女的关心,坦诚与家长交流,与家长密切合作来促进学前儿童的健康成长。

(二)学前教育教师的职业理想

学前教育教师的职业理想就是学前教育教师在职业上依据社会要求和个人条件,借想象而确立的奋斗目标,即学前教育教师渴望达到的职业境界。它是学前教育教师实现个人生活理想、道德理想和社会理想的手段,并受社会理想的制约,也是学前教育教师对职业活动和职业成就的超前反映[1]。

在教育部颁布的5号文件《关于进一步加强和改进师德建设的意见》中,明确指出了学前教育教师职业理想的内容,即学前教育教师"要树立正确的教师职业理想。广大教师要有强烈的职业光荣感、历史使命感和社会责任感,以培育优秀人才、发展先进文化和推进社会进步为己任,站在时代的前列,努力成为为人民服务的践履笃行的典范。要志存高远,爱岗敬业,忠于职守,乐于奉献,自觉地履行教书育人的神圣职责,以高尚的情操引导学生全面发展。要正确处理个人与社会的关系,反对拜金主义、享乐主义和极端个人主义,把本职工作、个人理想与祖国的繁荣富强紧密联系在一起"。

(三)学前教育教师的职业价值

学前教育教师的职业价值既体现在它为人类进步、社会发展以及学前

---

[1] 郎丽芳. 学前教育专业学生科学素养的现状和发展对策——以太原幼儿师范高等专科学校为例[J]. 教育观察,2020,9(32):87-90.

儿童成长所作出的贡献上，也体现在学前教育教师获得的各种物质待遇、经济报偿与精神荣誉上。具体来说，学前教育教师的职业价值主要体现在以下两个方面。

第一，学前教育教师在职业岗位上辛勤工作，可以获得社会、国家、学生的报酬、认可与尊重，满足他们个人物质生活、精神生活的需要，体现学前教育教师个人的社会价值。

第二，学前教育教师在职业生活中可以通过奉献社会、奉献国家、奉献学生获得职业生活的价值感，找到生活的意义，尤其是当看到"桃李满天下"时，一种职业的自豪感、幸福感会油然而生。

二、学前教育教师对学前儿童的态度与行为

学前教育教师最直接的工作对象便是学前儿童，因此学前教育教师对学前儿童的态度与行为也体现着其专业态度。具体来说，学前教育教师对学前儿童的态度与行为应包括以下几方面的内容。

第一，由于爱是学前儿童健康成长的最基本前提和需要，因此学前教育教师在对待学前儿童时，应发自内心地关心、热爱他们，而且对待所有的学前儿童必须一视同仁，绝不可厚此薄彼，以便所有的学前儿童都能获得平等的教育机会，都拥有幸福快乐的童年生活。这是学前教育教师对待学前儿童态度和行为的最基本方面。

第二，学前教育教师要理解和尊重学前儿童的差异，并充分发展每个学前儿童的天赋和优势。

第三，学前教育教师要有强烈的责任心，这主要表现在两个方面：①学前教育教师要抱着对学前儿童的发展负责的态度，不仅要把学前儿童作为一个年幼的个体来培养，而且要把学前儿童作为一个成长中的个体、未来社会的成员来培养，不仅要对每一个学前儿童在学习期间负责，而且要对每个学前儿童一生的学习和发展负责，对其长远的发展负责；②学前教育教师要尽力做好自己的工作，对工作要有高度的责任感，并在工作时间和工作范围的认可情况下，切实按照学前教育教师职业的规则和要求做好本职工作。

第四，学前教育教师要时刻牢记保证与保护学前儿童的生命安全，学前儿童的权利与利益,以便以最好的态度对待学前儿童。

三、学前教育教师对学前儿童保教结合型工作的态度与行为

在开展学前教育时,一个最基本的原则便是保教结合。事实上,学前教育教师在开展日常工作时,保教工作也是相互影响、相互渗透,不可分割的。因此,学前教育教师要想自己的教育教学工作取得良好的成效,必须正确地对待保教结合型工作,并采取积极有效的工作来促进保教结合型工作顺利开展并取得良好的成效。具体来说,学前教育教师对待学前儿童保教结合型工作的正确态度与行为要包括以下几个方面。

第一,学前教育教师在日常保教工作中,应该以饱满的热情、积极的态度认真投入到工作中,对自己所从事的教育事业恪尽职守、努力工作。

第二,学前教育教师在日常保教工作中,要切实秉承爱心、细心、耐心与用心的态度,以及坚守激发学前儿童的兴趣与好奇心为主、言传身教的态度。

第三,学前教育教师在日常保教工作中,要有开拓和创新精神,积极推动保教工作的发展与改革,以便保教工作不断取得成效。

第四,学前教育教师在日常保教工作中,要不断学习和反思,以便在提高自身综合素质的基础上,更好地开展保教工作。前儿童的权利与利益,以便以最好的态度对待学前儿童。

三、学前教育教师对学前儿童保教结合型工作的态度与行为

在开展学前教育时,一个最基本的原则便是保教结合。事实上,学前教育教师在开展日常工作时,保教工作也是相互影响、相互渗透,不可分割的。因此,学前教育教师要想自己的教育教学工作取得良好的成效,必须正确地对待保教结合型工作,并采取积极有效的工作来促进保教结合型工作顺利开展并取得良好的成效。具体来说,学前教育教师对待学前儿童保教结合型工作的正确态度与行为要包括以下几个方面。

第一,学前教育教师在日常保教工作中,应该以饱满的热情、积极的态度认真投入到工作中,对自己所从事的教育事业恪尽职守、努力工作。

第二,学前教育教师在日常保教工作中,要切实秉承爱心、细心、耐心与用心的态度,以及坚守激发学前儿童的兴趣与好奇心为主、言传身教的

态度。

第三,学前教育教师在日常保教工作中,要有开拓和创新精神,积极推动保教工作的发展与改革,以便保教工作不断取得成效。

第四,学前教育教师在日常保教工作中,要不断学习和反思,以便在提高自身综合素质的基础上,更好地开展保教工作。

参考文献

一、专著

[1]董琼.科学启蒙从娃娃抓起[M].长春:北方妇女儿童出版社,2018:64-69.

[2]董英伟,陈文凯.学前儿童科学教育[M].长春:东北师范大学出版社,2018:102-105.

[3]李杰.科学教育发展论[M].苏州:苏州大学出版社,2005:11-14.

[4]刘敏钰.学前儿童科学教育[M].北京:科瀚伟业教育科技有限公司,2018:74-79.

[5]罗竞.学前儿童科学教育[M].武汉:华中科学技术大学出版社,2021:5-7.

[6]施燕.学前儿童科学教育与活动指导[M].上海:华东师范大学出版社,2014:44-47.

[7]唐华,王玥.学前儿童科学教育[M].北京:中央广播电视大学出版社,2017:67-71.

[8]滕忠萍,陈金菊,胡慧睿.学前儿童科学教育与活动指导[M].北京:清华大学出版社,2021:151-154.

[9]魏冰.科学素养教育的理念与实践 理科课程发展研究[M].广州:广东高等教育出版社,2006:22-23.

[10]夏力.学前儿童科学教育活动指导 第4版[M].上海:复旦大学出版社,2022:21-25.

[11]张建波,周嘉禾,王廷琼.学前儿童科学教育[M].南京:河海大

学出版社,2019:13-20.

[12]甄丽娜,唐海朋,郭威.学前教育心理学[M].长沙:湖南师范大学出版社,2019:38-42.

二、期刊

[1]曹广芹.关于幼儿园科学教育与活动指导课程思政的思考[J].中国现代教育装备,2022,(20):65-67.

[2]陈攀攀.幼儿园科学活动设计分析[J].科教导刊(上旬刊),2019,(22):147-148.

[3]华红艳.皮亚杰关于学前儿童科学概念、客体关系认识发展的研究及教育启示[J].教育与教学研究,2022,36(04):15-27.

[4]郎丽芳.学前教育专业学生科学素养的现状和发展对策——以太原幼儿师范高等专科学校为例[J].教育观察,2020,9(32):87-90.

[5]刘林娇,龚超.学前儿童科学教育学科教学知识(PCK)体系探讨[J].科教导刊(上旬刊),2020,(16):160-161.

[6]秦晴.基于"任务驱动"的高校学前教育专业课程在线教学设计与实践——以《学前儿童科学教育》为例[J].西北成人教育学院学报,2021,(01):88-91+96.

[7]宋扬,牛桂红.游戏化教学在学前儿童绘画教学中的应用研究——以儿童游戏的生理、心理为基础[J].南昌教育学院学报,2018,33(05):4-8.

[8]王雨菲,郑三元.学前儿童朴素理论研究的回顾和展望[J].幼儿教育,2021,(Z6):83-86.

[9]周李哲,祁道林.核心素养视域下学前儿童科学教育课程的教学改革探索[J].教育观察,2022,11(03):103-106.

三、学位论文

[1]蒋路易.幼儿园教师儿童观察与评价能力的测评工具研制[D].

华东师范大学,2022.

[2]万湘湘.基于AR技术的小学科学教育游戏开发与应用[D].江西科技师范大学,2022.

[3]赵子云.基于STEAM教育理念的学前教师专业素养现状研究[D].福建师范大学,2019.

[4]邓兰.学前教育师范生在实习中师幼互动出现的典型问题与对策研究[D].辽宁师范大学,2022.

[5]李淑婷.深度学习视角下的幼儿教师提问研究[D].聊城大学,2022.